La Torah sous l'arbre

LIVRES HIPPO

La Torah sous l'arbre

*L'oralité dans les plus anciennes
sources du livre de la Genèse*

Jean Koulagna

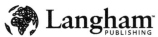

© Par Jean Koulagna

Publié par LivresHippo, 2022
- Éditions CLÉ, B.P. : 1501 Yaoundé, Cameroun.
  Email : editionscle@yahoo.fr   www.editionscle.info
- Centre de Publications évangéliques (CPE), 08 B.P. : 900 Abidjan, Côte d'Ivoire.
  www.editioncpe.com
- Presses Bibliques Africaines (PBA), 03 B.P. : 345 Cotonou, Bénin.
  Email : pbaeditions@ifesworld.org   http://www.editionspba.org/
- Excelsis Diffusions 385, Chemin du Clos, 26450 Chanois, France
  www.xl6.com
- Langham Publishing PO Box 296, Carlisle, Cumbria, CA3 9WZ, Royaume-Uni,
  www.langhampublishing.org
- Conseil des institutions théologiques d'Afrique francophone (CITAF), B.P. : 684 Abidjan, Côte d'Ivoire.
  www.citaf.org

Tous droits réservés. La reproduction, la transmission ou la saisie informatique du présent ouvrage, en totalité ou en partie, sous quelque forme ou par quelque procédé que ce soit, électronique, mécanique, photographique, est interdite sans l'autorisation préalable de l'éditeur.

Les citations bibliques avec la mention « NBS » sont tirées de la Nouvelle Bible Segond © Société biblique française – Bibli'O, 2002. Avec autorisation.

Les citations bibliques avec la mention « Segond » sont tirées de la Bible version Louis Segond 1910 (publiée en 1910 par Alliance Biblique Universelle).

Les citations bibliques avec la mention « S21 » sont tirées de la Bible version Segond 21 Copyright ©2007 Société Biblique de Genève. Reproduit avec aimable autorisation. Tous droits réservés.

Les citations bibliques avec la mention « TOB » sont tirées de la Traduction œcuménique de la Bible ©Société biblique française Bibli'O et Éditions du Cerf, 2010. Avec autorisation.

Les citations bibliques avec la mention « Semeur » sont tirées de La Bible du Semeur® Texte copyright © 1992, 1999, 2015 Biblica, Inc.® Utilisé avec la permission de Biblica, Inc.® Tous droits réservés.

Les citations bibliques avec la mention « FC » sont tirées de la Bible en français courant © Société biblique française – Bibli'O, 1997. Avec autorisation.

Les citations bibliques avec la mention « PDV » sont tirées de la Bible Parole de Vie © Société biblique française – Bibli'O, 2016, avec autorisation.

Les citations bibliques avec la mention « NEG » sont tirées de la Bible Nouvelle Édition de Genève. Copyright © 1979 Société Biblique de Genève. Avec autorisation. Tous droits réservés.

Les citations bibliques avec la mention « BJ » sont tirées de la Bible de Jérusalem. Copyright © 1998 Éditions du Cerf. Tous droits réservés.

Couverture : Éditions CLE (Emmanuel Baliyanga)
Mise en page : Éditions CLE (Vincent-de-Paul Lélé) et projectluz.com

1ʳᵉ édition – 1ʳᵉ impression
N° ISBN : 978-99982-64-09-0
Dépôt légal : N°13437 du 22 octobre 2021, 4ᵉ trimestre, Bibliothèque nationale du Bénin.

British Library Cataloguing in Publication Data
A catalogue record for this book is available from the British Library.

Nos ISBN des versions numériques de l'ouvrage :
978-1-83973-698-8 (format ePub)
978-1-83973-699-5 (format Mobi)
978-1-83973-700-8 (format PDF)

Sommaire

Abréviations

Bibles, revues, collections, séries, éditeurs

AB : The Anchor Bible
AIIL : Ancient Israel and Its Literature
AIPHOS : Annuaire de l'Institut de philologie et d'histoire orientales et slaves
AJ : Antiquité juives (de Flavius Josèphe)
ANE : Ancient Near East
ANEM : Ancient Near East Monographs
ANET : Ancient Near-Eastern Texts
Annales : Annales. Économies, sociétés, civilisations
ANQ : Andover Newton Quaterly
AOAT : Alter Orient und Altes Testament
APECA/PACE : Association Panafricaine des Exégètes Catholiques/Panafrican
    Association of Catholic Exegetes
ASSR : Archives de sciences sociales des religions
ᵇSanh : Sahnedrin, dans le Talmud babylonien
BDB : The Brown-Driver-Briggs Hebrew and English Lexicon
BJ : La Bible de Jérusalem
BW9 : The Bible Works software 9ᵗʰ edition
BZAW : Beihefte zur Zeitschrift für die altestamentlische Wissenschaft
CBET : Contributions to Biblical Exegesis and Theology
CBR : Currents in Biblical Research
CRJ : Christian Research Journal
CTM : Currents in Theology and Mission
CTR : Criswell Theological Review
CUP : Christian University Press
D & N : Delacheaux & Niestlé
DDB : Desclée de Brouwer
EJST : European Journal of Science and Theology
ESR : Études de sociologie de la religion
EU : Encyclopaedia Universalis
FAT : Forschungen zum Alten Testament
FC : version Français courant
FOTL : The Forms of the Old Testament Literature
FRLANT : Festschrift zur Religion und Literatur des Alten und
    Neuen Testaments

HTLS : Historical and Theological Lexicon of the Septuagint
IB : The Interpreter's Bible
ICC : International Critical Commentary
I-JBT : Interpretation - Journal of Bible and Theology
IJOURELS : Ilorin Journal of Religious Studies
IJSJL : International Jungmann Society of Jesuits and Liturgy
IOSCS : Congress of the International Organization for Septuagint and
    Cognate Studies
JAOS : Journal of the American Oriental Society
JBQ : Journal of Biblical Quarterly
JBS : Jerusalem Biblical Studies
JETS : Journal of the Evangelical Theological society
JLA : Journal of Linguistic Anthropology
JSOT : Journal for the Study of the Old Testament
JSOTS : Supplement to the *Journal for the Study of the Old Testament*
KJV : King James Version
LR : Le Livre et le rouleau
LS : Language in Society Series
LXX : Septante, version grecque de l'Ancien Testament
Mid Gn : Midrash de Genèse
MT/TM : Masoretic text/Texte massorétique
NAS : New American Standard version of the Bible
NBS : Nouvelle Bible Segond
NCBC : New Cambridge Bible Commentary
NEG : Nouvelle édition de Genève
NET : New English Translation of the Bible
NETS : New English Translation of the Septuagint
NIV : New International Version of the Bible
NRT : Nouvelle revue théologique
OST : version Osterval de la Bible
OTE : Old Testament Essays
PMS : Popular Music and Society
PDV : version Parole de Vie
RB : Revue biblique
RDIM : Revista Digital de Iconografía Medieval
RevSR : Revue des sciences religieuses
RHR : Revue d'histoire des religions
RRR : Reformation and Renaissance Review
RSLR : Revue Suisse des littératures romanes
RSR : Revue de science religieuse
RSV : Revised Standard Version
RUCAO : Revue de l'Université catholique de l'Afrique de l'Ouest

S21 : Louis Segond 21 (pour 21ᵉ siècle)
SAOC : Studies in Ancient Oriental Civilization
SBL : Society of Biblical Literature
SBS : Stuttgarter Bibelstudien
SCS : Septuagint and Cognate Studies
Segond : Bible Louis Segond 1910
SLA : Society for Linguistic Anthropology
SO : Sources orientales
SPOT : Studies on Personalities of the Old Testament
TB : Tyndale Bulletin
TDNT : Theological Dictionary of the New Testament
TDOT : Theological Dictionary of the Old Testament
ThB : Theologische Bücherei
TOB : Traduction œcuménique de la Bible
VT : Vetus Testamentum
VTS : Supplement to *Vetus Testamentum*
WBC : World Biblical Commentary
WCC : World Council of Churches (Conseil oecuménique des églises – COE)
WMANT : Wissenschaftliche Monographien Zum Alten Und Neuen Testament
WTJ : The Westminster Theological Journal
ZAW : Zeitschrift für die altestamentlische Wissenschaft
ZDMG : Zeitschrift der Deutschen Morgen- ländischen Gesellschaft

Autres abréviations et sigles

apr. J.-C./AD : après Jésus-Christ/after the date
Ar. : arabe
av. J.-C./BC or BCE : avant Jésus-Christ/before Christ or before Christian era
cf. *confer*, voir
éd./éds - ed./eds : éditeur(s)/editor(s), édition
etc. : *et caetera* (et ainsi de suite)
fol. : *folio* (feuille)
Ibid. : *Ibidem* (même chose, même ouvrage)
Id. : *Idem* (même référence à la même page, même auteur)
op. cit. : opere citato (ouvrage cité)
p. : page(s)
s.d. : sans date
spéc./spec. : spécialement
t. : tome
trad./transl. : traduction/translation
vol. : volume

Livres bibliques

Le nom des livres est écrit intégralement lorsque ces derniers ne sont pas dans une référence (ex. : « l'auteur du livre de la Genèse… ») ou qu'ils sont juste suivis par le numéro de chapitre (ex. : « dans Genèse 3 » ou « dans Exode 1-2 »). Lorsqu'ils apparaissent dans une référence, ils sont abrégés selon le système de la TOB.

Pour les livres de la Septante qui portent un nom différent : 1-2 Samuel et 1-2 Rois = 1-4 Règnes (1-2 Rg = 1-2 S ; 3-4 Rg = 1-2 R), sauf dans des citations en anglais.

Les références sont notées ainsi (sauf dans les citations en anglais) :

Type de notation	Chapitre, verset
Un ou plusieurs chapitres entiers	Genèse 1 ; Romains 7-8
Un verset seul ou des versets qui se suivent	Gn 1.1-5
Un passage qui s'étend sur plusieurs chapitres	Gn 8.31-9.1
Plusieurs versets qui ne se suivent pas	Gn 7.1, 7-8, 12 (Genèse chapitre 7, versets 1, 7-8 et 12)

Transcriptions de l'hébreu et du grec

Hébreu

Signe	Fin.	Nom	Transl.	Prononciations et notes
א		aleph	'	Consonne quiescente, support de voyelle, ne se prononce pas (comme un *h* muet français).
ב ב		beth	b ou bh	*b* quand la lettre comporte un point, *v* sans point.
ג ג		gimel	g ou gh	*g* dur comme ceux de *gare ou gam*me; sans point, proche du *r* guttural français – équivaut à غ (gh) arabe comme dans « Amazigh » ex. רגל (*reghel* – une jambe)
ד ד		daleth	d ou dh	*d* quand la lettre comporte un point, *th* anglais de *this, then, they* sans point.
ה		hé	h	*h* fortement aspiré – ex. הוא המלך (*hu hammelekh* = c'est le roi)
ו		waw	w	*w* de *watt*.- Peut aussi indiquer la voyelle *o*
ז		zayin	z	*z* comme dans *zizanie*
ח		heth	ḥ	comme le *ch* allemand de *Bach* – ex. בחר (ba*char* = il a élu/choisi)
ט		teth	ṭ	*t* emphatique : un peu comme le français *thé*.
י		yod	y	*y* comme dans *yoga*
כ כ	ך	kaph	k ou kh	*k* avec le point (*dagesh*) ; *kh* sans dagesh : comme le *ch* allemand de *Bach*.
ל		lamed	l	*l*
מ	ם	mêm	m	*m*
נ	ן	nûn	n	*n*
ס		samekh	s	*s* comme dans *salle*

ע		ayin	ʻ	comme la gutturale arabe ع de نعم (*na'am* = oui)
פ פ פ	ף	pé	p ou ph	**p** quand la lettre comporte un point, **ph** (= *f*) sans point
צ	ץ	tsadé	ṣ	**s** emphatique, se prononce comme le **z** allemand (= *ts*) noté ç dans ce volume
ק		qoph	q	**k** emphatique, comme le ق en arabe dans قف (*qif* = halte)
ר		resh	r	**r** roulé
שׂ		sin	ś	**s** également comme dans *salle* – noté s (comme ס) dans ce volume
שׁ		shin	š	**ch** français comme dans *chat* – transcrit š ou *sh* ici
ת ת		taw	t ou th	**t** quand la lettre comporte un dagesh ; mais comme le **th** anglais de **think** sans dagesh.

Pour les éléments vocaliques :

Voyelles brèves	Voyelles moyennes	Voyelles longues
ַ (a) Pataḥ		ָ (â) Qames patah
ֶ (e, é) Seghol	ֵ (e, é) Sere	ֵי (ê) Sere long
ִ (i) Hireq		ִי (î) Hireq long
ֻ (u) Qibbus		וּ (u/ou) Sureq
ָ (o) Qames ḥatuph	ֹ (o) Holem défectif	וֹ (ô) Holem plein

Le shéva (absence de voyelle), quand il est mobile/voisé (prononcé), se note dans ce volume par un *e* en exposant (ᵉ).

Les semi-voyelles ֲ et ֱ sont transcrites par de simples a, e et o, respectivement.

Grec

Signes		Noms	Transcription
A	α	alpha	A, a
B	β	bêta	B, b
Γ	γ	gamma	G, g
Δ	δ	delta	D, d

E	ε	epsilon	E, e
Z	ζ	zêta	Z, z
H	η	êta	Ê, ê
Θ	θ	thêta	TH, th – se prononce *t*
I	ι	iota	I, i
K	κ	kappa	K, k
Λ	λ	lambda	L, l
M	μ	mu	M, m
N	ν	nu	N, n
Ξ	ξ	xi	X, x – se prononce *ks*
O	ο	omicron	O, o
Π	π	pi	P, p
P	ρ	rhô	R, r
Σ	σ	sigma	S, s
T	τ	tau	T, t
Υ	υ	upsilon	U, u
Φ	φ	phi	PH, ph, se prononce *f*
X	χ	khi	KH, kh, se prononce comme *ch* en allemand et *j* en espagnol
Ψ	ψ	psi	PS, ps
Ω	ω	oméga	Ô, ô

Remerciements

La préparation de cet ouvrage a commencé au début des années 2000, lorsque je débutais comme tout jeune enseignant de théologie à l'Institut luthérien de théologie de Meiganga (ILTM), Cameroun. Les discussions avec mes étudiants de l'époque et ceux des années suivantes durant les cours d'introduction à l'Ancien Testament et d'exégèse ont nourri peu à peu ma réflexion sur le caractère oral des sources et traditions de bien des textes de la bible hébraïque.

Cette réflexion s'est poursuivie lorsque je me suis engagé dans un projet de thèse sur l'histoire deutéronomiste en général, et celle de l'évolution de la figure de Salomon en particulier. Mais elle a pris un tournant décisif lors de la préparation, dès 2007, d'un cours qui a débouché sur la publication de *Dire l'histoire dans la bible hébraïque* (2010, 2021). Les conversations et discussions avec mon ami et ancien directeur de thèse Jan Joosten sur le vieux dossier des sources du Pentateuque m'ont ensuite permis d'affiner certains éléments en me mettant au défi de dépasser le niveau des simples intuitions.

Je saisis donc l'occasion de cette publication pour exprimer ma gratitude à mes anciens étudiants de l'Institut, ainsi que ceux d'autres institutions avec qui j'ai eu l'opportunité d'échanger, en Afrique (mais aussi en Europe), d'avoir nourri mes réflexions sur cette question des sources de la Bible en lien avec la recherche africaine.

Ma reconnaissance va, de façon particulière, à ceux qui m'ont précédé dans cette démarche contextuelle qui ne se contente pas d'une inculturation réactionnaire, mais s'engage dans un dialogue fécond avec les orientations et démarches développées en Occident. Je cite spécialement les professeurs Paul Béré, Paulin Poucouta et Benjamin Akotia, qui ont relu le manuscrit en détail et apporté des observations enrichissantes.

Merci enfin à mon ami et collègue Knut Holter qui a consacré une partie essentielle de sa recherche aux lectures africaines de la Bible et accepté de rédiger la préface à la présente édition. La traduction en langue française de son livre, *Contextualized Old Testament Scholarship in Africa*, réalisée par moi-même en 2011, ainsi que les nombreuses conversations que j'ai eues avec lui, ont été pour moi une source d'inspiration.

Rabat, juin 2021
JK.

Préface

La naissance – mieux, la renaissance – de la critique biblique en Afrique dans la seconde moitié du XXᵉ siècle a conduit à une insistance sur le potentiel que représente la lecture des textes de la Bible en dialogue avec les expériences et attentes culturelles et sociétales. La première génération des biblistes africains était majoritairement formée dans des contextes traditionnels occidentaux. Ces contextes ont souvent été accusés de construire des tours d'ivoire savants au lieu de contribuer à la construction de l'Église et de la société.

En dépit de cela, ces premiers biblistes dans les départements d'études religieuses des universités et dans des facultés et écoles de théologie africaines ont développé des stratégies de recherche leur permettant de faire la différence en lien avec les besoins contemporains de l'Église et de la société africaines. Avec d'autres disciplines théologiques, ils ont créé et participé à des discours qui abordent de façon critique les rôles constructifs de l'académie dans l'Afrique nouvellement libérée, et ces discours ont continué à caractériser la recherche biblique africaine au XXIᵉ siècle.

Cette approche contextuelle est une force essentielle de la recherche biblique africaine ; elle contribue à la rendre pertinente dans son cadre sociétal immédiat. Cependant, elle constitue aussi un défi dans la mesure où elle diffère, au moins en un certain sens, des approches historiques et littéraires qui dominent la recherche biblique occidentale. Il en résulte que le potentiel pour un dialogue entre l'Afrique et l'Occident en matière d'interprétation biblique est largement négligé.

C'est là le point de départ important de la présente étude de Jean Koulagna. Il veut démontrer que le dialogue entre l'Afrique et l'Occident en matière d'interprétation biblique peut réellement être fructueux. Il affirme que la prétendue tension entre les expériences contextuelles africaines et la conception occidentale du texte est une fausse tension. L'accent porté en Occident sur le texte et les conséquences qui en découlent en matière d'interprétation sont aussi, d'une certaine façon, cruciaux pour l'interprétation africaine de la Bible. De même, le potentiel interprétatif qui tient compte des expériences du contexte historique et contemporain ne se limite pas à l'Afrique.

Le matériau textuel de Koulagna est constitué de quelques textes-clés dans les traditions J (yahviste) et E (élohiste) du livre de la Genèse. En se servant de son background camerounais, il fait preuve d'une sensibilité particulière aux aspects oraux des textes et les discute en relation avec le contexte perse de la version finale du texte.

Il s'agit là d'une étude importante, à la fois pour la compréhension de Genèse et comme un exemple de la possibilité de mettre en regards croisés les traditions interprétatives africaines et occidentales. Avec son abondante publication dans les deux directions, Koulagna est la bonne personne qui peut mener une telle étude. Le partage de son regard avec la grande famille des biblistes mérite une reconnaissance.

Knut Holter
Professeur d'Ancien Testament
VID Specialized University, Stavanger, Norvège

Introduction

La critique biblique de l'Ancien Testament oscille, depuis l'époque de la Renaissance et l'humanisme, entre approches critiques et approches confessantes, entre méthodes diachroniques et méthodes synchroniques, sans compter les lectures plus symboliques, parfois mystiques, voire magiques[1].

I. Mise en contexte

La question dans la présente étude ne consiste pas à choisir entre critique et confession ni entre approches historiques et approches littéraires, car il n'est guère question ni pertinent, et encore moins utile, d'opposer les unes aux autres. J'ai appris à faire de l'exégèse biblique en contexte ecclésial, donc confessionnel ; j'ai également appris que la démarche scientifique ne se pose pas en opposition à la foi. Mais là n'est pas la question.

L'intérêt de cette étude est celle de la manière dont la révélation biblique est donnée et reçue, précisément la façon dont elle a été donnée, accueillie et transmise au fil des siècles, à travers des traditions. Je l'ai souligné à plusieurs reprises dans mes travaux précédents, les textes de l'Ancien Testament, tels que nous les avons aujourd'hui, sont souvent le résultat d'un processus long et complexe. Ce processus prend sa source dans des traditions orales très anciennes et variées avant de se poursuivre dans des compositions littéraires et leurs réceptions successives et dans le processus de transmission.

Le schéma est certes plus complexe que cela. En effet, comme le souligne Robert D. Miller II, il est difficile de trouver, dans le Proche-Orient ancien (et en Israël) des histoires ayant exclusivement circulé à l'oral, comme il est rare d'en trouver qui aient circulé seulement par écrit. Des textes écrits ont circulé sous forme orale par récitation longtemps après leur mise par écrit. Et ces formes récitées ont engendré des formes orales qui n'ont jamais été écrites pendant

---

[1] Des lectures kabbalistiques et populaires ont, depuis l'antiquité de la Bible, interprété celle-ci ou certains de ses passages en leur conférant des forces surnaturelles, tantôt à cause de la sacralité même de la lettre de l'Écriture, tantôt parce que la Bible est considérée comme la parole de Dieu et comportant, de ce fait, un pouvoir. Parmi les très nombreux manuscrits on compte des talismans, extraits de passages bibliques cousus dans du cuir et portés comme des porte-bonheurs. Les *mezuzot* et les phylactères ont rapidement pris une signification au-delà des gadgets de rappel de la Loi. Mais cette étude n'empruntera pas cette direction.

un certain temps. Les textes oraux qui circulaient du chanteur au public ou du chanteur au chanteur pouvaient être enregistrés par écrit et consultés par les écrivains ou par les chanteurs d'autres histoires[2]. Il n'y avait pas, comme le dit David Carr[3], de dichotomie radicale entre communication orale et communication écrite, au contraire. Le développement de l'écriture s'est produit dans le contexte plus large de communication orale[4].

La question n'est donc pas nouvelle, ni pour le Pentateuque, ni pour les autres parties de la bible hébraïque. En ce qui concerne le Pentateuque, depuis le XIXe siècle, la recherche s'est concentrée sur la critique des sources, avec la célèbre théorie documentaire élaborée par l'Alsacien Karl Heinrich Graf (1815-1869) et l'Allemand Julius Wellhausen (1844-1918). Pendant près d'un siècle, elle était devenue la seule considérée comme véritablement scientifique, au point de se transformer en un dogme, et qui repose sur le présupposé de l'écriture. Nous avons déjà amorcé le sujet dans des travaux antérieurs[5] et y reviendrons dans le premier chapitre de la présente étude. La théorie documentaire est certes devenue plus modeste et moins sûre d'elle-même qu'il y a quatre décennies, mais la question n'en reste pas moins actuelle. À côté du nouveau « consensus » qui voit dans le Pentateuque la double signature des rédacteurs deutéronomiste (D) et sacerdotal (P) subsiste une ligne plus traditionnelle, d'autant plus que l'identification des rédacteurs/compositeurs du texte ne résout pas le problème des sources anciennes que ceux-ci avaient à leur disposition.

Comme exégète et bibliste issu d'une culture à dominante orale, je suis préoccupé par les origines orales des traditions bibliques, en particulier du Pentateuque. Il est vrai qu'Hermann Gunkel avait déjà attiré l'attention sur le lien entre les récits de Genèse et les légendes d'Israël, nous y reviendrons également. Il est aussi vrai que le débat autour de cette question est presque dépassé. Et cependant, il me paraît important d'y revenir, en soulignant le caractère oral des plus anciennes sources qui sont à la base du Pentateuque (notamment les sources yahviste (J) et élohiste (E), mais aussi d'autres sources non identifiées) ;

---

[2] R.D. Miller II, « Orality and performance in Ancient Israel », *RevSR* 86/2, 2012, p. 183-194, lu en format html, https://journals.openedition.org/rsr/1467

[3] D. Carr, *Writing on the Tablet of the Heart: Origins of Scripture and Literature,* Oxford, Oxford University Press, 2005 ; Id., *The Formation of the Hebrew Bible: A New Reconstruction,* New York, Oxford University Press, 2011.

[4] C.L. Miller-Naudé & J.A. Naudé, « The Intersection of Orality and Style in Biblical Hebrew Metapragmatic Representations of Dialogue in Genesis 34 », in E.R. Hayes and K. Vermeulen (eds.), *Doubling and Duplicating in the Book of Genesis: Literary and Stylistic Approaches to the Text*, Winona Lake, Eisenbrauns, 2016, p. 57-77.

[5] J. Koulagna, *Dire l'histoire dans la bible hébraïque*, 2010, p. 47-77 ; Id., *Exégèse et herméneutique en contexte*, 2014, p. 83-92.

il est aussi important de mettre en dialogue, sans passion excessive ni polémique inutile, une lecture des textes marquée par la culture littéraire et une autre marquée par une culture plus orale.

Cette démarche s'inscrit dans le contexte d'une exégèse contextuelle de la Bible qui essaie de relever un défi : s'affranchir du volet colonial (ou de ce qui a pu être ainsi perçu) de l'exégèse occidentale tout en refusant de s'enfermer dans une bulle méthodologique consommable uniquement dans le tiers-monde, en Afrique notamment ; favoriser, dans la critique biblique, un dialogue fertile entre les intuitions venant du Nord et celles venant du Sud. Benjamin Akotia a bien exprimé ce défi, à savoir éviter le piège

> de rechercher sa singularité africaine jusqu'à se retrouver seul dans le ghetto d'une lecture africaniste de la Bible et celui, encore plus pernicieux, de s'aligner sur la lecture dominante qui se donne pour la seule scientifique et universelle. L'effort scientifique est une exigence aussi pour l'exégète africain. Seul le fruit d'une démarche scientifique peut être partagé avec d'autres. Savoir qu'on n'est pas seul et savoir qu'on n'est pas un figurant pour suivre simplement, c'est oser prendre la parole et donner sa voix en harmonie avec celles des autres pour porter la même chanson[6].

Un ouvrage collectif, issu d'un colloque et publié en 2009 sous la direction de Hans de Wit et Gerald O. West sous le titre *African and European Readers of the Bible in Dialogue*, pose ouvertement la question de ce dialogue : un dialogue entre l'Afrique et l'Europe, en termes de recherche biblique, fait-il sens ? Pour comprendre cette question, il faut au préalable comprendre le contexte de l'émergence de la recherche biblique africaine. Celle-ci s'inscrit dans le contexte d'une théologie africaine comprise comme une théologie de revendication identitaire, en lien avec les mouvements de décolonisation et de la quête d'identité des jeunes nations et de leurs églises, mais aussi en relation avec les problématiques sociales et politiques posées par le néocolonialisme et les systèmes de ségrégation raciale (en Afrique du Sud et aux États-Unis, par exemple).

La recherche biblique africaine, dans ce contexte, a eu plusieurs orientations. Une de ces orientations a été (et est encore) celle des études comparatives[7], dans

---

[6] B.K. Akotia, « Préface » à J. Koulagna, *L'Ancien Testament, pour commencer*, 2ᵉ éd., 2020, p. 8.

[7] Voir par exemple L. Naré, *Proverbes salomoniens et proverbes mossi : étude comparative à partir d'une nouvelle analyse de Proverbes 25-29*, Frankfurt AM, Peter Lang (EUS), 1986

une sorte d'interaction entre les études africaines et les sciences bibliques[8], avec parfois un accent sur des études culturelles et folkloriques. Une autre a consisté à montrer la place importante occupée par l'Afrique dans la Bible, l'Ancien Testament en particulier[9]. Une autre encore s'est intéressée, dans l'esprit des théologies sociales, aux questions sociohistoriques et politiques[10].

Ces études ont eu et continuent d'avoir leur pertinence. Cette pertinence est devenue aussi, paradoxalement, leur principale faiblesse. Les études afro- ou négrocentrées ont en effet menacé de construire un mur idéologique, culturel et méthodologique difficilement franchissable alors même que, dans bien des cas, elles ont été menées dans des universités du Nord. On allait se retrouver avec une exégèse africaine, voire africaniste, en face d'une autre, occidentale et... coloniale. Entre les deux, le champ des malentendus et du dialogue de sourds peut vite devenir fertile. D'où la question posée ci-dessus : un dialogue entre lecteurs africains et européens de la Bible est-il possible, et a-t-il du sens ? Le bibliste norvégien Knut Holter qui la formule, ne cache pas ses doutes à ce sujet et préfère ranger la question dans la perspective d'une attente, d'un souhait[11].

---

[8] Voir par exemple A.O. Mojola, « The Chagga scapegoat purification ritual and another re-reading of the goat of Azazel in Leviticus 16 », *Melita Theologica* 50, 1999, p. 57-83; D.E. Mondeh, « Sacrifice in Jewish and African traditions », in F; von Hammerstein (ed.), *Christian-Jewish relations in Ecumenical perspective, with special emphasis on Africa*, Geneva, WCC, 1978, p. 76-81; J.C. Bajeux, « Mentalité noire et mentalité biblique », in A. Abble et al (éds), *Des prêtres noirs s'interrogent*, Paris, Cerf, 1956, p. 57-82; O. Randriajaka (2020), *Sin, purification and sacrifice: Analysis and comparison of texts from the book of Leviticus and Malagasy traditional rituals*, PhD diss., Stavanger, VID; E. Mveng & R.J. Zwi Werblowsky (eds, *Black Africa and the Bible. L'Afrique noire et la Bible : actes du colloque de Jérusalem, du 24 au 30 avril 1972*, 1972, etc.

[9] Voir par exemple D.T. Adamo, « Ethiopia in the Bible », *African Christian Studies* 8, 1992, p. 51-64; Id. , *Africa and Africans in the Old Testament*, San Francisco, CUP, 1998; Id., *Africa and Africans in the New Testament*, Lanham, University Press of America, 2006; Ph. Lokel, *The importance and challenges of finding Africa in the Old Testament: The case of the Cush texts*, PhD diss., Pretoria, University of South Africa, 2006; Id., « Moses and his Cushite wife: Reading Numbers 12:1 with undergraduate students of Makerere University, in K. Holter (ed.), *Let my people stay! Researching the Old Testament in Africa*, Nairobi, Acton, 2006, p. 191-201; W.A. McCray, *The Black presence in the Bible: Discovering the Black and African identity of Biblical persons and nations*, Chicago, Black Light Fellowship, 1990; etc.

[10] Voir par exemple I.J. Mosala, *Biblical hermeneutics and Black Theology in South Africa*, Grand Rapids, Eerdmans, 1989; J.A. Loubser, *The Apartheid Bible: A critical review of racial theology in South Africa*, Cape Town, Maskew Miller Longman, 1987; D.S.A. Atal (éd., *Christianisme et identité africaine: point de vue exégétique. Actes du 1er congrès des biblistes africains*, Kinshasa, Faculté de Théologie catholique, 1980 (ici des questions radicales sont posées, celle de l'identité, et même la possibilité de remplacer la question du rapport entre l'Afrique et l'Ancien Testament, c'est-à-dire une sorte de marcionisme à l'africaine) ; etc.

[11] K. Holter, « Does a dialogue between Africa and Europe make sense? », in H. de Wit & G.O. West (eds), *African and European readers of the Bible: In quest of a shared meaning*, Pietermaritzburg, Cluster Publications, 2009, p. 69-83, spec. p. 69.

La présente étude a pour but, entre autres, de répondre à cette question, et d'y apporter une réponse affirmative. Elle est claire, en effet, pour moi, cette réponse : le dialogue est possible au-delà et même avec des préoccupations identitaires, culturelles ou politiques. Pour apporter une touche contextuelle à la recherche biblique et en particulier à l'exégèse, le lecteur de la Bible n'est pas condamné à arborer une armure défensive comme s'il devait se protéger d'un danger, au contraire. Chaque lecteur appartient à un contexte culturel qui lui offre des lunettes et grilles de lecture particulières, avec des intuitions qui peuvent être uniques. Ces lunettes, grilles et intuitions permettent de poser sur les textes un regard différent qui doit pouvoir enrichir la recherche globale en posant des questions qui, dans d'autres contextes, se posent autrement ou ne se posent pas du tout.

Ainsi, il est erroné de considérer les questions techniques sur le texte (approches historico-critiques et approches structurales) comme occidentales et les questions culturelles et sociales comme africaines. Les questions lexicales, des sources, des traditions, des formes, de la rédaction, de la transmission textuelle, posées en Europe, ne restent pas des questions propres à la recherche biblique européenne. Elles se posent tout autant aux biblistes d'autres mondes, y compris africains, qui doivent les aborder avec leurs lunettes et leurs intuitions, en dialogue avec les biblistes du Nord. C'est ce que je me propose de faire ici.

II. Quel est le problème ?

1. Question et enjeux

Il y a quelques années, je me posais la question suivante : « et si J et E n'étaient que des sources orales ?[12] » Cette théorie, partagée avec quelques collègues européens, n'a pas semblé plaire, essentiellement parce qu'on ne peut pas la prouver de façon irréfutable. En revenant sur ce dossier, je n'ai pas la prétention d'apporter davantage de preuves. La question reste cependant la même : peut-on sérieusement continuer à considérer les traditions yahviste et élohiste présentes dans les textes du Pentateuque comme des documents écrits indépendants ? Posons la question autrement : est-il raisonnable de considérer que, pour être utilisées comme sources du Pentateuque, ces traditions eussent nécessairement transité par une phase écrite ? N'est-il pas possible que le compositeur ou le rédacteur y ait eu accès directement, dans les traditions orales, et les ait intégrées

---

[12] Koulagna, *Dire l'histoire*, p. 70.

dans son œuvre, créant ainsi lui-même les premières versions écrites de ces traditions ?

La question est sensible du fait du poids encore relativement important de la théorie documentaire et ce, malgré les questions et les doutes soulevés au cours de ces dernières décennies et du relatif recul des certitudes de cette théorie[13]. Elle l'est aussi du fait qu'elle semble reposer uniquement sur des intuitions et que, de toute façon, ce dont nous disposons est encore le texte, c'est-à-dire l'écrit. L'espoir de voir des traditions orales apparaître dans un texte s'en trouve bien limité, d'autant plus que, comme on l'a relevé ci-haut, la distinction entre l'oral et l'écrit dans ce contexte doit être fortement nuancée, les textes ayant eux-mêmes une fonction auriculaire (ils sont faits pour être entendus)[14]. Il y a néanmoins, à l'observation, bien trop d'indices textuels, littéraires, linguistiques ou stylistiques, une sorte de foisonnement quelquefois chaotique d'éléments qui invitent à reconsidérer le rapport des textes du Pentateuque à leurs sources ainsi que la nature même de ces sources. L'analyse des passages sélectionnés dans la présente étude tentera de mettre en évidence ces indices pour inviter le lecteur au dialogue sur cette question fondamentale de l'histoire du texte biblique.

L'objet de ce travail n'est donc ni confessant même si je revendique souvent une lecture confessante, ni culturaliste militant même si je revendique aussi souvent une lecture contextuelle, donc culturelle, de la Bible. L'enjeu consiste à mettre mes intuitions d'exégète africain éduqué dans une culture à dominante orale et sensible aux expressions orales des textes bibliques, au service de l'étude de l'histoire du texte[15]. Ceci ne concerne d'ailleurs pas uniquement le Pentateuque. Les mêmes indices se retrouvent dans d'autres corpus, comme l'histoire deutéronomiste ou les prophètes, notamment ceux du premier Temple. Ces intuitions devront être éprouvées par une méthodologie rigoureuse, en dialogue avec la recherche biblique globale.

---

[13] Les notes de la nouvelle édition de la Traduction Œcuménique de la Bible sont un témoin éloquent de ce recul des certitudes. Contrairement aux éditions précédentes qui découpaient systématiquement le texte et en attribuaient les morceaux aux quatre sources (J, E, D, P) et à l'hypothétique source jéhoviste (JE), l'édition de 2010 se montre plus prudente et a retiré pratiquement toutes les notes de cette nature. Voir aussi ACFEB, *Comment la Bible saisit-elle l'histoire ? 21ᵉ congrès de l'Association Catholique Française pour l'Étude de la Bible (Issy-les-Moulineaux, 2005)*, Paris, Cerf, 2007, p. 19 et M. Liverani, *La Bible et l'invention de l'histoire*, Paris, Gallimard, 2008.

[14] H.E. Hearon, « The Implications of "Orality" for Studies of the Biblical Text », *Oral Tradition* 19/1, 96-107, spec., 2004, p. 98-100.

[15] P. Béré, « From Written Text to Spoken Word », 2012, Conférence au Congrès de The International Jungmann Society of Jesuits and Liturgy, Nitra, Slovakia (version française : Du texte écrit à la parole proclamée: le destin de l'Écriture est l'écoute).

2. Définir l'oralité

Un des problèmes majeurs dans cette démarche est celui, d'une part, de la définition du concept même d'oralité et, d'autre part, des critères d'identification des marqueurs d'oralité dans un texte qui, lui, est écrit. De façon générale, l'oralité se définit comme une modalité du discours dans lequel un locuteur s'adresse, de vive voix, à un ou des auditeurs. C'est la communication par le bouche-à-oreille. Selon P. Boyer,

> Le phénomène de l'oralité caractérise donc un domaine immense de faits culturels. En se limitant même aux sociétés de tradition uniquement orale, on doit y inclure des phénomènes aussi hétérogènes que la littérature orale et les généalogies, mais aussi les rituels, coutumes, recettes et techniques, dont le trait commun est d'avoir été censément légués par les générations antérieures, de renvoyer au passé de la société[16].

Cette définition, assez large, peut être précisée. Ernst Wendland propose trois niveaux de définition, allant du plus large au plus spécifique. Au sens large, l'oralité est un comportement sémiotique qui comprend les attributs verbaux et non verbaux, y compris les perceptions sensorielles, et les capacités performancielles d'une société. Plus spécifiquement, l'oralité renvoie à des propriétés orales/auriculaires du langage qui caractérise les différents genres verbaux d'une communauté linguistique donnée. Plus spécifiquement encore, elle se réfère aux fonctionnalités structurelles et stylistiques orales qui restent en évidence (tonalité) lorsque des textes oraux particuliers sont mis par écrit pour des besoin de transmission ou de conservation[17]. L'on a proposé le néologisme « orature » pour désigner le phénomène de transcription écrite des données relevant de l'oralité, comme un équivalent du terme « littérature ». Le concept fait alors référence aux genres vocaux tels que les récits traditionnels, les contes, les proverbes, les énigmes et chants de toutes sortes[18], qui font appel à et sont porteurs d'une mémoire.

L'on ne peut donc comprendre l'oralité et l'écriture sans comprendre la manière dont cette mémoire joue le jeu d'interface entre elles. David Rhoads suggère ainsi, pour la littérature ancienne qui sert de support à la mémoire et à la performance orale, de souvent procéder, dans l'ordre, à l'étude de l'oralité, de

---

[16] P. Boyer, « Orale, tradition », *EU 2019*, éd. numérique.

[17] E.R. Wendland, *Orality and its Implications for the Analysis, Translation, and Transmission of Scripture*, 2012, PhD diss., publié en 2013 chez SIL International. Mais c'est dans sa version thèse que je le cite ici, p. 21-22.

[18] K.L. Sparks, *God's Word in Human Words*, Grand Rapids, Baker Academic, 2008, p. 207.

la mémoire et de l'écrit[19]. Une distinction est souvent établie entre deux types de mémoire. D'un côté, la mémoire culturelle, qui est la « mémoire longue qui conserve des lignes directrices collectives et des images identitaires du groupe, et qui garantit leur actualisation à l'aide des moyens les plus divers, du rituel au symbole, des images/tableaux aux chants et histoires » ; d'un autre côté, la mémoire communicative, c'est-à-dire la « mémoire au quotidien, qui guide et oriente le groupe et ses membres à l'aide de modèles d'action communs et exemplaires au cours du temps[20] ». Ces deux types de mémoire opèrent souvent ensemble dans des textes relevant des traditions orales, comme dans la plupart des récits bibliques, en particulier ceux de Genèse.

3. Des critères d'identification ?

Parler des sources orales dans les traditions du Pentateuque suppose que l'on définisse clairement, au préalable, des critères qui permettent d'isoler, dans les textes écrits, les caractères propres à la communication orale. Ceci n'est pas une tâche mathématique ni toujours objective. Le passage à l'écriture a souvent reformaté le discours pour l'adapter au mode de l'écriture. Il reste néanmoins que cette écriture conserve largement les traits de l'oralité que le lecteur peut plus ou moins clairement déceler. À l'inverse, des textes composés à l'écrit sont ou peuvent être adaptés à la performance orale en faisant appel à ces mêmes traits. Ernst Wendland en propose une synthèse que nous pouvons reprendre ici :

- recyclage des thèmes, concepts, termes-clés et images principaux culturellement pertinents ;
- répétition cohérente et stratégique (marquage de limites), reformulation, paraphrase ;
- utilisation de formules de transition (entrée et sortie) standards ;
- parallélismes, doublets/triades, arrangements chiastiques, etc. ;
- préférence pour des images graphiques mémorables, figures de style, propos, épithètes, slogans, symboles familiers, acrostiches alphabétiques ;
- citations, allusion à une information déjà bien connue ;

---

[19] D. Rhoads, cité par Sparks (2008), p. 29, de « The memory arts of the letter of James », un exposé présenté par l'auteur à la rencontre annuelle de SBL à New Orleans.

[20] G.P. Marchal, « De la mémoire communicative à la mémoire culturelle : le passé dans les témoignages d'Arezzo et de Sienne (1177-1180) », *Annales. Histoire, sciences sociales* 3, 2001, p. 563-589, spéc. p. 567.

- discours dramatiques et interactifs fréquents (questions réelles et rhétoriques, interjections, impératifs, vocatifs, etc.) ;
- poétique ou rythmique périodiques, euphonie, séquences sensibles au plan auditif ;
- en règle générale, insertion de discours directs.

Dans la présente étude, ces éléments ne seront pas souvent convoqués de façon systématique dans l'analyse des textes choisis, mais resteront constamment à l'arrière-plan de la réflexion qui empruntera fondamentalement les démarches de la critique des sources et des traditions, mais aussi celle de la critique rédactionnelle.

III. Approche méthodologique

1. Des textes de Genèse

Bien que l'objet de l'étude porte sur l'ensemble du Pentateuque, les textes choisis à cet effet le sont exclusivement du livre de Genèse, qui contient l'histoire ancienne d'Israël, depuis les récits des origines jusqu'à ceux des patriarches. C'est dans ce livre que se rencontrent de façon évidente et souvent brutale les diverses traditions qui traversent ces récits, avec leur spontanéité, leurs entrelacs et parfois leurs contradictions, réelles ou supposées.

Les textes choisis sont parmi les plus disputés en ce qui concerne l'histoire de leurs sources et de leur composition. Ce sont les récits de la création (Genèse 1-2, avec des extensions sur Genèse 3) et du déluge (Genèse 6-9), d'Abraham (Genèse 15 et 22), de Jacob avec l'épisode de Dina (Genèse 34), de la vente de Joseph (Genèse 37) et l'affaire Tamar (Genèse 38). D'autres passages sont analysés sans qu'un chapitre leur soit consacré, à savoir les récits de la vocation d'Abraham (Genèse 12), des épouses-sœurs (Genèse 12 ; 20 ; 26), le récit de la tour de Babel (Gn 11.1-9), le mariage de Jacob avec Rachel (Genèse 28-29) et son parallèle (le mariage d'Isaac avec Rébecca en Genèse 24). Ils servent en général d'illustrations au chapitre d'ouverture qui propose des réflexions méthodologiques et théoriques globales.

Ma démarche sera donc fondamentalement celle de l'histoire du texte. Elle fera appel, si nécessaire, à toutes les méthodes historico-critiques : histoire de la composition, critique des sources et des traditions, critique de l'histoire des religions, etc. Mais elle fera également appel à celles des sciences du langage, en particulier la linguistique et la sémiologie, de l'anthropologie religieuse, et de leurs interactions.

2. Méthodes historico-critiques

Les textes, notamment les récits du Pentateuque, dans la forme sous laquelle ils nous sont parvenus, datent pour l'essentiel de l'époque perse. Après la tempête des années 1970 contre la théorie documentaire, il est globalement admis que ce corpus porte la double signature de rédacteurs sacerdotal et deutéronomiste, ce dernier étant aussi responsable de l'histoire dont il porte le nom et de la réédition de bien des textes prophétiques, notamment des prophètes dits « écrivains » du VIIIᵉ siècle.

Il est évident que les matériaux de ces textes, eux, sont bien plus anciens. Ils remontent à des sources dont certaines étaient écrites, peut-être des compositions littéraires élaborées ou des débuts de composition épars. Ils remontent aussi à des mythes, légendes et traditions culturelles et religieuses appartenant au folklore israélite et de l'ancien Orient. Ce volume repart sur les thèses de la théorie documentaire et reprend, pour les passages analysés, la critique des sources et des traditions, en identifiant les doublets et contradictions internes de ces passages. Il s'agira d'identifier et d'analyser, à l'intérieur d'un texte, les différentes voix qui s'expriment et les traditions qui se succèdent (par exemple les récits de la création en Genèse 1-2) ou se juxtaposent (par exemple ceux du déluge en Genèse 6-9), rendant quelquefois le texte touffu et difficile à comprendre. Parfois, on assiste à des affirmations et informations contradictoires qui indiquent clairement une polyphonie, voire une cacophonie, et qui s'expliquent par une activité rédactionnelle importante (par exemple l'histoire de Dina en Genèse 34 ou celle de la « vente » de Joseph en Genèse 37) ou, exceptionnellement, par l'histoire de la transmission textuelle.

Aussi la critique rédactionnelle et la critique textuelle occuperont-elles une place importante, mais non centrale, dans cette étude. Si les problèmes rédactionnels appartiennent à l'histoire de la composition et les problèmes textuels à celle de la transmission, l'on sait combien il est souvent difficile, parfois impossible, de les distinguer, étant donné que tous relèvent de la réception et se confondent donc constamment[21]. La transmission massorétique étant extrêmement fidèle, les questions textuelles abordées ici le seront essentiellement au niveau d'anciennes versions (Septante, Peshitta, Targum, Vulgate et au besoin Vieille latine) qui témoignent de l'évolution du texte, y compris du texte hébreu, et peuvent indiquer une rencontre étonnante de traditions narratives

---

[21] J. Koulagna, « Literary Problems in the Textual Transmission of 1 Kings: The MT and the LXX », in W. Kraus, M.N. van der Meer, M. Meiser (eds), *XV Congress of the IOSCS, Munich 2013*, (SCS 64), SBL, Atlanta, 2016, p. 72.

et historiographiques. D'où l'importance des intertitres « données textuelles » ou « remarques/observations textuelles et philologiques ».

Mais au-delà de ces éléments plus techniques sur le texte, une place importante sera accordée à l'histoire des religions et au folklore de l'ancien Israël et, plus largement, aux lieux communs culturels et religieux du Proche-Orient ancien et aux traditions littéraires et folkloriques qui les accompagnent. Pour cela, le travail empruntera largement aux méthodes d'anthropologie religieuse et de religions comparées. Ce sera le cas non seulement pour les récits des origines (création et déluge) où cela est plus frappant, mais aussi pour l'histoire patriarcale, notamment le cycle d'Abraham.

3. Sciences du langage

Les plus anciennes sources du Pentateuque sont orales, et les sources J et E identifiées par la théorie documentaire le sont probablement aussi, en tout cas dans une large mesure. C'est la thèse principale de cette étude. La critique des sources s'appuie déjà sur des éléments théologiques et de vocabulaire. C'est sur la base de leur orientation théologique et centres d'intérêt, leur manière de nommer Dieu, leur style ou leur vocabulaire préférentiel que l'on a distingué J de E et D ou P des trois autres, et que l'on a systématisé ces distinctions dans le texte en les considérant comme des documents écrits.

Mais au-delà de la théologie et des données littéraires, les sources et traditions sont portées par le langage, c'est-à-dire par une langue et des modes de pensée et d'élocution caractéristiques de ces sources et traditions. Le lecteur moderne de la Bible est piégé, nous l'avons noté dans notre ouvrage de 2014 et nous y reviendrons, par le fait qu'elle nous est parvenue, depuis fort longtemps, sous forme écrite et qu'en vertu du canon, elle est Écriture. Mais « avant d'être écriture, [la Bible] est avant tout parole proclamée », insiste Paulin Poucouta. Avant d'être Écriture, elle est d'abord Parole, en hébreu *davar*, et en grec *logos*. Ceci est sans doute plus visible dans les textes narratifs. Dans ce contexte, « la narrativité nous redécouvre les origines de la Bible » et rappelle, pour le lecteur africain, un des fondements de la spiritualité biblique, à savoir l'écoute d'un Dieu qui parle en premier. C'est cela que résume le *Shema Israël* en Dt 6.4-9[22]. Les récits du Pentateuque, en particulier ceux de Genèse, sont des récits de tradition, transmis par le bouche-à-oreille, dans une langue spontanée avec ses codes particuliers.

---

[22] P. Poucouta, *Quand la Parole de Dieu visite l'Afrique : lecture plurielle de la Bible*, Paris, Karthala, 2011, p. 95-96.

Il n'est certes guère question d'absolutiser ce postulat car, comme s'interroge encore Poucouta, « que serait devenue la Bible si elle n'avait pas été mise par écrit[23] » ? Sans le support de l'écriture, l'oralité reste fragile, mais l'écriture ne doit pas emprisonner la parole. L'on sait aujourd'hui quels rapports l'oralité et l'écriture ont entretenus tout au long de l'Antiquité, et même encore de nos jours. Pour le dire simplement et sur un plan confessionnel, la Bible est la Parole orale de Dieu adressée à son peuple, conservée ensuite par écrit pour des générations futures, avec toujours le besoin qu'elle soit lue à haute voix, entendue, méditée et, si possible, mémorisée (Dt 6.6 ; 30.14 ; Jos 1.8). Cela ne concerne pas uniquement des récits plus courts adaptés à la récitation orale pour des publics préférant l'écoute à la lecture, mais aussi des textes longs : lois, prophéties, littérature de sagesse[24]. L'exégèse biblique africaine, quand elle s'intéresse à l'histoire des textes, doit pouvoir saisir cette dialectique de l'oral et de l'écrit, et c'est là l'objet de cette étude.

Cela implique une méthodologie qui fasse appel au dialogue de l'anthropologie et de la linguistique, c'est-à-dire à l'ethnolinguistique et aux méthodes connexes : anthropologie symbolique, ethnostylistique, sémiostylistique, etc. Il n'y aura pas, dans cette étude, d'intertitres spécialement dédiés à ces méthodes, mais celles-ci transparaîtront de fait, et souvent de manière discrète, dans l'analyse des passages sélectionnés, lorsque cela est nécessaire ou pertinent. C'est le cas par exemple dans l'analyse des concepts d'homme et d'« hommette » dans le récit yahviste de la création en Genèse 2, ou des fils de Dieu, des filles des hommes et des *nefilîm* et *gibborîm* dans le récit d'ouverture du déluge en Genèse 6.

IV. Structure

Sept chapitres structurent ce travail. Le premier, plutôt théorique, reprend et tente d'approfondir des réflexions amorcées dans des travaux antérieurs. Y sont posés, en substance, l'impératif d'une décolonisation de la lecture de la Bible et celui de revisiter le rapport à l'écriture dans cette Bible devenue, on l'a dit, Écriture, alors même qu'elle est avant tout Parole, donc orale. Ce chapitre invite le lecteur contemporain de la Bible, l'Africain en l'occurrence, à une approche contextuelle qui aille au-delà des études comparatives et des approches réactionnaires, en entrant dans un dialogue avec une méthodologie qui, par ailleurs, a montré sa valeur, à savoir l'approche historico-critique. Il invite, pour ce faire, à explorer les méthodes empruntées à l'anthropologie religieuse

---

[23] *Ibid.,* p. 97.

[24] J. Hwang, « Textuality and Orality in the Bible », *Mission Round Table* 11(1), 2016, p. 4-8.

et à la linguistique mentionnées ci-dessus, qui permettent de mieux saisir les dynamiques orales des textes du Pentateuque.

Le deuxième chapitre et le troisième étudient respectivement les récits de la création en Genèse 1 et 2 et ceux du déluge en Genèse 6-9 dans la perspective d'une critique des traditions. Les traditions en présence sont, selon la théorie documentaire, J et P. Alors que les récits de la création se suivent, ceux du déluge sont enchevêtrés. En s'appuyant sur une analyse comparative des deux traditions, sur quelques observations philologiques et lexicographiques, sur l'histoire des religions et sur des données narratives, ce chapitre tentera de montrer que les deux récits appartiennent, aussi bien par leur contenu que par leur mode d'expression et les variations internes, à un folklore ancien. Ce folklore est porté par des traditions locales dont certaines, regroupées sous la bannière de J en l'occurrence, ont une senteur orale bien perceptible.

Les chapitres 4 à 7 eux, s'intéressent aux récits des patriarches, en commençant par deux moments-clés du cycle d'Abraham : la double promesse d'une descendance et d'une terre (Genèse 15) et l'épreuve du renoncement à la descendance (Gn 22.1-19), deux moments qui, avec l'épisode de la vocation du patriarche en Genèse 12, mettent en avant sa foi et posent ainsi les fondements symboliques de la conscience identitaire d'Israël (chapitres 4-5). Ils se poursuivent par deux histoires dans le cycle de Jacob et son prolongement dans celui de Joseph. Si l'histoire de Dina (Genèse 34) est un fait divers sans enjeu véritable dans le déroulement de l'histoire ancienne d'Israël, il est un des récits dont l'histoire du texte révèle la complexité des sources et de la composition des récits du Pentateuque (chapitre 6). Le récit de l'hypothétique vente de Joseph (Genèse 37) et l'intermède de l'affaire Tamar (Genèse 38) témoignent, eux aussi, de cette composition complexe. Tous ces récits illustrent la force des traditions orales dans le processus et orientent vers l'hypothèse de la nature orale des plus anciennes sources à la base du Pentateuque.

1

Culture orale et critique du Pentateuque : problème et méthode

L a Bible nous est parvenue sous forme écrite, et le slogan protestant *Sola Scriptura* souligne ce fait en le sacralisant. Cela représente une chance, mais aussi un défi pour l'exégèse, lorsqu'on travaille sur l'histoire du texte, en particulier des sources. La critique du Pentateuque et des autres traditions bibliques est partie sur le présupposé qu'au commencement était l'écriture, elle y est restée longtemps et y reste encore, dans une large mesure. Et pourtant...

I. Critique biblique et exégèse coloniale

Après plus d'un siècle de nouveau contact avec la Bible en Afrique depuis la grande époque des missions, l'exégèse et la recherche biblique enseignées et conduites dans le continent restent encore largement marquées par l'héritage et la culture de l'Occident. L'histoire de la lecture de la Bible en Europe est bien longue et a connu d'importantes évolutions au cours des siècles. Mais le tournant décisif peut être fixé à partir de l'époque de la Renaissance, au Moyen-âge finissant, dans le contact avec l'humanisme, puis la critique de l'époque des pré-lumières et des Lumières. Elle a culminé, pour ce qui est de la critique du Pentateuque, avec la théorie documentaire élaborée, dans sa version la plus connue, par Karl Heinrich Graf et Julius Wellhausen, encore appelée simplement le système Graf-Wellhausen.

Cette théorie, qui s'est imposée pendant de longues décennies dans les études du Pentateuque et dont les instruments ont gagné pratiquement toute la critique biblique jusqu'au Nouveau Testament, a été introduite en Afrique au moment de la création des centres de formation théologique par les églises et sociétés des missions. Elle a été importée avec ses accents idéologiques et ses marqueurs culturels, en sorte qu'elle n'a pu s'empêcher de prendre, en contexte colonial, une coloration aussi coloniale. Plusieurs études de biblistes africains ont d'ailleurs relevé le lien de l'exégèse biblique missionnaire avec l'idéologie coloniale.

Il en résulte non seulement que cette exégèse a du mal à intégrer le système de pensée et la nature de la relation des Africains à la tradition et au texte, mais aussi qu'elle reste confinée à l'université et aux écoles de théologie du fait de cette inadéquation et déconnexion de la réalité des lecteurs africains de la Bible. Ceux-ci, ne trouvant pas leur compte dans une approche si éloignée de leur mode de pensée, de leur expérience littéraire, de leurs aspirations religieuses et de leur spiritualité, inventent leurs propres méthodes herméneutiques à leur convenance. Nous avons consacré un chapitre entier de notre étude mentionnée plus haut et intitulée *Exégèse et herméneutique en contexte*[1] à cette situation devenue préoccupante.

Cette déconnexion ne se remarque pas seulement chez les lecteurs non avertis, mais bien aussi chez des professionnels de la recherche biblique. Une des explications de cette situation est probablement, en ce qui concerne les études sur le Pentateuque et plus généralement sur l'histoire du texte biblique, le fait que les approches critiques partent du présupposé d'après lequel à la base de l'Écriture se trouve l'écriture. Ce présupposé, pertinent à plusieurs égards, prête trop peu d'attention à l'origine, voire au caractère oral des traditions qui sous-tendent les écrits de la Bible. Il oublie que l'écriture biblique est, on l'a dit, en grande partie une écriture essentiellement orale, c'est-à-dire une transposition sur un support écrit des traditions orales qui conservent leur caractère oral. Il est le résultat de l'influence d'une culture construite sur l'écriture, au point que l'on en oublie ces origines et cette base orales.

Les lecteurs africains, éduqués dans des cultures à dominante orale (y compris pour les générations jeunes et urbaines), voient leurs intuitions rejetées implicitement comme préscientifiques. Aussi y a-t-il comme un malaise, voire une certaine hostilité, ouverte ou larvée, à l'égard des approches critiques, tantôt au nom d'une lecture contextuelle, tantôt à celui d'une sorte de fondamentalisme évangélique ; mais peut-être surtout à cause de l'inadéquation réelle ou supposée de ces approches idéologiquement marquées avec leurs sensibilités littéraires et leurs aspirations religieuses.

En effet, un sous-entendu venu du siècle des Lumières et associé à l'idéologie coloniale et raciste fait de la critique la marque de la civilisation, donc d'une supériorité de pensée. Tout ce qui ne s'arrime pas à cette critique est jugé prélogique et obscurantiste. Le développement des méthodes critiques, en partie

---

[1] J. Koulagna, *Exégèse et herméneutique en contexte : réflexions méthodologiques*, Yaoundé, Dinimber & Larimber, 2014, p. 11-39.

dans le protestantisme allemand, a été une sorte de réponse de la théologie à ce présupposé et un effort de montrer que celle-ci est en mesure de s'adapter à la modernité et au rationalisme né des Lumières. Un article de l'*Encyclopedia Britannica* (1979) affirme à propos :

> Ce fut dans les universités allemandes que se posa pour la première fois la question de la critique biblique ; quelqu'un pouvait-il être chrétien, voire un bon chrétien, tout en doutant de la véracité de certaines parties de la Bible ? Telle fut au XIXe siècle la question capitale posée au protestantisme, pour ne pas dire à l'ensemble de la chrétienté. (...) Le protestantisme allemand montra de la souplesse et une telle absence de parti pris en présence de la nouvelle connaissance, que celle-ci exerça sur le développement des Églises chrétiennes une aussi grande influence que les découvertes de la Réforme à ses origines. En partie à cause de l'exemple allemand, les Églises protestantes de pure tradition — luthérienne, réformée, anglicane, congrégationaliste, méthodiste et de nombreuses communautés baptistes — s'adaptèrent sans trop de difficultés (du point de vue intellectuel) au développement scientifique, à l'idée de l'évolution et aux progrès dans le domaine de l'anthropologie et de l'analyse religieuse[2].

Il n'est pas question ici de rejeter cet effort d'utiliser les instruments intellectuels de l'époque pour mieux comprendre la Bible, au contraire. Cet effort correspond bien à ce que nous appelons aujourd'hui contextualisation ou inculturation. Le problème est que, transportées et transposées en Afrique et dans le Tiers-monde en général comme seule approche scientifique valable et crédible, les méthodes critiques, en particulier celles de la critique historique, ont semblé servir indirectement l'anthropologie raciste et coloniale, non seulement en dévalorisant toute autre approche, surtout si celle-ci vient des peuples dominés, mais aussi en procédant à une certaine négation de l'oralité en tant que mode littéraire de communication. De ce point de vue, même l'école de la critique des formes d'Hermann Gunkel, qui souligne le caractère et l'origine oraux de la plupart des traditions du Pentateuque, les qualifie avec un mépris à peine voilé comme des légendes dont les détails sont historiquement faux[3].

---

[2] Trad. Web dans « Le protestantisme et la haute critique » (fév. 2006), http://pensees.bibliques. over-blog.org/article-1751114.html, consulté le 23/12/2016.

[3] H. Gunkel, « Introduction » à *Genesis*, Chicago/London, The Open Court, 1901, p. xvii.

Ces méthodes auraient donc pu être perçues (et l'ont parfois été) comme un instrument idéologique, conscient ou non, au service du projet colonial[4].

II. Des traditions orales aux sources de l'Écriture

Le débat sur la question des sources orales de la Bible, en particulier du Pentateuque, n'est pas nouveau. Il remonte déjà à Gunkel et même au-delà. En retraçant l'histoire de ce débat, Douglas Knight[5] le fait même remonter à l'époque de la Réformation au XVIe siècle même si, d'après lui, à cette époque, la question était noyée dans les controverses entre catholiques et protestants au sujet de l'inspiration et de l'autorité de l'Écriture. Il était alors admis que Moïse avait écrit les cinq premiers livres de la Bible et certains avaient supposé qu'il aurait eu accès à des traditions orales concernant les événements ayant eu lieu avant son temps.

C'est cependant surtout au XXe siècle, avec Hermann Gunkel, que la question est clairement posée. Il est vrai que Wellhausen, dans son élaboration de la théorie documentaire, a reconnu l'existence d'une tradition orale derrière les documents sources (ce qui signifie clairement pour lui que les sources du Pentateuque étaient des documents écrits). Mais pour lui, cette tradition orale consistait seulement en des histoires individuelles à peine liées les unes aux autres[6] et rattachées initialement à des localités ayant des caractéristiques particulières, comme des sites sacrés ou des singularités géographiques reflétées dans les histoires[7].

Pour Wellhausen, finalement quatre documents sources sont à la base du Pentateuque : le Yahviste (J), le plus ancien, composé en Juda vers le IXe et Xe

---

[4] Une des illustrations de ce regard posé sur les méthodes historico-critiques en relation avec le colonialisme est l'œuvre du théologien sri-lankais R.S. Sugirtharajah : *The Bible and the Third-World* (2001), p. 61-73, *The Bible and Asia* (2013), etc. Dans le premier ouvrage, il relève pas moins de six éléments qui caractérisent la lecture coloniale de la Bible, entre autres la « textualisation » et l'historicisation de la foi, qui sont plus ou moins liées aux méthodes historico-critiques. Paulin Poucouta relève que « dans l'Afrique traditionnelle comme dans la Bible, l'oralité est liée à l'écoute » et que « la Parole de Dieu narrée rappelle un des fondements de la spiritualité biblique, celle de l'écoute d'un Dieu qui parle le premier, sans vacarme » (cf. *Quand la Parole de Dieu visite l'Afrique*, p. 96). Voir aussi L.E. Bissila Mbila, qui évoque également l'exégèse coloniale avec le rejet de l'oralité « Herméneutique de la Bible en contexte africain », in Omnes Gentes (éd.), *Bible et liturgie en Afrique*, RUCAO 31, 2007, et J. Ki Zerbo qui souligne l'importance de l'oralité en histoire africaine. Cf. *Histoire de l'Afrique noire*, Paris, Hatier, 1978, p. 10ss.

[5] D. Knight, *Rediscovering the Traditions of Israel : The Development of the traditio-historical research of the Old Testament, with special consideration of Scandinavian contributions (SBLDis 9)* 1973, p. 39-54.

[6] J. Wellhausen, *Prolegomena to the History of Ancient Israel*, Edinburgh, A. & C. Black, 1883, p. 296.

[7] *Ibid.*, p. 325-326

siècles av. J.-C. ; l'Élohiste (E), composé en Israël vers le VIIIᵉ siècle av. J.-C. ; le Deutéronomiste (D) d'origine judéenne et datant du VIIᵉ siècle av. J.-C. alors que le royaume du nord n'existe plus ; et enfin le Sacerdotal (P) issu des milieux des prêtres en exil, vers le VIᵉ siècle av. J.-C. Nous y reviendrons ultérieurement.

Tout en acceptant les grandes lignes de la théorie documentaire, Gunkel souligne l'importance de l'influence des traditions orales sur les matériaux qui ont finalement émergé comme documents. L'essentiel de sa réflexion sur cette question se trouve dans la longue introduction à son commentaire de Genèse (1901), connue dans sa version anglaise sous le titre de *The Legends of Genesis* (1910). C'est dans cette version que nous le citons le plus souvent dans cette étude.

Gunkel commence par établir une distinction entre la littérature antique et la littérature moderne. Tandis que cette dernière est marquée par l'importance de l'auteur, la littérature biblique est plus proche de la littérature folklorique, c'est-à-dire populaire. Le concept de *Gattung*, longtemps rendu par « forme », mais plus récemment par « genre », est au cœur de sa démarche. Les traditions à la base du livre de Genèse sont des légendes qui sont de petits récits indépendants[8], souvent de nature étiologique, destinés à expliquer l'origine d'un rite, d'un lieu ou d'un groupe humain[9].

Les récits de Genèse ne peuvent être compris que s'ils sont vus comme des légendes venues tout droit de la tradition orale. Seulement, le caractère oral de ces légendes devait imposer une limite intellectuelle et littéraire aussi bien aux auditeurs qu'aux conteurs. En conséquence, ceux-ci ne pouvaient produire que des travaux courts. D'où l'axiome : plus une légende est courte, plus elle est ancienne et, plus elle est longue, plus elle porte les traces d'une élaboration littéraire plus récente[10]. Pour Gunkel, quand elles furent mises par écrit, les légendes avaient déjà une longue histoire derrière elles[11], et il note l'extrême fiabilité de la transmission des histoires, en faisant remarquer néanmoins que la tradition orale est caractérisée par le changement[12] qui constitue aussi une faiblesse, puisqu'il la rend inappropriée pour véhiculer l'histoire[13].

La critique formelle de Gunkel a eu une influence importante sur la recherche biblique, aussi bien dans l'Ancien Testament que dans le Nouveau. Elle reste

---

[8] Gunkel, *The Legends of Genesis*, p. 43-45.

[9] *Ibid.*, p. 25-35.

[10] *Ibid.*, p. 47.

[11] *Ibid.*, p. 88.

[12] *Ibid.*, p. 71, 99.

[13] *Ibid.*, p. 2-4, 7.

néanmoins dépendante de l'idée d'après laquelle les sources du Pentateuque, en particulier J et E, étaient déjà des documents écrits indépendants[14]. Elle n'a pas permis d'envisager que certaines de ces traditions sources aient pu demeurer orales jusqu'à la composition du Pentateuque. Il est vrai que la Bible nous est parvenue comme texte et qu'il reste par conséquent difficile d'isoler avec précision dans le texte et avec des preuves irréfutables des séquences orales.

La plupart des textes bibliques, dans le livre de Genèse en tout cas, et en particulier dans le Pentateuque, témoignent de cette interaction entre oralité et écriture. Nous avons déjà eu à le souligner dans l'ouvrage repris au début de ce chapitre, les origines orales de l'écriture biblique[15]. Aux sources de l'Écriture, se trouve la parole orale : Israël a raconté ses histoires au sein de la famille, du clan, de la tribu… par la tradition orale, le bouche-à-oreille. En racontant, il a fait recours à des mythes et légendes tirés de son Moyen-Orient culturel, mais aussi de son fonds culturel propre. Israël a aussi chanté, pour les fêtes familiales ou tribales, mais aussi pour des cérémonies cultuelles. Les formes textuelles, les tournures, les rythmes, etc., viennent tout droit des usages courants, avec la spontanéité qui leur donne leur saveur particulière. Israël a aussi exprimé des réflexions sur les réalités et les expériences de la vie courante. Tout est donc oral, au commencement, comme chez tous les peuples sans écriture, comme en Afrique sub-saharienne !

En fait, l'écriture dans les textes du Pentateuque fonctionne comme un aide-mémoire et ne saurait se substituer à la parole transmise pour être gardée. Dans un contexte où savoir lire et écrire était l'affaire d'une caste plutôt qu'un phénomène populaire, la transmission orale était seule à même d'assurer la diffusion à une large échelle de la Torah. Ce passage du Deutéronome illustre bien ce fait :

> [11]*Car ce commandement que je te commande aujourd'hui, n'est pas trop merveilleux pour toi, et il n'est pas éloigné.*[12] *Il n'est pas dans les cieux, pour que tu dises, Qui montera pour nous dans les cieux, et le prendra pour nous, et nous le fera entendre, afin que nous le pratiquions ?* [13] *Et il n'est pas au-delà de la mer, pour que tu dises, Qui passera pour nous au-delà de la mer, et le prendra pour nous, et nous le fera entendre, afin que nous le pratiquions ?* [14] *Car la parole est très près de toi, dans ta bouche et dans ton cœur, pour la pratiquer.* (Dt 30.11-14).

---

[14] *Ibid.*, p. 123ss.

[15] Koulagna, *Exégèse et herméneutique*, p. 94-98.

Il souligne que la Torah n'est pas née écriture (exprimée ici comme éloignement – allusion peut-être à une écriture consonantique ne comportant à cette époque aucun signe de vocalisation), mais orale et accessible à tous : elle est dans la bouche (pour être répétée) et dans le cœur (pour être mémorisée). La mise par écrit répond donc simplement, d'après Yves Beaupérin[16], à la nécessité de constituer un texte-témoin de référence, dans le cas où une catastrophe viendrait à interrompre la transmission orale.

Bien des textes de la Bible, dans l'Ancien Testament aussi bien que dans le Nouveau, illustrent la dynamique de cette oralité, laquelle est souvent caractérisée par la variation. Les exemples sont nombreux. On peut citer les doublets d'un même récit à l'intérieur d'un livre (ex. : les deux récits de la création en Genèse 1 et 2, les épouses présentées comme des sœurs en Gn 12.20 et 26, les récits de la multiplication des pains en Matthieu 14 et 15, etc.), les variations d'un récit ou d'un texte d'un livre à un autre (par exemple les deux versions du Décalogue en Exode 20 et Deutéronome 5), les cadres divergents d'un même fait (par exemple la prière du Seigneur en Matthieu 6 et Luc 11), le problème synoptique dans les évangiles, etc.

De nombreuses études dans la recherche contemporaine en anthropologie et en linguistique ont déjà, fort heureusement, pris conscience du caractère artificiel du conflit entre l'oralité et l'écriture et dénoncé une trop nette dichotomie entre sociétés de l'oralité et celles de l'écriture[17]. Karel Van der Toorn a, dans cette optique, attiré l'attention sur le risque de confusion entre la notion moderne d'auteur et celle de l'Antiquité, notamment au Proche-Orient. En ce qui concerne la Bible, il affirme que les personnes impliquées dans sa composition étaient

---

[16] Y. Beaupérin, « la Bible entre oralité et écriture », cours de l'Institut de Mimopédagogie, à l'école de Marcel Jousse, 2012, doc. Web in http://mimopedagogie.pagesperso-orange.fr/Beauperin/Traditionsorales/Bible%20entre%20oralite%20et%20Ecriture.pdf, consulté le 08 mars 2017 ; Id. (2013), « La fiabilité de la tradition de style global-oral à la source de la Bible », Conférence donnée au Colloque du CEP à Nevers, le 5 octobre 2013, doc. Web in http://coursprivecefop.org/images/0/08/CEP-JANV-2014-BEAUPERIN-P-64-88.pdf, consulté le 9 mars 2020.

[17] Entre autres : Ruth Finnegan, « The Relationship between Composition and Performance: Three Alternative Modes », in T. Yosihiko & Y. Osamu (eds), *The Oral and the Literate in Music*, Tokyo, Academia Music, 1986, p. 73-87 ; Id., *Literacy and Orality. Studies in the Technology of Communication*, Oxford, 1988, Blackwell ; Id., « Oral and Literate Expression », *International Encyclopedia of the Social and Behavioral Sciences*, Oxford, Pergamon, 2001, p. 10887-10891 ; Jack Goody (ed.), *Literacy in Traditional Societies* ; Cambridge, University Printing House, 1968 ; Walter J. Ong, *Orality and Literacy. The Technologizing of the Word*, New York, Methuen, 1982; Kenneth E. Prouty (2006), « Orality, Literacy, and Mediating Musical Experience: Rethinking Oral Tradition in the Learning of Jazz Improvisation », *PMS* 29 (3), p. 317-334 ; A. Dundes, *Holy Writ as Oral Lit : The Bible as Folklore*, Lanham, MD and Oxford, Rowman & Littlefield, 1999.

« seulement des canaux de la voie céleste »[18]. Pour lui, la notion même de « Bible » comme ensemble de livres peut être déroutante, les livres de la Bible n'étant pas des livres au sens moderne du terme. C'était des versions écrites des traditions orales. En raison de leur origine orale, ils n'étaient pas linéaires ni destinés à être lus comme des unités (littéraires). Les livres de la Bible n'étaient pas des livres, affirme-t-il en substance[19].

Des anthropologues aussi ont montré comment des discours oraux peuvent être traités comme textes et partager certaines des propriétés du discours écrit, et comment le discours oral et le discours écrit partagent l'intertextualité comme propriété[20]. Il n'est guère utile de nous attarder davantage sur cette question. Ceci est vrai également pour les textes de la haute antiquité biblique, à l'instar de ceux du Pentateuque.

Dans un autre ouvrage, nous avons amorcé la réflexion sur la question de l'existence des sources yahviste et élohiste en tant que documents écrits indépendants[21] et il sera judicieux de reprendre cette discussion dans la présente étude. Les textes traditionnellement attribués à ces deux traditions sont si fragmentaires qu'il est difficile de les suivre avec transparence. Il est intéressant de noter à ce sujet que dans les notes, les éditeurs de l'ancienne Traduction œcuménique de la Bible révisée (TOB, édition 1988, contrairement à l'édition précédente) attribuent des passages du Pentateuque, certes pas de façon systématique, non pas à des « documents », mais bien à des « traditions » yahviste ou élohiste, ce qui témoigne d'une certaine prise de distance par rapport à une aile dure de la théorie documentaire.

En tout état de cause, l'étude des traditions du Pentateuque à partir des seules approches diachroniques, en l'occurrence celles de la critique des sources et des formes, avec comme présupposé que toutes les sources identifiées aient été des documents écrits indépendants, n'a pas permis, comme nous le verrons, de prendre la pleine mesure du poids de l'oralité dans la composition de ce corpus. Elle ne permet pas de mettre à contribution les intuitions littéraires et esthétiques des lecteurs issus des traditions à dominante orale. Aussi sera-t-il important, me semble-t-il, d'abord de réévaluer le rapport à l'écriture dans l'histoire du texte

---

[18] K. Van der Toorn, *Scribal culture and the Making of the Hebrew Bible*, 2007, p. 29. *mere channels for heavenly voice.*

[19] *Ibid.*, p. 9.

[20] Charles L Briggs, & Richard Bauman, « Genre, Intertextuality, and Social Power », *Journal of Linguistic Anthropology* 2 (2), 1992, p. 131-172 ; Alessandro Duranti, « L'oralité avec impertinence : ambivalence par rapport à l'écrit chez les orateurs samoans et les musiciens de jazz américains », in *L'homme 189 : Oralité et écriture*, 2009, p. 23-37.

[21] Koulagna, *Dire l'histoire* , chapitre 3, spéc. p. 58-63, 70-74.

biblique et ensuite d'envisager l'apport de l'anthropologie linguistique dans la reconstruction de cette histoire.

III. Écriture et oralité dans l'ancien Israël et la Bible : état de la question

1. L'écriture en Israël

Le mot « écriture », en grec *graphê*, désigne le traçage d'une ligne ou, plus largement, le fait de dessiner. Dans les langues sémitiques, la racine *ktb* désigne une gravure, souvent une entaille opérée sur un support[22], souvent à l'aide d'un objet contondant, un calame par exemple. Dans ce sens large, on peut considérer que l'écriture est née dès le moment où des humains ont commencé à tracer des signes pour communiquer, soit déjà vers le VIe millénaire av. J.-C., ou plus tôt. Mais comme système complexe de combinaison de signes pour produire des textes, les premières formes d'écriture ont fait leur apparition en Égypte avec les hiéroglyphes et en Mésopotamie avec l'écriture cunéiforme, au IVe millénaire. L'écriture alphabétique, elle, est apparue vers la seconde moitié du IIe millénaire, en Phénicie, vers l'époque présumée de l'exode des Hébreux à Canaan.

Parler des sources écrites du Pentateuque implique donc de comprendre le rapport d'Israël à l'écriture. La question est : à quel moment Israël a-t-il adopté l'écriture ? Les ancêtres d'Israël en Mésopotamie ou en Égypte auraient pu théoriquement connaître l'existence des systèmes d'écriture dans ces milieux. Mais l'on sait qu'ils étaient constitués essentiellement de paysans, agriculteurs, semi-nomades ou nomades, donc analphabètes. Le plus simple serait de penser qu'Israël ait adopté l'écriture pour les besoins de son administration au début de la royauté, notamment sous Salomon. La liste des fonctionnaires de Salomon en 2 R 4.3 mentionne des postes de *soferim* (scribes) et de *mazkirim* (gardiens de la mémoire, archivistes). Ceci indique en principe que dès l'époque de Salomon, l'écriture avait déjà été adoptée à cette fin.

Les choses sont cependant un peu plus compliquées que cela. De nombreuses études ont été menées à ce sujet. Ces études indiquent globalement que la société israélite préexilique était encore très largement analphabète jusque longtemps après l'exil. La plupart des données épigraphiques attestent de la présence de l'écriture à divers endroits de l'espace israélite vers le VIIIe siècle. Une synthèse de la recherche sur le sujet est rassemblée dans un ouvrage collectif dirigé par Brian B. Schmidt dans son introduction. Cette synthèse montre que l'écriture en

---

[22] J. Koulagna, « Γράμμα, γραφή », E. Bons & J. Joosten (eds), *HTLS* vol. 1, col. 1583-1584, 2020.

Israël remonterait déjà à la seconde moitié du IXe siècle[23]. André Lemaire identifie une forte activité scribale à Samarie et à Tyr après 800 av. J.-C., avec notamment la mention du mot *sefer* dans des inscriptions de Deir Alla et Kuntillet Ajrud[24]. Nadav Na'aman, lui, a travaillé dans le Néguev sur les ostraca des forteresses qui indiquent une présence des fonctionnaires d'État (des clercs par exemple) et ceux du temple d'Arad qui supposent des scribes avec un degré de littérarité élevé déjà vers le VIIIe siècle[25]. Il précise cependant que les inscriptions disponibles pour la recherche sont des produits secondaires de l'activité scribale ; les principaux ouvrages ont péri, ce qui fait que l'image donnée par ces objets peut ne pas refléter tout à fait la réalité[26].

Robert Miller II affirme également que l'écriture est largement attestée en Israël et Juda entre le VIIIe et le VIIe siècles av. J.-C., constituée d'objets et textes administratifs (sceaux) ou de la vie courante, mais reconnaît aussi que déterminer le niveau de littérarité est bien plus difficile[27]. Il ne s'agit pas, en effet, d'accumuler des chiffres et des pourcentages pour y arriver, dit-il en citant Karel Van der Toorn[28]. Ce que l'on peut remarquer, en tout cas, est que l'époque d'attestation de l'écriture en Israël ne correspond qu'approximativement aux époques supposées de la composition des plus anciennes sources du Pentateuque, à savoir le Yahviste et l'Élohiste.

2. La discussion sur l'oral et l'écrit dans la bible hébraïque depuis Gunkel

La question de l'oral et de l'écrit dans la Bible, on l'a dit, n'est pas nouvelle. Elle a déjà une longue histoire qui remonte même à l'époque de la Réformation[29]. Elle commence, pour l'époque récente, depuis Wellhausen. Ce dernier, dans ses *Prolégomènes à l'histoire de l'Ancien Israël* (1883), n'aborde la question que sous la forme de commentaires sporadiques. Il reconnaît que la tradition orale sous-tend les documents (sources) du Pentateuque, mais soutient qu'ils consistent en petites histoires individuelles faiblement reliées entre elles et rattachées

---

[23] B.B. Schmidt, « Introduction », Id. (ed.), *Contextualizing Israel's Sacred Writings: Ancient literacy, orality, and literary production*, Atlanta, SBL Press (AIIL 22), 2015, p. 1-10.

[24] A. Lemaire, « Levatine Literacy ca. 1000-750 BCE », B.B. Schmidt (éd.), 2015, p. 11-46.

[25] N. Na'aman, « Literacy in the Negev in the Late monarchichal period », B.B. Schmidt (ed.), 2015, p. 47-70.

[26] *Ibid.*, p. 65.

[27] R.D. Miller II, « Orality and performance in Ancient Israel », version html, *Op. cit.*

[28] K. Van der Toorn, *Scribal Culture and the Making of the Hebrew Bible* Cambridge, Cambridge MA, Harvard University Press, 2007, p. 10.

[29] Knight, *Rediscovering the Traditions of Israel*, p. 39-54.

initialement à des milieux qui avaient des traits particuliers tels que des sites sacrés ou des curiosités géographiques[30].

Robert Culley[31] propose une synthèse assez détaillée de la discussion. La question qu'il pose est : comment les biblistes élaborent-ils leurs opinions sur la tradition orale et sa signification pour la Bible ? Culley s'intéresse aux travaux sur la bible hébraïque en général et les classe en deux périodes et par zones géographiques.

La première période va de Gunkel aux années 1960. Elle commence par les travaux de Martin Noth (*A History of Pentateuchal Traditions,* 1972, original en allemand 1948) qui admet que la tradition orale a pu jouer un rôle dans la composition du Pentateuque et d'autres parties de la Bible, mais ne s'attarde pas sur la question. En Europe, c'est surtout les Scandinaves qui s'y intéressent. Par exemple, le bibliste suédois H.S. Nyberg (*Studien zum Hoseabuche*) affirme que la tradition dans l'ancien Orient était essentiellement orale et purement écrite seulement à de rares occasions, en sorte que la tradition orale sous-tend la plupart des textes écrits. Il est suivi par Ivan Engnell (*The Call of Isaiah* 1949, *A Rigid scrutiny* 1969) qui rejette la thèse des documents écrits et insiste sur le fait que l'Ancien Testament était essentiellement de la littérature orale qui a acquis un statut d'écriture bien plus tard. Il suggère de ne pas opposer l'oral et l'écrit de façon absolue (1949 : 56). Mais la question est loin d'y faire l'unanimité. Sigmund Mowinckel (*Prophecy & tradition* 1946), reste critique vis-à-vis des deux : pour lui, une bonne partie des traditions bibliques devait être orale, mais les traditions populaires n'ont pas pu être fixées. La fixation vient seulement de l'écriture. G. Widengren (*Literary and psychological aspects of the Hebrew prophets* 1948), plus critique encore, parle d'une culture scribale dans laquelle la tradition orale n'était presque pas fiable. Helmer Ringgren représente une sorte de conciliation, somme toute artificielle, entre les deux positions. Il faut, selon lui, envisager la possibilité d'une double transmission orale et écrite[32].

En Amérique du nord, c'est surtout William Foxwel Albright (*From the Stone Age to Christianity* 1957, *Yahweh and the gods of Canaan* 1969) et ses successeurs qui abordent le sujet. Critiquant la proposition de Gunkel selon laquelle la poésie orale doit nécessairement avoir commencé par des compositions très courtes, Albright avance l'idée que même dans des régions alphabétisées comme l'Égypte, la Babylonie, l'Iran, l'Inde et la Chine, la composition et la transmission d'œuvres

---

[30] Wellhausen, *Prolégomènes*, p. 296.

[31] R.C. Culley, « Oral Tradition and Biblical Studies », in *Oral Tradition* 1/1, 1986, 30-65.

[32] H. Ringgren, « Oral and Written Transmission in the Old Testament: Some Observations », *Studia Theologica,* 3, 1949, p. 34-59.

littéraires était en grande partie orale et souvent sans utilisation de l'écriture. Il exhorte les historiens à prendre ces premières histoires beaucoup plus au sérieux comme sources de reconstruction historique et à être prudents dans leur utilisation de l'étiologie pour expliquer les origines des récits. Tout en admettant que la tradition orale était sujette à la réfraction et à la sélection par l'ajout d'éléments folkloriques ou dramatisants pour des raisons pédagogiques, il continue d'insister sur l'exactitude de la tradition orale et l'historicité substantielle des traditions de la Bible.

Albright et ses successeurs (D.N. Freedman & F.M. Cross) ne s'appuient pas ou peu sur les analogies avec d'autres cultures pour défendre l'idée de la valeur de la tradition orale (même si Cross montre bien qu'il est au courant de ces choses). Ils s'appuient essentiellement sur le style poétique cananéen et de l'ancien Israël.

C'est en 1963 qu'un tournant décisif a été pris sur la question, avec d'une part, des études sur la poésie biblique, notamment celles de William Whallon (« Formulaic Poetry in the Old Testament ». *Comparative Literature* 1/1963, 1-14), de Stanley Gevirzt (*Patterns in the Early Poetry of Israel*, (SAOC 32), Chicago, University of Chicago Press, 1963) et de Robert C. Culley (*Oral Formulaic Language in the Biblical Psalms*, 1967) et d'autre part, celles plus nombreuses sur la prose. On peut mentionner parmi les plus importants, David M. Gunn (*The story of King David*, 1978, 49-50) qui établit une distinction entre ce qu'il appelle matériau traditionnel pour l'auteur et son public, et matériau traditionnel oral où le mode de composition du matériau peut être spécifié comme oral. Les matériaux traditionnels oraux sont constitués, par exemple, d'éléments courts qui témoignent d'une certaine dissemblance, c'est-à-dire qui reflètent à la fois la fixité et la fluidité.

Robert C. Culley (*Studies in the structure of Hebrew narrative*, 1976) propose par ailleurs une comparaison des textes narratifs de la bible hébraïque avec ceux d'autres aires géographiques (Afrique, Bahamas, Europe) pour déterminer ce qu'il est possible d'affirmer au sujet de la création et de la transmission de la prose orale. Il en résulte que les preuves de stabilité et de variation étaient compatibles avec ce à quoi on pouvait s'attendre dans les variantes orales. Mais il était difficile d'écarter la possibilité que le même genre de chose se produise dans une tradition scribale qui se situait quelque part entre une tradition orale distincte et une tradition littéraire pleinement développée.

John van Setters et Patricia G. Kirkpatrick, eux, sont plus réservés. Le premier (*Abraham in Tradition and History*, 1975 et *In Search of History*, 1983), incapable d'admettre que les récits bibliques ont connu une longue période de formation de la tradition orale, rejette les idées de Gunkel et Noth et est peu enthousiaste à l'égard des thèses d'Albright. Il effectue un retour radical sur la théorie wellhausenienne des documents écrits. La deuxième (*Folklore studies and the Old Testament*, PhD diss., Oxford University, 1984, publié en 1988 chez Sheffield Academic Press) admet que l'oralité et l'écriture sont différentes, mais soutient qu'il n'existe pas de test sûr pouvant permettre de distinguer l'oral de l'écrit dans les récits des patriarches (p. 85-88). On ne peut pas non plus, d'après elle, faire appel à la présence des genres tels que la légende puisque les contextes potentiels de leur production ne peuvent pas être déduits sur la base du genre littéraire.

Au final, en dépit de la prise de conscience des bases orales de la Bible, la critique basée sur la théorie des sources écrites reste tenace et ce, en raison des déterminations culturelles et intellectuelles liées à l'écriture. Le débat sur les origines orales de l'Écriture demeure donc quelque peu superficiel et sans impact réel sur la recherche biblique. Ceci justifie que les biblistes africains et ceux issus d'autres cultures à dominante orale rouvrent ce débat.

IV. Réévaluer la critique des sources du Pentateuque

Avant Gunkel, la classification élaborée par Karl Heinrich Graf (1815-1869), affinée et finalisée par Julius Wellhausen[33] avait identifié quatre sources à la base de la composition du Pentateuque. Ces sources sont considérées, même après les observations de Gunkel, comme des documents autonomes et complets, et identifiées comme suit[34] :

- le document yahviste (J) rédigé dans le royaume de Juda par un écrivain jérusalémite favorable à la monarchie en Israël, qui daterait du Xe-IXe siècles av. J.-C. et se distinguerait, entre autres, par l'utilisation du trétragramme YHWH et sa tendance à l'anthropomorphisme (par ex. Dieu qui se promène, comme un homme, dans le jardin d'Éden sous la fraîcheur de l'après-midi en Gn 3.8) ;
- le document élohiste (E) rédigé dans le royaume d'Israël vers le VIIIe siècle av. J.-C. par un écrivain du Nord de Samarie moins favorable à la monarchie et qui préfère le nom Élohim. Il serait marqué surtout par le prophétisme et la vision d'un Dieu transcendant ;
- on pense que les deux documents auraient été ensuite combinés en un seul écrit par un rédacteur, peut-être à la suite de la chute de Samarie en 722 : on l'a appelé Jéhoviste (JE) ;

---

[33] On l'appelle ainsi « le système Graf-Wellhausen ». Cf. J. Wellhausen (1899), *Prolegomena zur geschichte Israels*, Berlin, Druck und verlag von G. Reimer.

[34] L'essentiel des éléments ci-dessous est repris de Koulagna, *Exégèse et herméneutique*, p. 98-105.

- le document deutéronomiste (D) contenu essentiellement dans le livre du Deutéronome et daté du VIIᵉ siècle av. J.-C., marqué en général par la centralisation du culte ;
- le document sacerdotal (P), rédigé par des prêtres jérusalémites durant l'exil, au VIᵉ siècle av. J.-C. et caractérisé par son intérêt particulier pour les questions cultuelles et liturgiques.

Mais les choses ne sont pas aussi simples. Les critères de différenciation et de classification des documents ne sont pas toujours clairs et font l'objet de confusions, surtout pour les documents J et E. Plusieurs commentateurs ont mis en question l'idée que les sources aient pu exister en tant que documents indépendants[35] et d'autres sont allés jusqu'à mettre en doute l'existence même de E ou la datation de J et P[36].

Bien plus, il n'est pas tout à fait certain qu'Israël ait déjà produit de la littérature écrite avant le VIIIᵉ siècle av. J.-C.[37]. Des données archéologiques et papyrologiques vont dans le sens d'une production littéraire d'Israël et de Juda qui n'a sans doute pas commencé avant cette époque. Israël Finkelstein[38] remarque qu'il n'y a pas de preuve de cette apparition avant 800 av. J.-C. et que jusqu'à la fin du VIIIᵉ siècle Juda était trop peu avancé pour produire des comptes-rendus écrits. Il y a en tout cas une pénurie de preuves à la fois archéologiques et papyrologiques. La question est déjà discutée parmi les exégètes et les historiens. Matthieu Richelle reprend une synthèse de la discussion dans un article récent

---

[35] Voir notre synthèse sur ce débat dans J. Koulagna (2010), p. 58-74. La littérature à ce sujet est abondante. Citons parmi les auteurs les plus connus : R. Rendtorff (1967), « Literarkritik und Traditiongeschichte », in *EvTh* 27, p. 138-153 ; Id., « Traditio-historical Method and the Documentary Hypothesis », in *Proceedings of the Fifth World Congress of Jewish Studies I. Ancient Near East As Related to the Bible and the Holy Land*, Jerusalem, 1969, p. 5-11; Id., « L'histoire biblique des origines (Gn 1-11) dans le contexte de la rédaction "sacerdotale" du Pentateuque, in A. de Pury (éd.), *Le Pentateuque en question*, 1989, p. 83-94 ; E. Blum, *Die Komposition der Vätergeschichte*, (WMANT 57), 1984 ; Id.*Studien zur Komposition des Pentateuch*, (BZAW 189), 1990.

[36] Par ex. G. J. Wenham (1987), *Genesis 1-15*, (WBC 1), Texas, World Books ; P. Volz & W. Rudolph, *Der Elohist als Erzähler. Ein Irrweg der Pentateuchkritik?*, (BZAW 63), 1933 ; W. Rudolph, *Der « Elohist » in Exodus bis Josua*, (BZAW 68), 1938 ; S. Mowinckel, *Erwägungen zur Pentateuchquellenfrage*, 1964, etc.

[37] Voir par ex. J. Van Seters, *The Biblical Saga of King David*, Winona Lake, 2009, p. 119; C. Nihan and D. Nocquet, « 1-2 Samuel », in T. Romer, J.-D. Macchi and C. Nihan (eds.), *Introduction à l'Ancien Testament* (MdB 49), Genève, Labor et Fides, 2009, p. 368; A. Lemaire, « West Semitic Epigraphy and the History of Levant during the 12th-10th Centuries BCE », in G. Galil, A. Gilboa, A. M. Maier and D. Kahn (eds.), *The Ancient Near East in the 12th-10th Centuries BCE: Culture and History* (AOAT 392), Munster, p. 307, 2012; etc.

[38] I. Finkelstein, *The Forgotten Kingdom: The Archaeology and History of Northern Israel* (ANEM 5), Atlanta, 2013, p. 35.

dans lequel il essaie de relativiser, voire de remettre en cause cette position[39] peut-être trop minimaliste. Quoi qu'il en soit, il reste que, globalement, les traditions orales restent encore suffisamment fortes pour marquer de façon significative la composition du Pentateuque et de bien d'autres textes bibliques anciens.

L'exégèse historico-critique traditionnelle, en s'enfermant dans une obsession de l'écriture, a longtemps négligé et laissé passer ces possibilités. Cette situation est due, au moins en partie et comme nous l'avons déjà dit plus haut, à la culture occidentale actuelle construite par et sur l'écriture au point d'en oublier ses propres lointaines origines orales. Elle a souvent conduit à une imposition de la logique scripturaliste sur des textes dont l'origine et le contexte socioculturel orientent vers le poids de l'oralité, y compris sur l'écriture et de l'histoire tardive de la Bible sur un contexte où il n'existait pas encore une grille canonique (puisque les textes eux-mêmes n'existaient pas encore).

La démarche de Gunkel pourrait être poussée plus loin dans la critique des sources et des traditions. Si les traditions orales sont à la base du Pentateuque, l'on n'est pas obligé de supposer ensuite qu'elles aient été mises par écrit avant d'y être intégrées. Elles ont pu subsister dans des récits populaires racontés dans les familles ou à l'occasion d'événements de mémoire. Les récits se dupliquent ou sont transmis en plusieurs versions, parfois avec d'importantes divergences qui frôlent la contradiction. Par exemple, ces récits pourraient être considérés comme un indice de leur oralité et de la transformation permanente qui y est liée, due peut-être à la défaillance de la mémoire, mais certainement aussi à la recréation des récits dans la transmission orale. De plus, les textes traditionnellement attribués à J et E sont si fragmentaires qu'il est difficile de les suivre avec transparence.

L'histoire de l'épouse présentée comme sœur dans trois contextes narratifs différents dans le livre Genèse a fait l'objet de plusieurs études[40] et peut illustrer la difficulté à considérer les sources du Pentateuque, en particulier J et E, comme des documents écrits. Diverses écoles de la critique (critique des sources, critique des formes et critique rédactionnelle notamment) s'y sont penchées. L'espace imparti à cette étude ne nous permet pas de les examiner en profondeur.

---

[39] M. Richelle, « Elusive Scrolls: Could Any Hebrew Literature Have Been Written Prior to the Eighth Century BCE? », in *VT* 66, 2016, p. 556-594.

[40] Pour une synthèse détaillée de ces études, voir R. C. Culley, « Oral Tradition and Biblical Studies », in *Oral Tradition* 1/1, 1986, p. 30-65 ; J. Ronning, « The Naming of Isaac : The Role of the Wife/Sister Episodes in the Redaction of Genesis », in *WTJ* 53, 1991, p. 1-27 ; J.K. Hoffmeier (1992), « The Wives' Tales of Genesis 12, 20 & 26 and the Covenants at Beer-Sheba », in *TB* 43/1, p. 81-100 ; S. Niditch, *A Prelude to Biblical Folklore*, 1987, 2000, p. 23-69 ; P. Béré (2013), « "Pourquoi as-tu dit : 'Elle est ma sœur' ? » La sœur-épouse ou la trace indélébile de l'origine (Gn 12.10-20) », P. Béré, S. Nwachukwu, A.I. Umoren (eds), *Les femmes dans la Bible*, p. 95-109.

Observons simplement que les récits de Genèse 12-13 et Genèse 26, qui rattachent cette histoire au personnage d'Abraham, sont attribués à J et celui de Genèse 20 qui la rattache à Isaac, est attribué à E. Mais cette double attribution est loin de faire l'unanimité[41] et les opinions contradictoires à ce sujet montrent bien que la théorie de sources écrites repose sur des arguments fragiles.

Gn 12.10-20 (J)	Gn 26.1-11 (J)
Abram et Saraï en Égypte chez Pharaon – famine	Isaac et Rébecca à Guéra chez Abimélek – famine
Dieu frappe Pharaon (v. 17)	Abimélek constate qu'Isaac s'amuse avec Rébecca (v. 8)
אִמְרִי־נָא אֲחֹתִי אָתְּ « Dis, s'il te plaît, que tu es ma sœur » (v. 13 – Abram demande à Saraï de se présenter comme sa sœur).	וַיֹּאמֶר אֲחֹתִי הִוא « Et (Isaac) dit : elle est ma sœur (v. 7).
v. 15-16 : Saraï enlevée et Abram bien traité par Pharaon.	v. 7-8 : Rébecca n'est pas enlevée.
מַה־זֹּאת עָשִׂיתָ לִּי « Que m'as-tu fait ? » (v. 18)	מַה־זֹּאת עָשִׂיתָ לָּנוּ « Que nous as-tu fait ? » (v. 10)
v. 20 : Saraï rendue et Abram renvoyé avec ses biens.	v. 11 : Interdiction de toucher à la femme d'Isaac.

Il ressort entre les deux versions attribuées à J (Genèse 12 et 26) des divergences importantes :

- Genèse 12 parle d'Abram alors que Genèse 26 parle d'Isaac ;
- Saraï est enlevée alors que Rébecca ne l'est pas ;
- Pharaon est frappé alors qu'Abimélek constate lui-même le mensonge d'Isaac ;
- La question de Pharaon est personnelle, celle d'Abimélek est communautaire.

---

[41] À titre d'illustration, G. Von Rad, *Genesis*, 1961, p. 162-164, 221, 266, rattache Gn 12-13 à J et Gn 20 à E, mais reste indécis sur Gn 26 ; E.A. Speiser (1964), *Genesis*, est dans la même ligne que la TOB ; K. Koch et Gunkel suivent également cette ligne, avec une incertitude qui leur fait supposer pour Gn 26 un second rédacteur J. Seul le récit de Genèse 20 est unanimement attribué à E. Cf. S. Niditch, *A Prelude to Biblical Folklore*, 1987, 2000, p. 23-69, 161.

Gn 12.10-20 (J)	Gn 20.1-18 (E)
Abram et Saraï en Égypte chez Pharaon – famine	Abraham et Sara à Guéra chez Abimélek
Dieu frappe Pharaon (v. 17)	Abimélek averti par Dieu dans un songe (v. 3)
אִמְרִי־נָא אֲחֹתִי אָתְּ « Dis, s'il te plaît, que tu es ma sœur » (v. 13 – Abram demande à Saraï de se présenter comme sa sœur).	וַיֹּאמֶר אַבְרָהָם אֶל־שָׂרָה אִשְׁתּוֹ אֲחֹתִי הִוא « Abraham dit de Sarah sa femme : elle est ma sœur » (v. 2).
v. 15-16 : Saraï enlevée et Abram bien traité par Pharaon.	v. 2 : Sara enlevée, mais rien n'est dit d'Abraham.
מַה־זֹּאת עָשִׂיתָ לִּי « Que m'as-tu fait ? » (v. 18)	מֶה־עָשִׂיתָ לָּנוּ « Que nous as-tu fait ? » (v. 9)
v. 20 : Saraï rendue et Abram renvoyé avec ses biens.	v. 14-15 : Sara rendu et séjour offert à Abraham.

Il est difficile d'imaginer, dans ces conditions, que ces deux récits appartiennent à une même tradition et que s'il en était même ainsi, que ces traditions aient été déjà écrites au moment où le rédacteur de Genèse les a repris.

En revanche, les récits de Genèse 12 (J) et de Genèse 20 (E) sont plus proches :

- ils sont tous deux rattachés à l'histoire d'Abraham ;
- leur trame narrative est presque identique : enlèvement de Sara, intervention divine, Sara rendue avec un traitement de faveur pour Abraham ;
- la différence majeure est celle du cadre (Égypte ≠ Guéra), qui peut s'expliquer par une appropriation de la tradition dans un contexte sociohistorique différent et justifier son attribution à une autre source.

Pour les récits attribués à J, il me paraît peu probable que le compositeur, s'il avait à sa disposition des documents écrits, eut pu le reprendre en deux versions aussi éloignées l'une de l'autre et les placer dans des contextes narratifs aussi inconciliables.

Il est par conséquent plus plausible de penser que nous avons affaire à une même tradition qui, à un stade oral, a connu des variations soit dans le temps soit dans l'espace, soit les deux et que le rédacteur a reprises en l'état. En supposant que Genèse 20, presque unanimement attribué à E, appartienne aux traditions nordistes, on pourrait aussi supposer que Genèse 12 et Genèse 26, tous deux rattachés à Abraham, représentent deux versions nées d'une confusion de cadres ou d'une réadaptation orale à l'intérieur de clans différents. Ces versions qui circulaient au sud auraient été reprises par le compositeur de Genèse et intégrées à deux moments de l'histoire des patriarches.

Rien n'interdit donc de penser que, de façon générale, le compositeur du Pentateuque ait pu tirer ses sources directement de ces traditions orales sans transiter par des collections écrites dont l'existence peine à être prouvée, surtout pour J et E, mais aussi pour P dans certains passages. Ces histoires devaient être populaires et n'importe qui pouvait y avoir accès autour du feu (ou « sous l'arbre » d'après le titre de la présente étude) ou aller à leur recherche à des endroits différents.

L'auteur de la composition du Pentateuque qui voulait ensuite faire œuvre d'historien, a pu les regrouper, les recouper et leur donner une trame d'ensemble. Il a laissé volontairement subsister les variantes locales d'une même séquence afin de n'en rien perdre, par respect de l'authenticité de chaque version, ou pour laisser chaque lecteur retrouver celle dans laquelle il se reconnaît. Il a aussi pu, quand il le jugeait utile, insérer des données venant de traditions diverses dans une séquence narrative pourtant unifiée et appartenant à une tradition précise.

V. Langage et culture dans l'approche des textes du Pentateuque

« Au commencement était la Parole », affirme l'Écriture (Jn 1.1). Cette affirmation de l'évangéliste, par-delà sa portée théologique et philosophique, souligne bien la place, voire l'antériorité de la parole, notamment de la parole orale, sur la révélation écrite. Elle indique indirectement l'enracinement oral de toute écriture. Il est certes vrai que c'est essentiellement par les textes de la Bible que nous faisons notre expérience de cette révélation. En d'autres termes, en situation de lecture et d'exégèse, la seule chose dont nous disposons est cette Bible, cet ensemble de textes. La Parole de Dieu en est ainsi, d'une certaine manière, réduite à l'écriture, au texte. Situation déconcertante, voire malheureuse pour le chercheur, en ce qu'elle limite le verbe de Dieu dans l'espace, sur le plan matériel, dans un livre et ne rend pas justice au caractère infini de Dieu et de sa révélation[42].

Il reste néanmoins que ces textes, dans bien des cas, reflètent des contextes d'élocution et d'expression culturelle variés, souvent porteurs de traditions orales. L'anthropologie et les sciences du langage ont certes déjà été mises à contribution dans la recherche biblique, aussi bien dans les approches diachroniques (en particulier dans la critique formelle depuis Gunkel) que dans

---

[42] Koulagna, *Exégèse et herméneutique*, p. 85.

les synchroniques. L'anthropologie linguistique (ou anthropolinguistique) et l'anthropologie symbolique se présentent comme une incroyable possibilité à la fois exégétique et herméneutique pour l'analyse de ces textes et peut ouvrir de nouvelles perspectives dans le dossier de la critique des sources.

1. L'anthropologie symbolique

L'anthropologie symbolique a pour objet le symbole, lieu de significations plurielles qui s'expriment au travers des religions, des mythes et de la perception imaginaire de l'univers. L'anthropologie symbolique s'attache essentiellement à montrer la logique précise des systèmes de pensée mythologique, théologique et cosmologique des sociétés dites traditionnelles. Elle se base sur la littérature de tradition orale : mythes, contes, légendes, proverbes. Elle a sous-tendu les ethnographies africaines comme une protestation pour le droit à l'existence d'identités culturelles et spirituelles niées par la pratique coloniale et s'est inscrite dans un projet de réhabilitation des formes de pensée et d'expression extra-occidentales (cf. les travaux de Placide Tempels, en particulier *La philosophie bantoue* publiée en 1945). Ce n'est cependant pas ce qui justifie ici son importance dans une démarche d'approche des traditions du Pentateuque.

La plupart des textes de l'Ancien Testament, ceux du Pentateuque en particulier, en dépit de leur niveau d'élaboration littéraire, reposent, nous l'avons déjà relevé et cela est largement admis, sur cette base symbolique et orale, avec son recours massif à ce discours symbolique constitué de mythes souvent repris ou inspirés de la culture ambiante de l'ancien Proche Orient, de légendes et de contes. D'autant que nous avons affaire à des textes sacrés, le lien entre le symbolique et le sacré étant par ailleurs fréquemment souligné dans la littérature ethnologique contemporaine (Émile Durkheim, Marcel Mauss, Claude Lévi-Strauss, Mircea Eliade, etc.).

Observons par exemple le récit de la tour de Babel en Gn 11.1-9, qui est attribué au Yahviste et qui a connu une extraordinaire réception dans l'histoire de l'exégèse et au-delà. Arrêtons-nous sur deux éléments : le nom de Babel et la présentation de l'intervention divine. Alors qu'en assyrien et en général dans les langues mésopotamiennes le nom Babel signifie la porte des dieux (*bab* = porte ; *ili* = dieu – ainsi en arabe), le récit biblique le fait dériver du verbe בלל (*balal*) qui signifie confondre, brouiller, embrouiller. Ce déplacement de sens est tout à fait intentionnel et n'est pas le résultat d'une erreur comme le laisse entendre James Dauphiné qui, pourtant, a bien saisi la valeur symbolique du récit. Il affirme en effet que comme mythe nemrodien, il désigne la révolte luciférienne des humains et que, pour les Hébreux dont le nom et l'origine remontent à Heber qui s'était, lui et les siens, tenu à l'écart de l'édification de l'orgueilleuse Tour, Babel assimilée à Babylone, cité maudite et pervertie sur laquelle Israël doit triompher[43].

La tour de Babel est ainsi, pour le narrateur biblique, le symbole de cette perversion due à l'orgueil humain et cette perversion n'est pas différente d'une révolte[44]. On retrouvera d'ailleurs ce motif à l'évocation de Babylone dans la littérature prophétique (Es 13.19 ; 14.4, 22) et ailleurs (Ps 137.1, 8). L'histoire de la déportation du VIᵉ siècle av. J.-C. renforcera cette image d'une Babylone puissante et orgueilleuse, jusque dans l'apocalyptique chrétienne (Ap 18.10, 21). Il n'est d'ailleurs pas exclu que cette lecture satirique de la volonté de grandeur de Babel soit éclairée ou influencée par la connaissance qu'avaient les rédacteurs du Pentateuque de la grandeur puis de la décadence de Babylone à la suite de l'exil.

C'est à ce titre que l'exégèse juive assimilera l'entreprise des humains à de l'idolâtrie comprise comme l'usurpation d'un statut (cf. la volonté de toucher le ciel, domaine exclusif de Dieu) et la guerre (contre Dieu). Flavius Josèphe, au 1ᵉʳ siècle apr. J.-C., l'interprétait déjà comme une tentative orgueilleuse des hommes de se passer de Dieu (*AJ* 1, 115-117). Le Talmud babylonien, lui, distingue trois motivations des constructeurs : aller au ciel et y rester pour certains, aller y pratiquer de l'idolâtrie pour d'autres, monter pour y faire la guerre à Dieu (donc se rebeller contre lui) pour d'autres encore[45]. Le Targum Neofiti, de son côté, paraphrase ainsi le v. 4b : « Faisons-nous à son sommet une idole et plaçons un glaive dans sa main. Qu'elle forme contre lui les formations de combat avant que nous ne nous dispersions sur la surface de la terre » (Targ. Neof. Gn 11.4)[46].

Vu sous cet angle, le récit de la multiplication des langues et de la dispersion des humains exprime la même idée que celui du jardin d'Éden en Genèse 2-3 également attribué à J et avec lequel il y a un parallèle frappant. D'abord, les hommes se déplacent en direction de l'est : en Genèse 2, nous apprenons que c'est à l'est que Dieu a planté le jardin. L'entreprise des humains en Genèse 11 serait-elle à voir comme une tentative de reconquête de l'Éden perdu[47] ?

---

[43] J. Dauphiné, « Le mythe de Babel », *Babel* 1, 1996, mis en ligne in http://babel.revues.org/3088 le 24 mai 2013, consulté le 07 mars 2017.

[44] Il y a d'ailleurs un jeu de mots entre le nom de Nemrod auquel est associé l'histoire de la tour et l'inaccompli d'un verbe ayant la même racine, נמרד (*nimrod* – nous nous rebellerons, de מרד – se rebeller).

[45] *bSanh* 109a.

[46] נעבד לן בראשיה סגדה טעית ונשוי תמן ונתן חרבא בידיה ותיהווי מסדר לקובלה סדרי קרבא קדם־עד־לא נדרי על־אפי כל ארעה. Trad. Hubert Bost (1985), *Babel : du texte au symbole*, p. 122.

[47] John Goldingay envisage le même rapprochement des deux récits. Cf. J. Goldingay, *Old Testament Theology, vol. 1: Israel's Gospel*, Downers Grove, IL, InterVarsity Press, 2003, p. 188-190.

Ensuite, le serpent affirme à Adam et Ève qu'ils ne mourront pas mais deviendront comme des dieux et les deux cèdent à cette tentation. Dans les deux récits, les humains refusent implicitement leur statut et convoitent celui de Dieu. Le serpent et la tour représenteraient donc symboliquement cette usurpation dont parle le Talmud. Dans les deux cas, le projet humain se trouve être une orgueilleuse utopie qui débouche sur un échec. Les deux récits décrivent la même révolte luciférienne. Enfin, dans le récit des origines, Dieu chasse les humains désobéissants et les empêche de retourner au jardin afin d'avoir accès à l'arbre de la vie.

Les deux récits sont attribués à J. On a ainsi deux récits de tradition qui racontent une même histoire au fond. L'on n'est pas obligé, au regard des détails par moments incohérents, en particulier dans le récit de la tour de Babel, de considérer qu'ils aient nécessairement été écrits avant la composition du Pentateuque.

Hormis cela, le lecteur du récit de la tour de Babel devait penser aux nombreuses ziggourats de Mésopotamie[48] ; ces édifices religieux à degrés attestés déjà au IIIe millénaire av. J.-C., que l'on trouvait aussi en Élam étaient constitués de plusieurs terrasses supportant probablement un temple construit à son sommet (*Wikipédia*). On pourrait même se demander, au-delà des interprétations purement religieuses et théologiques, si l'entreprise des hommes de Babel ne reflète pas l'idée d'une fortification, lieu de refuge. Le Talmud et Flavius Josèphe évoquent la crainte d'un nouveau déluge[49]. Mais il pourrait s'agir aussi d'une fortification militaire comme semblent le suggérer les motivations évoquées : se faire un nom (= envoyer un message dissuasif à d'éventuels ennemis) et ne pas être dispersés sur toute la terre (allusion peut-être à la tactique militaire de déportation pour prévenir toute velléité de résistance ou de réorganisation des vaincus). Elle fait penser en tout cas au livre du Deutéronome qui, en parlant des habitants de Canaan, évoque des villes fortifiées jusqu'au ciel (Dt 1.28 ; 9.1).

Le récit de la tour de Babel inspire largement l'iconographie moderne, religieuse aussi bien que laïque. Au niveau religieux, il est considéré comme un symbole de l'orgueil humain frappé par la sanction divine pour avoir cherché à atteindre le divin par des moyens purement matériels ou des dangers de la recherche de la connaissance vue comme un défi lancé à Dieu. Dans l'iconographie laïque, il est souvent interprété comme symbolisant l'illusion de la toute-puissance des humains, une critique des grands centres de la civilisation ou

---

[48] Il est assez frappant de remarquer que toutes les ziggourats découvertes n'ont pas de sommet, et que la tour de Babel soit inachevée à cause de l'intervention divine.

[49] *Sanh* 109a, *Mid Gn* 38, 1 ; *AJ* 1, 114.

plutôt une instauration des conditions de l'altérité et de la diversité nécessaires à la civilisation[50].

2. L'anthropologie linguistique

Plusieurs pistes, à la jonction de l'anthropologie et des sciences du langage, s'ouvrent à l'exégète comme autant de chantiers de recherche. Mentionnons, outre l'ethnolinguistique de façon générale, l'ethnostylistique de Gervais Mendo Ze et la sémiostylistique de Georges Molinié en relation avec les enjeux de la traduction comme transfert de signes d'une langue ou d'une culture à une autre.

Plusieurs termes sont utilisés pour désigner le domaine recouvert par l'anthropologie linguistique : anthropolinguistique, linguistique anthropologique, ethnolinguistique. Dans notre ouvrage de 2014 cité plus haut, nous avons surtout employé le dernier. Chaque terme recouvre sans doute un champ plus précis, mais il ne sera pas question dans la présente étude de nous y plonger. Aussi seront-ils simplement considérés comme des synonymes.

La Society for Linguistic Anthropology (SLA) définit l'anthropologie linguistique comme une étude interdisciplinaire qui analyse comment le langage influence la vie sociale. C'est une discipline qui explore les nombreuses manières dont la langue façonne la communication, l'identité sociale et l'appartenance à un groupe, et organise des croyances et des idéologies culturelles à grande échelle, en conjonction avec d'autres pratiques sémiotiques[51].

En montrant que cette discipline est liée à l'ethnographie comme un élément essentiel de l'analyse linguistique, Alessandro Duranti introduit l'anthropologie linguistique comme un champ interdisciplinaire étudiant le langage comme une ressource culturelle et la parole comme une pratique culturelle[52]. William Foley la considère comme une discipline interprétative qui arrache quelque chose à la langue et dévoile des compréhensions culturelles[53]. Et Christine Jourdan et Claire Lefebvre d'ajouter que « tout autant que l'anthropologie, l'ethnolinguistique est une discipline herméneutique qui s'intéresse au sens et à la signification

---

[50] R. Balestra, « La tour de Babel : Pieter Breughel », doc. Web in http://www.ac-nice.fr/ia06/eac/file/PDFAV/La%20Tour%20de%20Babel%20Pieter%20Breughel.pdf, consulté le 13 mars 2017.

[51] SLA, « About the Society for Linguistic Anthropology (SLA) », http://linguisticanthropology.org/about, consulté le 04 mars 2017.

[52] A. Duranti, *Linguistic Anthropology*, Cambridge, Cambridge University Press, 1997.

[53] W. Foley, *Anthropological Linguistics: An Introduction*, 1997, p. 3.

culturelle[54] ». Pour faire simple : l'objet de l'ethnolinguistique est l'interprétation de la culture.

Comme telle, elle a, ainsi que le fait remarquer David Danaher, un rôle à jouer dans l'interprétation littéraire des textes dans le contexte d'une culture donnée, dans le respect de ces textes. Elle permet de faire évoluer notre lecture du texte en développant une compréhension du sens et du potentiel sémantique des termes-clés qui le composent, ce qui a une incidence sur la critique au niveau textuel aussi bien que personnel, à savoir la réponse du lecteur au texte[55].

Illustrons avec quelques détails de notre récit de la tour de Babel. Premièrement, l'introduction du récit (v. 1) : וַיְהִי כָל־הָאָרֶץ שָׂפָה אֶחָת וּדְבָרִים אֲחָדִים (TOB : « La terre entière se servait de la même langue et des mêmes mots »). Cette affirmation péremptoire a fait jaser bien des commentateurs et des kabbalistes. L'on a spéculé sur une langue mère universelle ou sur une langue sacrée, comme une langue de révélation : hébreu, arabe ou sanskrit par exemple. Aucune recherche linguistique de nos jours n'a permis de le montrer, ni même de découvrir des invariants grammaticaux, morphologiques ou phonologiques pouvant prouver qu'il y a des lois universelles du langage[56].

De plus, dans le chapitre précédent (Genèse 10) où on énumère les peuples de la terre, il est explicitement dit : « *Tels furent les fils de Cham/Sem selon leurs clans et leurs langues* » (Gn 10.20, 31). Il est donc clair que l'existence d'une langue originelle unique n'est pas l'objet de ce récit, la différentiation des langues étant déjà affirmée avant le chapitre 11. Il est à noter que le mot pour « langue » dans ces passages est לָשׁוֹן (*lašon* = langue comme organe, langage) alors que dans le récit de Babel, c'est שָׂפָה (*safah* = lèvre, discours/parole, bord).

---

[54] C. Jourdan & C. Lefebvre, « Présentation. L'ethnolinguistique aujourd'hui. État des lieux », in *Anthropologie et société* 23/3, 1997, p. 6.

[55] D.S. Danaher, « Ethnolinguistics and Literature. The Meaning of *sevědomí* 'conscience' in the Writings of Václav Havel », document web in http://cokdybysme.net/pdfs/bartminskiconscience.pdf, 2013, p. 3-4, consulté le 21/09/2013. Voir les nombreuses études de cet auteur consacrées à ce sujet, entre autres : Id., « Translating Havel: three key words », in *Slovo a slovesnost* 71, 2010, p. 250-259; Id., « Cognitive poetics and literariness: metaphorical analogy in Anna Karenina », in D. Danaher & K. van Heuckelom (eds.), *Perspectives on Slavic literatures*, Amsterdam, Pegasus, 2007, p. 183-207; Id., « A cognitive approach to metaphor in prose: Truth and Falsehood in Leo Tolstoy's 'The Death of Ivan Il'ich' », in *Poetics Today* 24/3, 2003, p.339-369; Id., « Conceptual metaphors for the domains Ruth and Falsehood in Russian and the Image of the Black Sack in Tolstoi's 'The Death of Ivan Il'ich' », in R. Maguire and A. Timberlake (eds.), *American Contributions to the 13th International Congress of Slavists* (Vol. 2: Literature), Bloomington, Slavica, 2003, p. 61-75.

[56] Un aspect du mythe de la tour de Babel : le langage », 2004, doc. Web in http://www.ledifice.net/7126-3.html, consulté le 10 mars 2017.

Deuxièmement, l'usage du verbe הָיָה (*hayah* = être). Dans les textes narratifs en général, il signifie « advenir », souvent au vayyiqtol (inaccompli inverti) : « et il advint que », « et il arriva que ». Sous cette forme, il introduit souvent une succession d'événements dont un résulte du précédent. Le וֹ pourrait être rendu simplement par des connecteurs tels que « ensuite », « puis », « donc », « en conséquence », etc. Par exemple, dans ces passages du récit sacerdotal de la création en Gn 1.3, on peut lire : « *Dieu dit : "Que la lumière soit", et la lumière fut* – וַיֹּאמֶר אֱלֹהִים יְהִי אוֹר וַיְהִי־אוֹר – *vayyomer Elohîm yehî 'or vayehî 'or* », et en Gn 1.5 : « *Puis il y eut un soir, ensuite [il y eut] un matin* (וַיְהִי־עֶרֶב וַיְהִי־בֹקֶר – *vayehî 'erev vayehî boqer* »).

Souvent aussi, lorsqu'il est suivi d'une locution adverbiale de temps telle que « en ce jour » (וַיְהִי בַּיּוֹם הַהוּא – « or ce jour même »), הָיָה exprime, toujours au vayyiqtol, une indication temporelle, ou encore une superposition d'actions dans le voisinage d'un verbe à l'infinitif construit avec une préposition pouvant être rendue par « alors que » ou « pendant que » (ex. Gn 11.2 : וַיְהִי בְּנָסְעָם מִקֶּדֶם « *alors qu'ils se déplaçaient vers l'est* ».

Mais dans ce récit, il ne s'agit d'aucun de ces cas et וַיְהִי n'a pas visiblement ici pour fonction de créer une connexion avec le passage précédent, plutôt sacerdotal. Selon toute vraisemblance, il appartient à un registre oral d'introduction d'une histoire hors du temps, d'une histoire mythique. On retrouve un usage analogue en Job 1.1, mais sous la forme simple (qal – הָיָה) : אִישׁ הָיָה בְאֶרֶץ־עוּץ (Il y avait un homme au pays d'Ouç). Son sens est donc simplement : « il était une fois » ou « en ce temps-là », sans que ce temps soit déterminé. Il en est de même en Gn 3.1 avec le serpent. On pourrait donc retraduire : « En ce temps-là, la terre entière se servait de la même langue et des mêmes mots » ou « il était une fois, la terre entière se servait de la même langue et des mêmes mots ». Cette lecture, ténue certes, confirme néanmoins l'idée qu'il ne faut pas chercher, avec le récit de la tour de Babel, un temps primitif où les humains auraient eu un langage uniforme.

Il nous est impossible de dire exactement ce que signifie la confusion des langues dans ce texte ; mais il se peut que le narrateur ait voulu attirer l'attention sur la polysémie de l'hébreu, qui est génératrice de créativité et de dynamisme entre langage et parole, et frein à toute uniformisation de la pensée. L'homme s'accomplit par l'altérité et l'effort qu'exige la liberté, ainsi que par la nécessité de parcourir le monde pour créer sans cesse. D'où l'association de la confusion des langues avec la dispersion sur toute la terre.

Troisièmement, l'usage du mot הָבָה (*habah*) pour dire « allons », dans הָבָה נִלְבְּנָה לְבֵנִים (« allons [litt. « donne »], moulons des briques » – litt. « briquons des briques » – v. 3), הָבָה נִבְנֶה־לָּנוּ עִיר (allons, bâtissons-nous une ville – v. 4) et הָבָה נֵרְדָה וְנָבְלָה (allons, descendons et brouillons – v. 7). Le verbe יהב veut dire

« donner ». Sur les 33 occurrences de ce verbe dans le texte massorétique, il n'y a que quatre à cinq fois qu'il apparaît dans une injonction juxtaposée (impératif + cohortatif) : dans ce passage (3 fois) et en Ex 1.10 qui appartient à une section qui témoigne d'un mélange de traditions J et E[57]. Les autres fois, il a le sens commun de « donner ». Ailleurs dans la bible hébraïque, c'est לְכוּ qui est employé dans ce sens. Par exemple לְכוּ וְנֵלְכָה (« allons, marchons » – Es 2.5). Cet usage spécifique de יהב, très rare, est visiblement archaïque.

L'analyse de ces données linguistiques et anthropologiques ne permet pas encore, à ce stade, de tirer de conclusion solide. Elle permet néanmoins de faire quelques remarques d'ordre général. L'affirmation introductive du v. 1 d'après laquelle tous les humains parlaient une langue unique ne signifie pas nécessairement que le narrateur ait voulu affirmer une vérité historique. Il ne s'agit de rien de plus qu'une introduction caractéristique des récits symboliques d'origines (mythes, légendes, contes) propres aux traditions orales. L'emploi du verbe הָיָה qui, dans ce cas précis n'exprime pas une succession ni une superposition d'événements comme c'est souvent le cas dans un récit, conforte, d'une certaine manière, cette hypothèse.

Par ailleurs, l'utilisation extrêmement limitée du verbe יהב au sens injonctif dans un texte de tradition J et dans un autre qui témoigne d'un mélange de traditions J et E ne prouve certes rien à ce stade de notre étude, mais elle peut indiquer qu'elle appartient à un registre marginal ; peut-être était-ce le résidu d'une forme d'expression en usage dans des milieux ruraux de traditions orales ?

3. L'ethnostylistique

Le concept d'ethnostylistique a été inventé par le linguiste camerounais Gervais Mendo Ze comme un prolongement de la linguistique structurale. Comme méthode d'approche littéraire, l'ethnostylistique s'intéresse aux textes littéraires négro-africains en particulier, qui sont essentiellement à base orale. Elle veut apparaître comme « une stylistique qui a pour finalité la critique du style des textes littéraires, qui a pour procédé les techniques d'analyse en sciences du langage et qui prend en compte les conditions de production et de réception des œuvres marquées par une irrigation culturelle caractéristique[58] ». Proche de l'ethnolinguistique, l'ethnostylistique ne doit cependant pas être confondue avec

---

[57] En Gn 38.16 également attribué à la tradition yahviste (הָבָה־נָּא אָבוֹא אֵלַיִךְ – laisse-moi venir auprès de toi), il s'agit d'une autre construction, que la Septante ne rend pas littéralement par δεῦτε.

[58] G. Mendo Ze, *Cahier d'un retour au pays natal : Aimé Césaire*, 2010, p. 16.

cette dernière qui, faisant partie de la sociolinguistique au sens large, étudie la langue en tant qu'expression d'une culture[59]. En clair, l'ethnolinguistique a pour objet d'étudier la langue et l'ethnostylistique le texte.

Appliquée aux textes bibliques, l'ethnostylistique pourrait partiellement associer les approches historico-critique et structurale. Au niveau diachronique, le texte donne des indices (des ethnostylèmes) qu'il faut ensuite rapprocher du contexte géographique et historique pour les comprendre. Au niveau synchronique, l'étude des éléments d'ordre grammatical et stylistique permettrait de voir l'utilisation particulière que fait l'auteur de la langue dans son texte. Une telle approche n'est pas tout à fait nouvelle. Elle permet néanmoins d'attirer l'attention du lecteur sur la manière dont les éléments d'ordre culturel conditionnent même le style, par-delà les traits purement linguistiques.

Reprenons, à titre d'illustration, quelques indications dans le récit de la vocation d'Abram en Gn 12.1-9 déjà abordées dans notre ouvrage de 2014[60]. D'abord, la gestion de l'espace. Le récit se déroule sur plusieurs endroits : Haran, le point de départ et Canaan, la destination ; entre les deux, on a des lieux de pérégrination symboliquement chargés : Sichem, Moré, Béthel, Aï, et des indications de points cardinaux : l'occident, l'orient et le midi. Ces indications topographiques dessinent une carte géographique et véhiculent un éthos à la fois religieux, politique et symbolique. Toute l'idéologie de l'élection repose sur cet éthos. Ces indications annoncent aussi toutes sortes de tensions. Sichem cristallisera les volontés et les revendications politiques (Josué 24 et Juges 9 – noter que le mot שְׁכֶם (šekhem) désigne l'épaule, symbole de la responsabilité ou de l'autorité). Moré et Béthel représentent les anciens sanctuaires devenus illégitimes suite à la centralisation du culte à Jérusalem, la cohabitation qui va être parfois (peut-être souvent) difficile est annoncée par « ceux qui te maudiront ». Mais il y a surtout par la mention des Cananéens qui habitaient le pays (v. 7).

Ensuite, ces indications topographiques prennent un sens particulier dans le récit avec l'emploi massif des verbes de mouvement : « va » לֶךְ (lekh), « il alla » וַיֵּלֶךְ (vayyélekh), « ils sortirent » וַיֵּצְאוּ (vayyeç'u), « il se transporta vers » וַיַּעְתֵּק (vayya'tteq), « il traversa » וַיַּעֲבֹר (vayya'avor)... Ces verbes sont des indicateurs pour le mode de vie du personnage ; ils évoquent un mode de vie nomade. Le cadre narratif renvoie à cette époque. Mais les deux derniers renvoient aussi à une visite de prise de possession. La construction de la tente (habitation temporaire du nomade) et surtout de l'autel symbolise cela. En construisant un autel et en y invoquant YHWH, Abram a planté son drapeau et créé un lien sacré avec le milieu.

---

[59] *Ibid.*, p. 26.
[60] Koulagna, *Exégèse et herméneutique*, p. 118-124.

Ce geste constitue un clin d'œil discret vers la situation du narrateur qui, au moment du récit, n'est plus nomade : la possession de la terre s'est matérialisée par le temple. La revendication identitaire et la lutte pour la terre s'appuient sur des lieux-symboles qui expriment l'attachement au milieu comme une sorte de lien vital.

Ce comportement trouve des parallèles dans nombre de cultures, y compris en Afrique noire. Le térébinthe de Moré au v. 6, par exemple, fait penser à la pierre dite de tambour (le *'yɛgɛ dɛn*) ou de fondation (*'yɛgɛ ndam*) en pays dii. L'érection d'un autel pour YHWH marque d'une certaine manière la possession de la terre ou, au moins, affirme que le personnage a aussi le droit de s'y installer.

Mentionnons enfin, sur le plan du style, l'ordre qui est donné à Abram : « *Va-t'en de ton pays, et de ta parenté, et de la maison de ton père* ». Il y a une présentation régressive de l'espace que le personnage est appelé à quitter : le pays, le clan, la famille. Dans cette construction, l'accent est porté sur le dernier élément. On trouve une construction analogue dans le récit du sacrifice d'Isaac : « *ton fils, ton unique, celui que tu aimes* » (Gn 22.2). Ce style assez caractéristique permet non seulement de préciser la prescription de façon à ne laisser aucune place au doute, mais à rendre la situation grave, voire extrême.

Dans les deux cas, Abram est invité à quitter (ou à sacrifier) ce qui lui est le plus cher. Il doit rompre le cordon ombilical pour s'engager dans l'aventure avec Dieu. C'est la réponse à ces situations extrêmes et gratuites qui font d'Abram un homme de foi : il sait faire confiance à Dieu dans ce qui apparaît comme absurde. La foi en Dieu, c'est la foi en l'avenir, c'est aussi la foi en l'inconnu et c'est cela qui lui donne son aspect d'absurdité.

À partir de cet exemple, on peut voir que le récit décrit, par-delà le mythe fondateur d'Israël, une situation universelle. L'acquisition de la maturité passe souvent par cette phase de rupture, de sortie d'un statut de dépendance pour risquer l'autonomie. Cet exemple montre que l'ethnostylistique en tant qu'outil de travail sur le texte rappelle aussi, par son intérêt porté au contexte et au mode d'élocution, que pour la recherche biblique africaine, les analyses historico-critiques et synchroniques ne sont pas seulement une option, même pour une herméneutique contextuelle.

4. La sémiostylistique

La sémiostylistique est une approche de la critique littéraire orientée vers le pôle de la réception, c'est-à-dire vers le lecteur, et conçue par le linguiste et stylisticien français Georges Molinié qui lui a consacré une partie importante de sa recherche[61]. Alain Viala écrit à propos : « Le lecteur fait le texte. Il y projette ses images, y trace ses chemins dans les entrelacs des significations possibles[62]. » La sémiostylistique se situe à la lisière de la sémiotique et de la stylistique. Comme sémiotique, elle est à la fois modélisation, c'est-à-dire construction de modèles abstraits de signification et herméneutique, c'est-à-dire qu'elle s'interroge non sur la signification de telle ou telle détermination stylistique, mais sur la significativité des structurations verbales prises comme des ensembles constitués par rapport à l'horizon culturel[63]. Cette significativité des formes qui relève d'une sémiotique de deuxième niveau, rejoint les perspectives d'une esthétique. Comme stylistique, elle étudie « les composantes formelles du discours littéraire : la littérarité, c'est-à-dire le fonctionnement linguistique du discours littéraire[64] ».

Molinié distingue trois types de littérarité : il y a d'abord une littérarité générale (distinction entre un texte littéraire et un texte non littéraire, qui est loin d'être simple – c'est souvent une question de degrés) ; ensuite, une littérarité générique (un texte appartient à tel ou tel genre) ; et enfin, une littérarité singulière (l'énigme des différences entre, par exemple, deux œuvres voisines d'un même auteur dans la même espèce sur le même sujet). Ce que l'on cherche à identifier par rapport à ces trois types de littérarité, ce sont des stylèmes dont les combinaisons soient caractéristiques de chaque type[65].

Vue de cette manière, la sémiostylistique n'est pas, *a priori*, appropriée à la littérature orale au sens restreint. L'insistance sur la littérarité semble exclure de ce champ d'étude les textes du Pentateuque qui, comme ceux des traditions yahviste et élohiste, relèvent avant tout du registre de l'oralité. Cependant, il y a bien longtemps que la cloison étanche séparant oralité et écriture dans le domaine de la littérature est tombée. Marcel Mauss, dans son *Manuel d'ethnographie*,

---

[61] Entre autres publications sur le sujet : G. Molinié, « Sémiostylistique - à propos de Proust », in *Versants* 18, 1990 ; Id., « De la stylistique sèche à la sémio-stylistique », in Champs du signe – cahiers de stylistique 1, 1991 ; Id. & A. Viala, *Approches de la réception - Sémiostylistique et Sociopoétique de Le Clézio*, Paris, PUF, 1993 ; Id., *Sémiostylistique — L'effet de l'art*, coll. « Formes sémiotiques », Paris, PUF, 1998.

[62] G. Molinié & A. Viala, *Approches de la réception*, 1998, p. 66.

[63] G. Molinié, « Sémiostylistique : à propos de Proust », in *RSLR* 18, 1990, p. 21-30, spéc. p. 23.

[64] *Ibid.,* p. 4-5.

[65] Molinié, *Approches de la réception,* p. 24-25. S'inspirant de Louis Trolle Hjelmslev, Molinié définit le stylème comme une corrélation, c'est-à-dire un rapport de modification suivie, à connexion en « ou » (contrairement au style qui est une réalité objectale saisie comme relation, c'est-à-dire comme mise en rapport sans modification possible, à connexion en « et », réalisée dans le texte qui est une réalité massive), « un rapport continu liant deux (au moins) éléments selon une modalité dynamique ». Il est donc une fonction entre une variable et un invariant et une abstraction (cf. G. Molinié, « Introduction à la sémiostylistique : l'appréhension du texte », in F. Rastier (dir.), *Textes et sens*, Paris, Didier, 1996, p. 39-47, spéc. p. 42.

affirme : « Dès qu'il y a effort pour bien dire, et pas seulement pour dire, il y a effort littéraire... Dans les sociétés qui relèvent de l'ethnographie, la littérature est faite pour être répétée[66]. »

Ainsi, ce que l'on nomme traditions orales, ce sont bien souvent des compositions littéraires, avec des styles et des caractéristiques propres, en prose aussi bien qu'en poésie. Comme produits communautaires, les compositions littéraires orales (mythes, légendes, épopées, etc.) sont aussi les produits d'une culture, caractérisés par une certaine variation qui pourrait, en certains cas, être assimilée à de l'instabilité et qui n'est pas seulement due à la défaillance de la mémoire. Leurs éléments sont constamment réactualisés dans des performances concrètes.

En outre, comme nous l'avons redit à plusieurs reprises déjà, ces histoires venues de la tradition orale ont fini par être transcrites dans des textes, acquérant par là un caractère littéraire. La transposition à l'écrit a dû imposer aux auteurs de la composition du Pentateuque des contraintes esthétiques nouvelles liées à ce mode de communication qui fait du discours oral un texte. Ceci permet finalement en contexte de lecture, même pour les textes profondément marqués par l'oralité, de réaffirmer la centralité du texte : « le texte, d'abord ! », ce qui est une manière de reprendre le slogan du *Sola Scriptura* proclamé par les réformateurs protestants au XVIe siècle.

Lié à l'écriture, le texte joue les fonctions de sauvegarde en assurant la stabilité contre la fragilité de la mémoire et la légalité de la lettre. La textualité et la littérarité deviennent ainsi un attribut essentiel de la Parole, et la tradition biblique s'est définie elle-même relativement tôt et de façon normative comme écriture, avant même sa constitution en un canon. À titre d'illustration, depuis l'histoire deutéronomiste, la loi est devenue un livre (Dt 17.18 ; 28.58 ; etc.)[67]. De même, toutes les traditions rassemblées dans le Pentateuque sont devenues des pièces de littérature ne serait-ce que par ce fait et peuvent ainsi, à bon droit, faire l'objet d'une analyse stylistique et sémiostylistique.

Comme productions littéraires, les traditions de la Bible s'appuient souvent sur un ensemble de lieux-communs culturels et utilisent des signes et un style qui s'enracinent dans des pratiques ou traditions issues des croyances locales ou régionales de leur époque, sachant que le lecteur initial appartient implicitement à cette époque-là. Reprenons encore, pour comprendre ce qu'il se passe, quelques réflexions de Molinié pour « tester la validité de l'approche

---

[66] Mauss, *Manuel d'ethnographie*, p. 97. Voir aussi M.-L. Tenèze, « Introduction à l'étude de la littérature orale : le conte », in *Annales*, 24e année, n° 5, 1969, p. 1104-1120, spéc. p. 1104.

[67] Koulagna, *Exégèse et herméneutique*, p. 85-88.

sémiostylistique par rapport aux caractères généraux du régime langagier ».
Il distingue « trois caractéristiques du discours littéraire [...] (sans doute trois
façons différentes de dire la même chose) : 1° le discours littéraire est son propre
système sémiotique ; 2° il est son propre référent ; 3° il est l'acte de désignation
de l'idée de ce référent[68] ». Ces trois caractéristiques peuvent se résumer en un
« double fonctionnement sémiotique » : un niveau intrafictionnel qui fonctionne
à régime normal et qui est en quelque sorte le niveau habituel, et un niveau de
significativité spéciale (fictionnel) dont le référent est pourtant construit par
le discours littéraire lui-même[69]. Il en résulte que « le discours littéraire est
actualisable, de soi, sans aucune modification matérielle[70] ».

Illustrons ceci par le récit de la rencontre de Jacob avec Rachel, en Genèse 29.
Ce texte constitue une sorte de parallèle à celui du mariage d'Isaac avec Rébecca
en Genèse 24, lui aussi attribué à J, avec quelques nuances locales : dans Genèse
24, le serviteur d'Abraham (qui n'est pas le prétendant) compte par la prière
sur un signe divin alors que dans Genèse 29 il n'est pas dit que le prétendant ait
prié. Mais dans les deux épisodes, l'heureuse rencontre se fait autour d'un puits
où l'on abreuve les bêtes, avant de se poursuivre dans la famille de la femme. Ils
donnent l'impression qu'il s'agit d'un récit populaire de mariage que le narrateur
reconstruit et adapte à chaque situation particulière. Ils décrivent en tout cas
une coutume bien connue du ou propre au milieu.

Attardons-nous cependant sur trois éléments. D'abord l'exorde : « *Jacob se
mit en marche et partit pour le pays des fils de Qedem* » (v. 1). Il s'agit à première
vue d'une information simple qui fait suite à l'épisode d'envoi de Jacob par son
père Isaac (28.1-7) ou à celui, d'origine à la fois J et E, du songe à Béthel (28.10-
22). Pourtant, l'expression rendue par « se mettre en marche » (en hébreu נָשָׂא
רַגְלָיו – litt. « porter ses jambes »), très inhabituelle (c'est l'unique occurrence
dans le texte massorétique), et l'évocation du pays des fils de Qedem, c'est-à-
dire de l'orient, indiquent plus. Dans le récit de Genèse 24, le serviteur prit des
chameaux « et partit » (וַיֵּלֶךְ *vayyelekh* – v. 10) au « pays de ma famille » (אֶרֶץ
מוֹלַדְתִּי *'ereç moladti* – v. 7).

L'expression וַיִּשָּׂא רַגְלָיו *vayyisa' raglav* – « il se mit en marche ») indique que
Jacob commence une nouvelle étape de sa marche avec un nouveau bail sur la vie,

---

[68] G. Molinié, « Sémiostylistique : à propos de Proust », *RSLR* 18, 1990, p. 26.

[69] Molinié, *Approches de la réception*, p. 25-27.

[70] Molinié précise sa pensée en affirmant que le discours littéraire est son propre référent,
construit et déterminé par lui-même, sans renvoyer à un référent extralinguistique : « La μίμησις,
comme représentation, est un acte qui se donne à lui-même sa propre mesure ; il est verbo-
créateur, c'est-à-dire poétique. Tout le système formel de la *déixis* fonctionne à ce degré-là
d'auto-référentialité, en littérature ». *Ibid.*, p. 26-27.

maintenant que Dieu lui avait promis la bénédiction qu'il avait si désespérément essayé de gagner par ses propres efforts[71]. En revanche, l'évocation du pays de l'orient (qui est aussi une façon inhabituelle de désigner les habitants de Paddan-Aram au nord-ouest de la Mésopotamie) semble indiquer que les habitants de ce pays ne croyaient pas en YHWH. L'orient est en effet associé, dans le livre de Genèse, à ceux qui sont expulsés ou chassés de la présence de Dieu (3.23-24 ; 4.16 ; 21.14 ; 25.6). Jacob lui-même n'est-il pas expulsé de la maison paternelle ? Cette (re)construction[72] renvoie à une situation embarrassante dans laquelle les promesses divines devront se heurter au paganisme, ou en tout cas à des situations qui risqueraient de compromettre leur réalisation, mais aussi à l'ambiguïté et à la personnalité de Jacob lui-même.

Ensuite, l'approche de Jacob (v. 2-11) est des plus ordinaires. Le récit décrit le décor trouvé par Jacob : un puits pour abreuver les animaux, des troupeaux couchés, la pierre à l'entrée du puits, le fonctionnement du système. Un décor anodin à première vue qui, pourtant, va se révéler stratégique et surtout révéler le personnage. Après le décor, l'approche se fait en deux temps. Dans un premier temps, Jacob salue les bergers en les appelant « frères » puis demande des nouvelles de Laban, fils de Nahor (il est en réalité son petit-fils), ce qui permet d'introduire déjà Rachel. Jacob essaie ensuite de ruser pour éloigner les bergers en feignant de leur donner un conseil avisé, comme s'il s'étonnait de leur longue attente inactive (« abreuvez les moutons et allez les faire paître »). Mais eux ne semblent pas dupes et la ruse échoue (v. 8). Dans un second temps, Rachel arrive (présentée par le narrateur comme bergère – noter que c'est ce que signifie son nom) ; Jacob viole le protocole, roule la pierre et abreuve les animaux de Rachel, puis l'embrasse, éclate en sanglots avant même de décliner son identité.

Sans une connaissance du passé du personnage, le lecteur trouverait en cette histoire simplement un ensemble de renseignements qui, à la rigueur, donnent une idée des coutumes de l'époque. Ce récit se révèle pourtant comme une peinture magistrale de la personnalité de Jacob : rusé, opportuniste (il montre un zèle impudent), un peu manipulateur (cf. le baiser dont il laisse croire qu'il est familial et les sanglots), prêt à tout pour parvenir à ses fins. Avec lui, le plan divin va devoir s'accommoder de ce caractère.

Enfin, la clôture (v. 12-14). L'épilogue de cette section est touchant. Après l'étreinte affectueuse, Jacob se présente comme son cousin, se fait introduire par Rachel auprès de son père qui l'embrasse à son tour et l'accueille comme « os

---

[71] Note 1 au v. 1 de *NET Bible* (*New English Translation of the Bible*), version 10, Biblical Studies Press, L.L.C, 1996-2006.

[72] Cette reconstruction littéraire est probablement le résultat de la composition du Pentateuque.

de ma chair » (עַצְמִי וּבְשָׂרִי *'açmi ubsarî*). Ces mots expriment un lien de sang particulièrement fort. Déjà en Gn 2.23, Adam qualifiait Ève comme « *l'os de mes os et la chair de ma chair* » (עֶצֶם מֵעֲצָמַי וּבָשָׂר מִבְּשָׂרִי). En 2 S 19.13-14, pour se faire accepter à son retour après la révolte et la mort d'Absalom, David enverra dire aux anciens d'Israël et de Juda qu'ils sont ses os et sa chair, soulignant ainsi un lien de sang au nom duquel il devrait être accepté.

Seulement, les propos de Laban laissent entrevoir, avec l'utilisation de l'adverbe אַךְ *'aq* (sûrement, certainement), que celui-ci avait encore besoin d'être convaincu de la chose. Comme en français, l'emploi des adverbes « sûrement » et « certainement » dans une phrase suggère souvent paradoxalement le contraire de ce qu'ils laissent entendre. En disant : « Mon fils arrive sûrement/certainement demain », je dis pourtant que je n'en suis pas aussi sûr/certain alors même que tous les ingrédients sont en faveur d'une certitude. Après avoir entendu l'histoire rapportée par sa fille puis celle de Jacob, Laban devait comprendre que ce dernier était bien de sa famille proche ; mais son propos exprime plutôt un certain doute, et c'est en quelque sorte sous-réserve qu'il l'accueille chez lui pour un mois, qui devient ainsi une période probatoire. Cette lecture se justifie par la construction du personnage même de Jacob, aussi bien dans cette section que dans les chapitres précédents.

VI. Remarques conclusives

Les traditions qui sont à la base des textes du Pentateuque font largement appel à un langage symbolique inspiré de la littérature et des traditions orales de leur milieu ; cela ne fait plus de doute. La reconnaissance de ce fait a des implications sur le regard que nous portons sur ces textes qui pourtant ne nous restent plus que sous leur forme écrite, donc littéraire. Cela constitue à la fois une chance et un défi : une chance au regard de la stabilisation de ces traditions qui acquièrent ainsi une autorité canonique, et un défi en ce que n'ayant plus que l'écriture, il devient difficile, parfois impossible au lecteur moderne de repérer et d'isoler avec certitude les marques de l'oralité initiale de ces traditions.

Une des implications concernera notre rapport à l'écriture, notamment une attitude de recul par rapport au présupposé de la critique des sources. La théorie documentaire a identifié à la base de la composition du Pentateuque globalement quatre tendances théologiques et stylistiques qui orientent vers quatre sources. Ce fait est largement étayé d'une page à une autre ou d'une section à une autre du Pentateuque, même si là aussi l'on se retrouve ici et là face à des textes si composites qu'il devient difficile de les rattacher à une des sources identifiées. Ce qui pose plus de questions, c'est le présupposé d'après lequel les sources identifiées aient toutes été des documents écrits indépendants, en particulier lorsqu'il s'agit des sources J et E.

La critique du Pentateuque en particulier et des textes historiques de l'Ancien Testament en général, doit pouvoir réévaluer, en partant des observations de Gunkel et en les prolongeant, le rapport à l'écriture et prendre un peu plus en compte le fait que la plupart des traditions à la base de ces textes sont d'origine orale. Il n'est pas certain qu'elles aient toutes été déjà transcrites avant la composition du Pentateuque et de certains autres textes de l'Ennéateuque[73] par exemple. Même transposées dans l'écriture et devenues, de ce fait, littéraires puis canoniques, elles contiennent encore largement une saveur d'oralité.

Alors que l'exégèse et l'herméneutique modernes occidentales marquées par une culture littéraire et scripturaliste ont prêté assez peu d'attention à cette dimension orale de l'Écriture, la recherche biblique dans un contexte plus marqué par une culture d'oralité devrait pouvoir le faire un peu mieux et mettre à contribution les intuitions nées des traditions orales actuelles, en Afrique ou ailleurs. Au-delà de la critique des sources et des traditions, le dialogue de l'anthropologie avec les sciences du langage pourrait, comme l'ont montré les illustrations ci-dessus, permettre une analyse des textes susceptible de faire justice à l'environnement culturel dont proviennent ceux-ci ainsi qu'aux modes de communication et d'énonciation propres à cet environnement.

L'anthropologie symbolique et l'anthropologie linguistique, ainsi que l'ethnostylistique ou la sémiostylistique constituent dans cette perspective, autant de modèles et de possibilités de recherche et d'exégèse biblique, à la fois en contexte et dans le dialogue avec les modèles plus traditionnels et déjà éprouvés.

---

[73] Ce terme désigne l'ensemble des neuf livres du canon hébreu (cinq de la Torah et quatre de l'histoire dite deutéronomiste qui va de Josué à 2 Rois) qui constituent ensemble une grande fresque historique qui va de la création à la fin de la royauté.

2

Les récits de la création dans Genèse (Genèse 1-2)

De nombreuses mythologies racontent la création du monde et des humains. Plusieurs de ces récits sont consignés par écrits, d'autres circulent, s'enrichissent et se recréent constamment dans la transmission orale, quelquefois simplement sous forme de contes. Israël eu aussi ses récits, eux-mêmes dépendants des traditions mythologiques moyen-orientales de différentes époques.

I. Des traditions de la création

Plusieurs traditions de l'Ancien Testament racontent ou évoquent les origines de l'univers en termes de création, principalement dans le psautier et le livre de Genèse, mais aussi dans la littérature plus tardive (1-2 Chroniques) et apocryphe. Les traditions narratives sont représentées par les deux récits de Genèse 1 et 2, et les traditions poétiques par un groupe de psaumes connus sous le nom d'hymnes à la création (Ps 8.19 [surtout les versets 1-7], 104, 145).

Les récits de Genèse sur les origines du monde et de la vie sont attribués, depuis la théorie documentaire, à deux traditions sources : une tradition d'origine yahviste (Gn 2.4b-25), plus ancienne, et une tradition d'origine sacerdotale (Gn 1.1-2, 4a), plus récente, placée en ouverture de la Bible. Sur le plan de la présentation des faits, les deux récits présentent d'apparentes contradictions :

- Le récit yahviste dont la tradition remonte au Xe-IXe siècle av. J.-C., présente la création d'un homme unique, poussière de la terre, puis d'un jardin sur une terre déserte, ensuite des animaux et enfin de la femme ;
- Le récit sacerdotal qui remonte, lui, au VIe siècle av. J.-C., raconte la création à partir d'une masse chaotique en six jours répartis en

deux moments : d'abord la lumière, la voûte céleste, les continents, la végétation et les astres ; ensuite les poissons, les oiseaux, les animaux et l'humain, homme et femme à l'image de Dieu et le repos au septième jour.

Nous ne savons pas l'intention qui a animé les compositeurs du Pentateuque pour laisser côte-à-côte deux récits apparemment inconciliables. Il se peut que cette intention ne fût pas de relater la création mais qu'elle fût ailleurs, peut-être celle de répondre à la question de l'auteur de la création, pas à celle de son déroulement. La Bible dit la foi d'un peuple et, à ce titre, pose Dieu comme source de toute existence, y compris de la vie. Elle ne pose pas avant tout la question du comment de cette existence et de cette vie, mais celle du qui[1].

Il n'est guère utile de rediscuter ici le découpage entre le texte P et le texte J, et nous considérerons donc comme acquis celui proposé par la théorie documentaire. Le récit J de la création qui englobe celui de la désobéissance d'Adam et Ève (Genèse 3), est un récit sobre au style dépouillé et anthropomorphique, qui présente Dieu comme un artisan et un jardinier et s'inspire sans doute de traditions très anciennes. On pense même qu'il aurait été composé oralement depuis l'époque davidique, soit vers le Xe siècle av. J.-C., voire plus tôt[2]. Une de ses particularités est l'utilisation ici seulement[3] du nom composé YHWH-Élohim. Martin Rose explique cet usage unique par l'absorption par YHWH-El du dieu créateur El pour accentuer son incomparabilité et par la reproduction fidèle du « souvenir que la création était le domaine propre à un El (Elohim) et que YHWH n'était devenu créateur que par son identification avec celui-ci[4] ». Nous ne discuterons pas non plus ici cette théorie. Notons simplement que les traditions à la base de ce récit ont sans doute connu une évolution dans laquelle un tel processus a pu avoir lieu.

Le récit P, par contre, se caractérise par un style poétique, solennel, répétitif et hiératique typique d'un discours rituel et présente un tableau liturgique en six jours, puis un septième avec une temporalité toute anthropomorphique comme dans l'ensemble des récits de la création. Pour les six jours, le lecteur remarque assez aisément une structure symétrique à deux temps.

---

[1] Waltke, *An Old Testament Theology*, p. 173-208, spéc. p. 194.

[2] L'on est, en tout cas, frappé par l'allure orale de la construction de ce récit, et ce dès l'ouverture : « le jour où YHWH fit la terre et le ciel... ». Elle rappelle les formules d'introduction des légendes ou des contes (« il était une fois »). Sa mise à l'écrit en Israël n'est probablement pas antérieure à P, cosignataire de la rédaction finale du Pentateuque.

[3] Et peut-être en Ex 9.30 – ce qui est plutôt douteux.

[4] M. Rose, *Une herméneutique de l'Ancien Testament : comprendre – se comprendre – faire comprendre*, Genève, Labor et Fides, 2003 p. 137-138.

Jour	Versets	Activités
1	3-5	Création de la lumière – le jour et la nuit
2	6-8	Création du firmament – séparation des eaux d'en haut d'avec celles d'en bas → l'espace : le ciel
3	9-13	Création des océans et des continents ; les premiers êtres vivants (les végétaux)
4	14-19	Création des luminaires : soleil, lune, étoiles → le temps
5	20-23	Création des animaux aquatiques, des oiseaux
6	24-25	Création des animaux terrestres
	26-28	Création des humains
	29-31	De la nourriture : tous végétariens et frugivores

Les deux temps se terminent respectivement par l'apparition de quelque chose qui tranche d'avec les éléments précédents (les végétaux, produits par la terre elle-même) et la création de l'humain : création/organisation de l'univers, création des êtres aquatiques, des animaux terrestres et des humains.

L'on remarque, en grandes lignes, une coïncidence relative avec les théories modernes de l'évolution, même s'il y a aussi pas mal de différences et que l'objectif des auteurs bibliques est théologique alors que la théorie de l'évolution est scientifique. Il s'agit de toute évidence d'un reflet, jusque dans l'ordonnancement des éléments, du savoir de l'époque. Les ressemblances dans le tableau ci-dessous indiquent clairement qu'une des traditions dérive de l'autre, ou que les deux descendent d'une source commune. Le contact des exilés de Juda au VIe siècle av. J.-C. oriente clairement vers l'hypothèse que la tradition biblique se serait inspirée des traditions babyloniennes.

Genèse 1.1 à 2, 3	Enuma Elish
Un Dieu unique, YHVH	Un dieu combattant une déesse
Une désolation couverte de ténèbres	Le chaos enveloppé dans les ténèbres
Création de la lumière	Création de la lumière
Création d'un firmament – un dôme rigide au-dessus du sol, qui sépare la terre et le ciel	Création d'un firmament perçu comme un dôme rigide
Création de la terre ferme	Création de la terre ferme
Création du soleil, de la lune et des étoiles	Création du soleil, de la lune et des étoiles
Création de l'homme et de la femme	Création de l'homme et de la femme
Dieu se repose et sanctifie le shabbat	Dieu se repose et sanctifie le shabbat

Tableau adapté du lien web http://www.religioustolerance.org/com_geba.htm, consulté le 26 août 2016.

Israël a pu, surtout à l'époque exilique, reprendre ces traditions et les transformer ensuite, en y intégrant des éléments plus anciens en un récit polémique contre la religion de Marduk, afin d'en réfuter les idées contraires à sa foi[5].

Dans le fond, les récits J et P affirment globalement la même chose, à savoir que Dieu est à l'origine de l'univers et que l'être humain y occupe une place de premier plan. Les différences dans les détails et la forme de chaque récit peuvent être résumés comme suit :

Récit J	Récit P
Cherche à comprendre comment les choses sont comme elles sont.	Cherche à comprendre comment les choses sont.
Un récit plus « neutre ».	Un récit polémique contre les religions mésopotamiennes.
La création consiste à mettre en place dans un univers aride les conditions de la vie.	La création consiste à rejeter le chaos et à mettre de l'ordre.
Dieu fait les choses comme un artisan.	Dieu transforme le cosmos par sa parole.
L'humain est au cœur de la création de l'univers auquel il appartient.	L'humain est au sommet de la création de l'univers.
L'humain est façonné (verbe יצר) à partir de la glaise.	L'humain est conçu, puis créé/fait (verbes ברא et עשה) à l'image de Dieu.
L'humain doit entretenir = travailler = servir (verbe עבד) la création.	L'humain doit dominer (verbes כבש et רדה) la création.
L'homme est façonné avant la femme, mais il est faible – éloge du couple.	L'homme est créé mâle et femelle dès le début.
Pas un timing dans l'activité créatrice.	La création se fait en six jours, puis il y a un jour de repos.

À l'observation de ce tableau, on se rend compte que les deux récits ne sont pas aussi inconciliables qu'on l'a souvent affirmé. Leur relation tient plutôt à un processus de réception. L'auteur P a repris et enrichi l'histoire ancienne de la création reflétée dans le récit J à la lumière des traditions babyloniennes, en l'occurrence celle d'*Enuma Elish* dans l'*Épopée de Gilgamesh*. Il l'a ensuite reconstruite, réorganisée et élaborée en fonction d'un objectif cultuel, à savoir

---

[5] Waltke, *An Old Testament Theology*, p. 177.

la justification de l'institution du shabbat, en sorte que le sommet de l'activité créatrice ne soit plus l'être humain, mais bien le shabbat, dernière création.

II. Le récit J (Gn 2.4ᵇ-3.7) : pourquoi les choses sont comme elles sont ?

La réponse du narrateur J à cette question, au niveau de la création proprement dite, semble être : « parce que YHWH Dieu en a décidé ainsi » et pour la suite (la chute et ses conséquences) : « parce que les humains n'ont pas respecté l'ordre de Dieu ». Par rapport au récit P, celui-ci apparaît plus « neutre ». Il n'est cependant pas exempt de toute polémique. Il comporte à l'arrière-plan, lorsqu'on le replace dans le contexte de la royauté où il est apparu, un souci de repositionnement face à la menace de l'idolâtrie de l'époque royale et à la concurrence des mythologies voisines. Déjà à son temps, d'après l'histoire deutéronomiste, Salomon avait érigé des sanctuaires en l'honneur des divinités des pays d'origine de ses nombreuses femmes et, après la division de son royaume vers 930 av. J.-C. (1 R 11.1-8), les rois d'Israël au nord et nombre de ses successeurs au trône de Juda au sud ont adopté des divinités cananéennes. Les traditions anciennes sur la création devaient avoir pour but, au moins pour cette raison-là, de réaffirmer la foi au Dieu unique, YHWH, créateur de tout ce qui existe et source de toute vie.

Pour ce faire, Dieu est présenté sous des traits humains : un jardinier qui arrose, fait pleuvoir et prépare la terre pour que l'homme la cultive ou la serve ; un artisan potier qui tire cet homme de la terre (s'oppose au modèle mésopotamien modelant l'homme en mélangeant le sol et le sang d'un dieu immolé) ; un chirurgien qui prélève une côte de l'homme pour en façonner la femme[6].

1. L'humain au cœur de la création

On l'aura remarqué, tout tourne autour de cet homme. Le récit J est donc anthropocentrique. Il affirme d'emblée que « Dieu *forma* (ou *façonna*) l'homme, poussière du sol ». Cette affirmation appelle deux observations. Premièrement, le verbe יצר (*yaçar*), qui appartient presque exclusivement à l'hébreu classique, excepté en 1 Chroniques (4 fois), désigne essentiellement l'activité humaine et manuelle (artisanat, création artistique). Il reviendra au v. 8, puis au v. 19 pour parler de la formation des animaux. L'activité créatrice dans J est une activité de construction, une activité manuelle (fait penser au verbe עשה du récit P),

---

[6] Voir G. Yvon (2005), « La création dans la genèse », doc. Web : http://sitecoles.formiris. org/?WebZoneID=590&ArticleID=2329, consulté le 23 mars 2017.

contrairement à la prédominance de la parole qui ordonne la venue à l'existence des choses et des êtres dans le récit P.

Deuxièmement, la construction de l'hébreu : וַיִּיצֶר יְהוָה אֱלֹהִים אֶת־הָאָדָם עָפָר מִן־הָאֲדָמָה (vayyeçer YHWH Elohim 'et ha'adam 'afar min ha'adamah – le Seigneur Dieu forma/façonna l'homme, poussière du sol) est un peu difficile, surtout vers la fin de la phrase (עָפָר מִן־הָאֲדָמָה 'afar min ha'adamah). Nos versions modernes l'ont souvent rendue par « ... à partir de la poussière du sol ». Cette traduction ne reflète pas l'hébreu, ni le grec, mais le latin de la Vulgate. Elle aurait nécessité, en hébreu, que la préposition מִן (min) précédât le mot עָפָר 'afar (מֵעָפָר comme en Job 28.2 ou מִן־עָפָר). Construite comme elle l'est, la phrase met l'accent sur la qualité de l'humain (l'homme est poussière de la terre), pas sur son origine (l'homme fait à partir de la poussière de la terre). עָפָר est un qualificatif. André Wénin relève en conséquence « un lien étroit qui inscrit profondément les humains dans l'univers physique auquel ils appartiennent », liés qu'ils sont, « non seulement à tous les vivants, mais aussi et surtout à la terre dont ils sont façonnés et qu'ils travaillent[7] ».

L'humain est donc lié à cette terre rouge avec laquelle il est identifié. Le mot אָדָם 'adam est lui-même dérivé de אֲדָמָה 'adamah et signifie aussi rouge (אָדֹם 'adom), couleur du sang (דָּם dam). En faisant du sang le signe de la vie (Dt 12.23), le code deutéronomique soulignera que la vie (de l'humain en particulier, mais aussi de tous les animaux en général) est attachée à la terre qui doit être travaillée et servie pour assurer la subsistance.

Ce sol dont il est tiré lui est par conséquent pré-donné avec tout ce qui y pousse : le champ à l'état sauvage (שָׂדֶה – sadeh) aussi bien que le jardin cultivé (גַּן – gan). Le sol n'est donc pas seulement, comme le fait remarquer Gérard Siegwalt, un lieu de nature, mais il est aussi, à cause du travail que l'humain doit y effectuer, un lieu de culture de la nature[8], un lieu de délices. C'est d'ailleurs ce que signifie le nom Éden (de l'akkadien edinu). La Septante traduit le mot par un terme d'origine persane (παράδεισος – paradeisos = paradis). Dans Ct 4.13, l'expression פַּרְדֵּס רִמּוֹנִים pardes rimmonim (paradis ou verger de grenades) semble être un synonyme de גַּן־עֵדֶן gan Éden (jardin d'Éden).

Dieu prend l'homme et le place dans le jardin (v. 15). Le texte J indique que ce jardin était situé à l'est, sans que l'on sache à quoi renvoie cette indication. Sans l'indication de cet est, il faudrait peut-être comprendre Éden non pas comme une indication géographique, mais comme un nom métaphorique. Le verbe pour

---

[7] A. Wénin, D'Adam à Abraham ou les errances de l'humain, Paris, Cerf, 2007, p. 58.

[8] G. Siegwalt, Dogmatique pour la catholicité évangélique, vol. 4 : L'affirmation de la foi, Genève, Labor et Fides, 2005, p. 201-204.

« placer » est נוּחַ (*nuaḥ*) exprime l'idée de poser, laisser, déposer, reposer : Dieu fait reposer l'homme dans le jardin. Mais faudrait-il peut-être comprendre ce verbe dans le sens d'établir, puisque la suite de la phrase indique un rôle à jouer, une activité : « pour le cultiver (litt. le servir) et le garder[9]. » Dans les cultures dans lesquelles est ancré le récit J, on se représentait volontiers Dieu comme un jardinier et Éden comme un lieu de délices. Pour Siegwalt,

> Cette histoire mythique concernant le milieu de vie veut signifier que le sol qui porte le champ sauvage, lorsqu'il est vu dans la lumière du Dieu créateur, devient le lieu du jardin : le champ se transforme en jardin (...). Autrement dit, il est riche d'un potentiel de création que le Dieu créateur y a mis, et non seulement d'un potentiel, mais aussi d'une effectuation de ce potentiel... [10]

Le verbe נוּחַ est donc ici plus qu'un synonyme de שׂים : il souligne une position de responsabilité entendue comme service. L'homme n'est pas seulement placé comme un objet passif, il est établi comme sujet, comme acteur dans son environnement, pour le servir et en tirer sa subsistance. John Goldingay décrit cette relation en affirmant que le jardin est fait pour l'homme et l'homme pour le jardin. S'il n'était pas pour l'homme, le jardin n'aurait pas existé, car c'est sa tâche de « le servir et le garder » (Gn 2.15) ; les arbres fruitiers ont besoin que l'on en prenne soin... et quelqu'un pour en manger le fruit. Une relation symbiotique lie donc l'humain avec son environnement[11].

2. Nommer les animaux

Nous ne savons pas quel est l'intérêt narratif de cet élément, d'autant que les v. 19-20 tombent dans ce récit comme un cheveu dans la soupe, coupant l'histoire de la formation de la femme en deux. On a l'impression que ces versets

---

[9] Les suffixes féminins sont assez étonnants, puisque le mot גַּן est masculin. Les traducteurs de TOB ont sous-entendu אֲדָמָה (le sol [fém. en hébreu = la terre] – cf. v. 9). Dans ce cas, les v. 10-14 sont considérés comme une parenthèse. Il faudrait alors comprendre le v. 15 à la suite du v. 9 : « YHWH Dieu fit pousser du sol toute espèce d'arbres... Il prit l'homme et l'établit dans le jardin d'Éden pour le (le sol, pas le jardin) cultiver ». Les traditions juives vont donner de ce féminin d'autres interprétations en partant d'autres textes. Le Targum Néofiti par exemple avance qu'Adam est placé dans le jardin pour rendre un culte ('*avad*) et garder (*šamar*) ses préceptes, en sorte que le féminin renvoie à deux substantifs dérivés '*avodah* et *mišmeret* aram. לְמִפְלְחַהּ וּלְמִטְּרַהּ *lemiplaḥah ulmiṭrah* – cf. Nb 3, 8 ; 8, 26. Le *Midrash Rabba* de Genèse, lui, distingue à la lumière du Décalogue (Ex 20, 8-11 et surtout Dt 5. 12-15), deux activités de l'humain : travailler ('*avad*) et observer (*šamar*) le shabbat. Voir H. Freedman & M. Simon (eds), *Midrash Rabbah*, London, The Soncino Press, 1939, p. 130.

[10] Siegwalt, *Dogmatique*, p. 202.

[11] Goldingay, *Old Testament Theology*, p. 118.

sont secondaires[12] au récit principal, comme une glose d'origine rédactionnelle qu'aucun élément textuel ne vient cependant étayer. Il donne en tout cas l'impression que l'auteur de la composition de ce récit soit allé chercher ailleurs des données absentes du récit initial pour compléter ses informations, afin de les conformer, après coup, au récit P de la création et à celui du déluge. En effet, sans les animaux à l'origine, il est impossible d'en trouver pour l'arche de Noé. Il resterait alors à savoir où il serait allé chercher ces compléments : peut-être dans une source indépendante à J.

Une autre lecture est suggérée par le *Nouveau commentaire biblique* qui s'appuie sur le v. 8 : « maintenant... Dieu avait formé[13] », ce qui sous-entendrait alors que la formation des animaux et des oiseaux aurait été narrativement retardée pour être insérée comme une parenthèse. Seulement, le v. 8 ne correspond pas à ce modèle. Les v. 7-9, 15-16 et 19 sont construits sur un même modèle : *vayyiqtol* + sujet (YHWH Dieu) et il n'y a pas de raison de traduire sur un modèle différent les v. 8 et 19.

Il reste néanmoins encore une piste. La fin du v. 20 (pour lui-même, l'homme ne trouva pas l'*aide qui lui corresponde* = עֵזֶר כְּנֶגְדּוֹ – *'ezer keneged*o) reprend d'une certaine manière le contenu du v. 18 (Dieu dit : « Il n'est pas bon pour l'homme d'être seul. Je veux lui faire une aide qui lui corresponde = עֵזֶר כְּנֶגְדּוֹ »). En faisant passer le v. 18 après le v. 20, on se rend compte que c'est la formation et la nomination des animaux et des oiseaux qui permet de justifier la nécessité pour Adam d'avoir un vis-à-vis. Dans la tradition J, les animaux, créés du sol (donc d'une origine proche mais non identique pour reprendre les termes de Nicolas Aumonier[14]), le sont, d'une certaine manière, pour l'homme. Qualifiés comme « vivants » (חַיָּה *hayyah* litt. souffle de vie, donc נֶפֶשׁ חַיָּה *nefeš hayyah* comme l'homme – 2, 7), ils constituent la première aide que Dieu donne à l'homme[15].

---

[12] C'est ce que suggère Cuthbert A. Simpson, *The Book of Genesis*, in *IB*, vol. 1, 1952, p. 497-498, en se fondant, entre autres, sur l'affirmation d'après laquelle les animaux sauvages sont aussi formés à partir du sol, le fait que les v. 19-20 ne soient pas une suite logique (ils sont un *non sequitur*) au v. 18, et l'utilisation du verbe « former » au lieu de « faire » (3, 1). Pour lui, la suppression de ces versets ainsi que des versets 5 et 9 supprimerait les incohérences de ce récit, ce qui reste discutable, au moins pour les v. 5 et 9.

[13] « Genèse », in D. Guthrie *et al* (éds), *Nouveau commentaire biblique*, p. 88.

[14] N. Aumonier, « Qu'est-ce qui différencie l'homme de l'animal ? », in N. Aumonier *et al* (2004), *La dignité humaine en question : handicap, clonage*, p. 60. L'homme est façonné à partir de la glaise du sol, c'est-à-dire « d'un sol enrichi par le flot qui l'a fécondé », tandis que les animaux « le sont simplement à partir du sol ».

[15] Les éditeurs de la TOB affirment justement à ce sujet que « la tradition "yahviste", avant de montrer la supériorité de l'homme sur l'animal, voulait rappeler qu'ils avaient en commun la respiration ». La différence fondamentale est que la respiration de l'humain est le souffle de Dieu lui-même.

La femme sera la deuxième, qui lui corresponde, tirée d'une côte (ou d'un côté) de l'homme. Plus tard, Dieu fera à Adam et Ève, après la chute, des vêtements de peaux d'animaux.

Autre chose : il est dit de ces animaux qu'ils sont sauvages (חַיַּת הַשָּׂדֶה *ḥayyat hassadeh*), litt. « du champ » ou « de la campagne », « de la brousse », ce qui les opposerait aux animaux domestiques (בָּקָר *baqar* = bœufs, בְּהֵמָה *bᵉhemah* = gros bétail, צֹאן *ç'on* = petit bétail), indiquant ainsi la prérogative de l'homme d'en domestiquer certains. Cependant, il ne me semble pas nécessaire d'aller jusque-là. Ici l'indication du champ l'est en opposition au ciel, domaine des oiseaux, et le champ ou la campagne (שָׂדֶה *sadeh*) est simplement employé comme un synonyme de la terre (אֶרֶץ *ereç*).

Pourquoi l'homme doit-il nommer les animaux ? Le narrateur ne répond pas explicitement à cette question. Un indice au moins dans le récit (v. 19) pointe néanmoins vers une prise de pouvoir ou de possession. Il s'agit de l'affirmation d'après laquelle « tout nom que donnait l'homme à un être vivant fut son nom » (Darby) ou « chaque être devait porter le nom que l'homme lui donnerait » (BJ). Dans toutes les cultures, chaque être et chaque chose portent un nom, commun ou propre, qui sert à le reconnaître et à l'appeler, et chaque nom a une signification profonde. Il participe de l'essence même de la personne ou de la chose nommée.

Pour les personnes, le nom exprime la personnalité à tel point que savoir le nom de quelqu'un, c'est le connaître intimement, voire le tenir, avoir une emprise sur lui. L'épisode de la lutte de Jacob avec un inconnu (qui sera plus tard identifié comme l'ange de YHWH) en Genèse 32 au cours duquel l'inconnu donne un nouveau nom au patriarche tout en refusant de révéler le sien, ainsi que celui de la révélation de Dieu à Moïse au Sinaï (Ex 3.13-15) au cours duquel Dieu révèle à Moïse un nom qui en réalité n'en est pas un (« je serai qui je serai » ou « je suis qui je suis »[16]), en sont d'excellentes illustrations.

En nommant de façon spécifique les diverses espèces d'animaux, l'homme détermine ainsi leurs fonctions sur la terre et « manifeste par là son discernement et son pouvoir. Ce faisant, il ne trouve pas son vis-à-vis[17] ». L'attribution des noms aux animaux va ainsi devenir le prétexte narratif de la création de la femme.

3. L'homme et l'« hommette » : éloge du couple

La création et le don de la femme commencent par une observation de YHWH Dieu lui-même : « *il n'est pas bon que l'homme (Adam) soit seul* » (Gn 2.18). Par

---

[16] Dieu dit implicitement à Moïse que ni lui ni les enfants d'Israël n'ont besoin de le nommer.
[17] Note *p* de la TOB à Gn 2.19.

ces mots, Dieu qualifie emphatiquement la situation d'Adam comme mauvaise, pointant ainsi la faiblesse de cet homme doté pourtant de la haute responsabilité d'entretenir son environnement et de l'autorité de nommer, donc d'administrer les autres êtres vivants, c'est-à-dire les animaux[18]. Cette situation explique le besoin d'un secours. C'est ce que signifie précisément le mot hébreu עֵזֶר 'ezer (gr. βοηθός, βοήθεια), qui désigne une intervention nécessaire pour sauver quelqu'un d'un péril. Dans la bible hébraïque, cette action est presque toujours le fait de Dieu. Le danger qui guette Adam ici est celui de la solitude, qui peut devenir mortelle.

Cette aide doit correspondre à l'homme. Il est à noter que le mot נֶגֶד (neged) rendu par « vis-à-vis » ou « semblable » dérive du verbe נָגַד (nagad) qui signifie « raconter » ou « rapporter », donc « parler ». Le secours doit donc être quelqu'un capable de répondre, de communiquer, quelqu'un avec qui co-respondre (en latin, correspondre, c'est répondre avec). Les animaux qui ont été présentés à l'homme et qui vont être nommés par celui-ci ne répondent pas à ce projet divin. Bien qu'il ne soit pas nécessaire de supposer, comme le fait une certaine exégèse contemporaine, que l'humain façonné dans Gn 2.7 n'était pas sexué et qu'il l'est devenu seulement lorsque Dieu en a extrait une côte pour en faire la femme[19], l'on remarque néanmoins l'importance du langage dans la structuration

---

[18] Il faut avoir à l'esprit que pour l'Ancien Testament, les plantes, n'étant pas dotées de souffle, ne sont pas considérées comme des êtres vivants.

[19] L'idée de la création d'un humain asexué ou androgyne remonte à la haute antiquité juive et repose sur l'affirmation de la création « à l'image de Dieu » dans le récit P en Gn 1.27 et 5.2, mais aussi sur celle de la « fabrication subsidiaire de la femme à partir du corps de l'homme » en Gn 2.18-22. L'exégèse juive a tenté d'opérer une certaine harmonisation entre les deux récits J et P qui, comme nous l'avons déjà dit, présentent d'apparentes contradictions. Déjà Philon, dans De opificio mundi 76, interprète la succession des deux récits d'une façon allégorique et platonisante. Pour lui, les deux récits de la création correspondent à deux états de la créature : à un archétype idéal de l'humanité succède la création du premier être humain réel et charnel, différencié ensuite en homme et femme, premier couple sexué. La littérature chrétienne gnostique reprendra l'idée de cette androgynie primitive et l'associera à l'immortalité. C'est ce qu'on peut lire dans l'Évangile copte de Philippe dans la bibliothèque de Nag Hammadi : « Quand Ève était [en] A[d]am, la mort n'existait pas. Quand elle fut séparée de lui la mort survint. —À nouveau, du moment qu'il est entré et qu'elle l'a reçu en elle, la mort doit cesser » (Nag Hammadi II,3 §71 [116, 22-26]. Traduction L. Painchaud, J.-P. Mahé et P.-H. Poirier [éd.], Écrits gnostiques. La bibliothèque de Nag Hammadi, Paris, [Pléiade], 2007, p. 335-376). À cette question s'ajoute celle de la double création de la femme largement répandue dans la littérature rabbinique et la kabbale juive. On y parle, grosso modo, pour souligner l'ambivalence de la femme susceptible de soutenir ou de combattre, de la création successive de Lilith (une figure plutôt démoniaque et inféconde représentant la revendication de l'égalité entre les sexes – repoussée par la tradition rabbinique mystique), d'une proto-Ève biologique créée sous les yeux d'Adam et aussitôt détruite parce que celui-ci ne l'appréciait guère, et d'Ève, soumise et féconde, créée pendant le sommeil d'Adam. Voir sur ce dossier l'étude documentée de Christophe Batsch (2012), « Les deux récits de création de la femme dans Genèse », publié dans la revue Semitica et classica N° 5. Nous avons lu cet article dans sa version numérique sur http://cecille.recherche.univ-lille3.

de la sexualité et de l'altérité. Comme l'affirme Christine Chollier, « je ne fais l'expérience de mon identité qu'à travers celle de l'altérité. Or cette altérité s'éprouve à travers le langage[20] ».

L'interprétation de l'histoire J de la création de la femme et du premier couple humain est souvent controversée. Elle est tantôt considérée comme patriarcale et réductrice à l'égard de la femme[21], tantôt comme féministe[22]. Mais c'est là une question idéologique sinon étrangère, du moins secondaire pour le contexte dans lequel ce texte a émergé, même s'il a nourri les spéculations dans l'exégèse juive ancienne et la kabbale comme évoqué dans une note plus tôt. Comme récit des origines, cette histoire appartient sans doute à un folklore bien connu dans le milieu, et dont on retrouve encore des traces dans bien des traditions mythologiques de notre époque, qu'il s'agisse du modelage de l'homme à partir de l'argile ou de celui de la femme en seconde position ou d'autres histoires bibliques des origines. Le bibliste et anthropologue écossais James George Frazer a consacré un volumineux ouvrage à l'étude du folklore de l'Ancien Testament en comparaison avec de nombreuses traditions folkloriques à travers le monde[23].

Il convient cependant de noter un détail qui, dans nos versions modernes de la Bible, est rendu de manière pour le moins discutable. Nous lisons habituellement qu'après avoir endormi l'homme, Dieu « *prit l'une de ses côtes* » (TOB, Segond, BJ, Darby, etc.) et referma la chair à la place. Le mot צֵלָע *çela* rendu par « côte » désigne en hébreu un « côté ». Il désigne, dans la bible hébraïque, le flanc d'une montagne (2 S 16.13), le côté du tabernacle (Ex 26.20-35), les côtés de l'autel (Ex 27.7) ou encore les « ailes » du temple (Ez 41.5-26). Le terme, on le constate, est donc plus souvent utilisé en contexte religieux ou cultuel, précisément dans l'architecture sacrée. Sa traduction par « côte » provient peut-être du latin *costa* qui désigne à la fois un côté et une côte. Les traducteurs des langues modernes ont pu penser, au regard de la description de l'opération et sous l'influence de la Vulgate, à une chirurgie locale opérée par YHWH Dieu : le prélèvement d'une côte.

---

fr/l-equipe/annuaires/annuaire-chercheurs/batsch-christophe-articles-en/article/les-deux-recits-de-creation-de-la-femme, consultée le 30 mars 2017.

[20] C. Chollier, *Littérature et sémantique des textes*, Université de Reims, 2005, p. 44.

[21] Entre autres : L. Lépine & D. Caron, *Nos sœurs oubliées, les femmes de la Bible*, poème satirique pour un 8 mars, 1997, p. 46-48 ; J. G. Frazer, *Le folklore dans l'Ancien Testament*, (édition abrégée avec notes), Paris, Librairie Paul Geuthner, 1924, version numérique par J.-M. Simonet sur http://classiques.uqac.ca, p. 21-25.

[22] Entre autres : O. Lydwine, « La place de la femme dans le récit de la création (Genèse 2) », in *L'autre parole* N° 130, 2011, p. 17-22 ; P Trible, « Eve and Adam : Genesis 2-3 », in *Womanspirit Raising*, New York, 1979, pp. 74-83 (voir une première édition de cet article dans Id., « Eve and Adam : Genesis 2-3 Reread », in *ANQ*, 1973, p. 251-258.

[23] J. G. Frazer, *op. cit.*

Le verbe employé pour la création de la femme est בָּנָה *banah* (il bâtit), comme pour la construction d'une maison, alors que pour l'Adam, c'était יצר. Associé avec צֵלָע *çela* (côté) majoritairement employé pour les lieux et objets cultuels, tous bâtis, il tend à donner un caractère religieux à la femme.

Pour comprendre l'emploi des termes צֵלָע *çela* et בָּנָה *banah* ici dans le récit de la formation de la femme, il nous faut rapprocher ce récit de certains mythes anciens qui racontent la création d'un humain primitif androgyne[24], et qui ont sans doute inspiré la spéculation et la kabbale juives. Il n'est pas exclu que le narrateur yahviste ait pu avoir une telle image en tête. Ayant plongé l'humain dans une torpeur profonde, Dieu aurait alors pris un côté de celui-ci, en d'autres termes, il aurait divisé cette créature en deux, pour en faire un homme et une femme.

Si cette thèse est exacte, elle explique alors l'usage, pour la première fois depuis le début du récit, du mot אִישׁ *'iš* (homme, au sens masculin) et son dérivé אִשָּׁה *'iššah* (femme, litt. *hommette*, qui n'existe pas en français) au v. 23. Cette différentiation grammaticale intervient seulement lorsque se produit la différentiation sexuée. Présentée ainsi, la femme devient le symbole de l'altérité, qui permet à l'homme de se définir et de s'identifier. C'est dialectiquement parce qu'elle est différente qu'elle peut être pour l'homme un répondant « comme lui-même », un secours qui lui corresponde (עֵזֶר כְּנֶגְדּוֹ).

Pourtant, l'accueil réservé par l'homme à cette femme quand il s'écrie : « *Voici cette fois l'os de mes os et la chair de ma chair* », a quelque chose d'ambigu, sur au moins deux plans. D'abord sur le sens de « cette fois » et ensuite sur ce qu'il faudrait entendre par l'expression « os de mes os et chair de ma chair ».

À quoi renvoient les mots « cette fois-ci » (זֹאת הַפַּעַם – *z'ot happa'am*) d'Adam ? Dans la littérature rabbinique, ces mots supposent une première fois qui aurait échoué et que le Midrash va expliquer par la création de la proto-Ève aussitôt détruite parce qu'insatisfaisante, avant celle d'Ève. On peut lire par exemple : « (Dieu) commença par créer la femme (sous les yeux de l'homme) mais celui-ci, la voyant pleine de sécrétions et de sang, s'en écarta. Aussi le Saint, béni soit-il, se reprenant, la créa une seconde fois[25] », puis : « Rabbi Yehouda Bar Rabbi dit : Le Saint, béni soit-il, avait créé une première femme, mais l'homme, la voyant pleine de sang et de sécrétions, s'en était écarté. Aussi le Saint, béni soit-il, s'y est repris et lui en a créé une seconde[26] ». Christophe Batsch voit cette

---

[24] On trouve chez Platon (428-348), dans son *Symposion*, chap. 14-16, une reproduction complète d'une de ces histoires.

[25] *bBerechit Rabba* 17.7.

[26] *Ibid.*, 18.4.

réaction comme la crainte (supposée par le rejet d'une première femme formée en présence d'Adam) de l'étrangeté féminine, et que la tradition rabbinique et populaire élaborera dans la figure de Lilith[27].

Ceci nous conduit d'ailleurs à la suite de l'exclamation d'Adam : « os de mes os et chair de ma chair ». Nous avons montré dans le chapitre précédent que cette expression et ses variantes simplifiées expriment un lien de sang, c'est-à-dire une relation filiale forte. Mais on peut en dire davantage. Il y a en effet quelque chose d'étonnant dans cette réaction d'Adam. Émerveillé par la présence d'une personne qui lui ressemble enfin, et reconnaissant, on se serait attendu à ce qu'il s'adresse à sa nouvelle compagne pour lui souhaiter la bienvenue et apprendre à la connaître[28]. Bien plus, il aurait béni Dieu avec des paroles d'actions de grâce comme celles que l'on prononce lorsqu'on rencontre une belle fille : *Baruch 'attah YHWH Elohenu melech ha'olam škacha lo be'olamo* (Béni sois-tu, Seigneur notre Dieu, roi de l'univers, qui as de telles choses dans ta création[29]). Au lieu de cela, en associant cette femme à ses propres os et à sa propre chair, Adam semble rejeter l'altérité et continuer à se réfugier dans un fantasme d'être unique, puisque c'est par rapport à lui-même qu'il situe la femme. Il semble voir ce qui lui a été enlevé et montre, avec l'emploi insistant de la préposition מִן *min* (« hors de » dans מֵעֲצָמַי *me'açamai* et מִבְּשָׂרִי *mibsari*), qu'il assume mal la différence[30].

Arrêtons-nous sur un dernier élément, à savoir la conclusion narrative de l'histoire de la création au v. 24, que l'on pourrait attribuer au rédacteur et sur lequel l'exégèse chrétienne a souvent fondé le principe du mariage monogamique : « *C'est pourquoi l'homme quittera son père et sa mère, et s'attachera à sa femme, et ils deviendront une seule chair*[31]. » Cette conclusion est adressée au lecteur plutôt qu'au premier couple, celui-ci n'ayant pas de parents. La locution adverbiale עַל־כֵּן *'al ken* (c'est pourquoi)[32] indique que le récit avait pour finalité de justifier l'institution du mariage et que désormais la vie et le destin de l'homme et de la femme sont liés, de même que la responsabilité de leur agir comme le montrera

---

[27] C Batsch, *op. cit.*

[28] J. Joosten, « Que s'est-il passé au jardin d'Éden ? », in *RSR* 86, N° 4, 2012, p. 499.

[29] *Berakhot*, 58b.

[30] Wénin, *Abraham*, p. 79-80.

[31] Nous n'entrerons pas ici dans cette question du fondement du mariage monogamique. Il est cependant clair que cette lecture est marquée par une culture occidentale qui essaie de fonder le dogme de la monogamie comme la forme de mariage voulue par Dieu. Il est étonnant que, si ce principe était biblique, il n'y ait pas d'autre texte qui l'exprime explicitement et que le Christ n'y soit pas revenu alors qu'il a été clair sur les questions de divorce et d'adultère. Cf. notre réflexion dans la note 68 : J. Koulagna (2015), *Église africaine et homosexualité*, p. 62.

[32] Plus d'une fois la tradition J achève un récit par ce type de conclusion : « c'est pourquoi » (cf. Gn 16.19 ; 19. 22 ; 25.30 ; 32.33 ; etc.), souvent en contexte étiologique.

le récit dit de la chute au chapitre 3. Il fait penser à une catéchèse au cours de laquelle un apprenant demande l'origine et le fondement de cette institution.

L'homme quittera donc père et mère pour s'attacher à sa femme pour faire corps avec elle. Le verbe עזב *'azav* employé en opposition avec דבק *dabaq* (se lier à), peut être rendu à la fois par quitter, laisser, abandonner, voire rejeter. Pourtant, dans l'ancien Israël comme dans bien des cultures aujourd'hui, c'est la femme qui quitte sa famille (cf. le mariage d'Isaac). On remarque cependant, avec Jacob, que c'est bien l'homme qui a quitté sa famille. Sur le plan culturel, cette injonction reflète donc une tradition d'après laquelle le jeune marié rejoignait la maison de son beau-père, donc de sa femme, et bénéficiait de la protection du beau-père, comme l'indique le verbe חתן *ḥatan* (devenir/se faire le gendre de) et ses dérivés employés pour parler du mariage, même si cela n'était sans doute pas la règle.

Il ne faut donc pas solliciter à l'excès la pratique. Ce qui est souligné ici, c'est avant tout l'initiative. L'homme devenu adulte, est appelé à prendre son autonomie vis-à-vis de ses parents et à s'émanciper en construisant son propre ménage. Cela nécessite une rupture. De la relation filiale il passe à une relation conjugale, les deux mouvements étant impliqués l'un dans l'autre[33]. Aussi cette image sera-t-elle constamment utilisée pour décrire la relation qui lie Dieu à Israël.

La compréhension des mots « les deux deviendront une seule chair » est assez discutée. On les interprète tantôt comme faisant allusion aux relations sexuelles[34], tantôt simplement comme désignant la communauté conjugale totale du couple, c'est-à-dire une communauté d'amour des cœurs[35], tantôt encore comme décrivant une relation dans laquelle le corps est certes important, sans que cela implique forcément les relations sexuelles. Mais on les comprend surtout comme « l'unité la plus profonde, non seulement l'union spirituelle, mais l'union à la fois de l'esprit et du corps, la communauté de personnes la plus totale[36] », « une commune croissance vers une unité semblable à celle de deux êtres humains possédant seulement "une chair"[37] ».

---

[33] M. Gilbert (1978), « "Une seule chair" (Gn 2. 24) », in *NRT*, p. 73.

[34] Entre autres : H. Gunkel (1969), *Genesis*, Göttingen, p. 13 ; P. Heinisch (1930), *Das Buch Genesis*, p. 119 ; P. Grelot (1962), *Le couple humain dans l'Écriture*, (Lectio divina 31), p. 33.

[35] Entre autres : F. Michaeli (1957), *Le livre de la Genèse*. Chap. 1 à 11, p. 46 ; *Commencements. La Genèse*, coll. *Écouter la Bible* 1, DDB - Droguet-Ardant, 1977, p. 40.

[36] C. Westermann (1970), *Genesis*, (*BKAT.* 1), p. 318. Voir aussi E. König (1925), *Die Genesis*, p. 220.

[37] Junker, *Genesis*. p. 16.

La difficulté réside essentiellement dans le sens à donner au mot בָּשָׂר *basar* (chair, viande). Quoique dans quelques rares textes le terme désigne l'organe génital de l'homme (Lv 15.2-3 ; Ez 16.26 ; 23.20 tous postérieurs à J), l'Ancien Testament ne l'emploie pas habituellement pour désigner l'acte sexuel[38]. Pour cela, les expressions habituelles sont « connaître » (Gn 4.1), « aller vers » et quelquefois « coucher avec » (peut-être Mi 7.5)[39]. Déjà en Gn 2.23, il ne semble pas désigner autre chose que la peau. L'expression « une seule chair » doit sans doute être comprise en lien avec l'idée de ressemblance exprimée au v. 18 : « une aide comme lui-même/semblable à lui-même », en sorte que « devenir une seule chair » pourrait être une conséquence d'être des répondants. De façon dialectique, on ne peut parler de l'union des corps que lorsque l'altérité est reconnue et acceptée, ce que semble avoir manqué Adam, même si le narrateur semble considérer cette expression comme un synonyme de « os de mes os et chair de ma chair ».

Quelques remarques générales s'imposent à ce stade de notre analyse. D'abord sur le caractère folklorique et oral de cette histoire. Le mode de pensée et d'élocution, ainsi que la structure du micro-récit de la formation de la femme inscrivent celui-ci dans un environnement folklorique. L'exégèse juive prolonge en quelque sorte cette pensée mythique transmise de génération en génération, par le bouche-à-oreille. La tradition yahviste et plus tard l'auteur de la transcription écrite de cette tradition dans le Pentateuque ont certainement puisé de ce lieu commun quasi-international dans l'Orient prébiblique.

Ensuite, sur le symbolisme culturel et psychologique. L'histoire de la formation successive de l'homme et de la femme, par-delà l'habitus de préséance de l'homme sur la femme qu'elle colporte ou dont elle témoigne, symbolise surtout l'irréductibilité de l'altérité et du langage par lequel celle-ci s'exprime et se déploie. Cette altérité est à la fois souhaitée et redoutée et c'est ce que traduit, en un certain sens, l'exclamation ambiguë d'Adam : « celle-ci est l'os de mes os et la chair de ma chair. » Besoin impérieux d'être « une seule chair » dans une communion de corps et d'esprit, mais aussi envie refoulée ou non de l'homme de s'assimiler cette femme, de la dominer comme le montrera le verdict de Dieu en Gn 3.16 suite à la chute, donc de lui refuser le droit à la différence. Telle est l'ambiguïté de ce premier couple pourtant vanté à souhait : « Il n'est pas bon que l'humain soit seul. » Telle aussi est l'ambiguïté de tous les couples d'humains, voire de toutes les relations humaines.

---

[38] Voir M. Gilbert, « "Une seule chair" (Gn 2.24) », in *NRT*, 1978, p. 66-89, spéc. p. 72-84.

[39] J. Koulagna, « Les mots סכנת ותהי־לו dans 1 Rois 1,2 », *XIV*[th] *Congress of the IOSCS*, 2013, p. 710-711.

4. Genèse 3 : le choix de la désobéissance ou une mauvaise lecture de l'ordre donné ?

Il y a une difficulté dans l'enchaînement des éléments des versets 8 à 17 de Genèse 2. Mais comme dans la note 9 du présent chapitre, si on considère les v. 10-14 comme une parenthèse, les v. 16-17 se lisent à la suite de 8-9. YHWH Dieu plante dans le jardin toutes sortes d'arbres fruitiers ainsi que deux arbres spéciaux dont un est situé et nommé : l'arbre de vie, au milieu du jardin, et un autre seulement nommé, mais pas situé : l'arbre de la connaissance du bien et du mal. Il offre ensuite tous les arbres comme nourriture à l'homme, mais introduit ensuite une restriction : « *Mais l'arbre de la connaissance du bien et du mal, tu n'en mangeras pas ; car le jour où tu en mangeras, tu mourras certainement* » (litt. mourir tu mourras – מוֹת תָּמוּת *mot tamut*).

L'identité de cet arbre de la connaissance du bien et du mal, ainsi que le récit dit de la chute en Genèse 3, a fait l'objet d'interprétations extrêmement variées, quelquefois fantaisistes, voire ésotériques[40]. Dans la kabbale, le *Zohar* met l'arbre de la vie et celui de la connaissance du bien et du mal en relation, entre autres, avec les tables de la Loi données par Moïse au Sinaï. Il enseigne que

> les premières Tables émanaient de l'Arbre de Vie, mais qu'Israël en faisant le veau d'or, n'a pu profiter de cette lumière. Moïse leur donna alors d'autres Tables liées à l'Arbre du Bien et du Mal avec des préceptes positifs et des préceptes négatifs (ceci est permis, ceci est interdit). Les secondes Tables représentaient la manifestation brisée de cette Lumière[41].

Il n'est guère important de nous attarder sur ces interprétations.

En outre, le récit ne dit pas pourquoi Dieu interdit cet arbre. Dans l'ordre qu'il donne, il ne parle pas de lui-même, mais uniquement de l'homme. André

---

[40] Omraam Mikhaël Aïvanhov écrit : « Comme l'univers, l'homme est fait de deux régions : une région supérieure qui correspond à l'Arbre de la Vie, et une région inférieure qui correspond à l 'Arbre de la Connaissance du Bien et du Mal, là où sont les racines des choses. Les fruits de l 'Arbre de la Connaissance du Bien et du Mal possédaient des propriétés astringentes si puissantes que les premiers hommes ne pouvaient y résister. Ils représentaient le courant *coagula*, et le Seigneur savait que si Adam et Ève entraient en contact avec lui, cela changerait aussitôt la qualité de leur état de conscience (...). En interdisant aux premiers hommes de manger de ces fruits-là, c'est-à-dire d'étudier ce courant, d'expérimenter ces forces de la nature, Dieu voulait les préserver de la souffrance, de la maladie et de la mort – la mort du corps physique, évidemment, pas la mort de l'esprit, car ils avaient été créés immortels. Mais ils sont morts à leur état lumineux, et ils sont devenus vivants pour un autre côté, ténébreux et lourd. Ils ont donc dû quitter ce royaume, ce Paradis où ils vivaient dans la légèreté, la lumière, la joie, et descendre dans les couches inférieures de la terre, là où nous vivons aujourd'hui, car si nous sommes maintenant sur cette terre, c'est que nous avons quitté la terre qui fut notre première patrie ... ». Voir O.M. Aïvanhov, *L'arbre de la connaissance du bien et du mal* (7e éd.), 2001, p. 17-18.

[41] *Le livre du Zohar (Sefer ha-zohar)* 1, fol. 26b-27a, p. 167-168.

Wénin[42] suggère que l'interprétation de cet ordre revient à l'homme lui-même qui peut le comprendre de deux manières. La première, suggérée par le serpent à la femme (Gn 3.5), est que Dieu veut conserver à lui seul l'exclusivité de la connaissance de ce qui est bien et mal pour l'humain et, pour éviter que celui-ci ne s'empare de cette connaissance, il assortit son ordre de la menace d'une punition de mort. La seconde interprétation possible est que loin de le menacer de mort en cas de désobéissance, Dieu avertit plutôt l'humain et le met en garde contre le franchissement indu d'une limite. Ce faisant, il partage plutôt avec lui cette connaissance en lui indiquant une voie de malheur et de mort pour lui conseiller de l'éviter. Nous n'insisterons pas davantage sur cette question.

Il convient cependant de remarquer que cette histoire indique un autre aspect de la responsabilité de l'homme, celui des choix dans sa relation à Dieu. YHWH Élohim, après avoir fait l'homme, l'a placé dans des conditions idéales pour sa survie et son épanouissement, un jardin de délices comme l'indique le nom Éden. Mais l'homme doit à présent pouvoir montrer sa capacité à répondre positivement à cette disposition première du Créateur, c'est-à-dire à garder sa loi. En fait, cette histoire, et d'ailleurs l'ensemble de l'histoire des origines (Gn 1-11), est construite à la lumière de celle de l'Exode qui la sous-tend et dans laquelle Dieu fait sortir les Israélites de l'Égypte et les met en liberté, avant de leur donner la loi.

Du don de la vie et du paradis à la loi et à sa violation, il y a une rupture. C'est pourquoi le récit se poursuit dans la chute en Genèse 3. On se serait logiquement attendu, après l'installation dans le jardin et la création de la femme, à ce que l'aventure humaine se poursuive par la procréation et une première organisation sociale. Mais ce qui arrive, c'est cette rupture, narrativement préparée par l'arrivée de la femme qui va se trouver au cœur du processus dont le point de départ est cette même loi. Dans un univers qui n'était que sollicitude et innocence humaine va s'insinuer le doute, des questions et la suspicion[43].

Lorsque survient le serpent dont le récit dit qu'il était le plus rusé (עָרוּם 'arum – remarquez le jeu de mots avec l'homme et la femme qui étaient nus – עֲרוּמִּים 'arummîm, 2, 25) de tous les animaux sauvages, c'est chez Ève, qui plus tard le présentera à son tour comme trompeur (3.13), qu'il se dirige. Et à la question : « Dieu a-t-il vraiment dit : "vous ne mangerez pas de tous les arbres du jardin" ? » Ève donne une réponse fort différente de l'instruction initiale.

---

[42] A. Wénin, *Abraham*, p. 64.
[43] Joosten, « Jardin d'Éden », p. 494.

Gn 2.17	Gn 3.3
‫...‬ וְעֵץ הַחַיִּים בְּתוֹךְ הַגָּן וְעֵץ הַדַּעַת‫17‬ טוֹב וָרָע	‫3‬וּמִפְּרִי הָעֵץ אֲשֶׁר בְּתוֹךְ־הַגָּן אָמַר אֱלֹהִים לֹא תֹאכְלוּ מִמֶּנּוּ וְלֹא תִגְּעוּ
... et l'arbre de la vie au milieu du jardin, et l'arbre de la connaissance du bien et du mal.	*Mais du fruit de l'arbre qui est au milieu du jardin, Dieu a dit : vous n'en mangerez pas et vous n'y toucherez pas.*
וּמֵעֵץ הַדַּעַת טוֹב וָרָע לֹא תֹאכַל מִמֶּנּוּ	
Mais l'arbre de la connaissance du bien et du mal, tu n'en mangeras pas.	

Quelques différences majeures apparaissent :

- En Gn 2.17, l'arbre du milieu du jardin est l'arbre de la vie, alors qu'en 3.3, l'arbre du milieu du jardin est implicitement celui de la connaissance du bien et du mal. Le passage de « tu » à « vous » est due simplement au fait qu'en 2.17 Dieu s'adressait à Adam seul (Ève n'étant pas encore là) et qu'en 3.3 le commandement s'impose à eux deux ;
- Gn 2.17 parle de l'arbre, alors qu'Ève en Gn 3.3 parle du fruit de l'arbre : elle l'a interprété ;
- En Gn 2.17, la mort est présentée comme une sanction/punition de la transgression (*le jour où tu en mangeras, tu mourras certainement*), tandis qu'en Gn 3.3, elle est présentée comme une conséquence (*de peur que vous ne mourriez*), un peu comme si le fruit en question portait en lui-même la cause de la mort, un poison par exemple ;
- Une expansion dans la reprise 3.3 : « *et vous n'y toucherez pas* ».

Comment expliquer ces divergences ? Premièrement, la question du serpent est ambiguë à dessein. La ruse porte sur le sens du mot hébreu כֹּל *kol* (= tout ou aucun). Elle peut vouloir dire : « *Dieu a-t-il vraiment dit : "vous ne mangerez pas de tous les arbres du jardin" ?* » À cela la réponse est « oui » puisqu'il y en a un dont il ne faut pas manger ; l'insinuation du serpent n'est pas fausse dans ce cas.

La question peut cependant aussi vouloir dire : « *Dieu a-t-il vraiment interdit de manger de tous les arbres du jardin ?* » ou « *Dieu a-t-il vraiment dit : "vous ne mangerez d'aucun arbre du jardin" ?* » C'est ce qu'Ève a compris, et la réponse ici est « non », puisque c'est un seul arbre qui est interdit de consommation. Dans sa réponse, elle fait une mise au point qui corrige l'interprétation fausse, mais ce faisant, elle tombe néanmoins : elle focalise sur l'interdiction plutôt que sur le don divin fondé sur la grâce (*tu pourras manger de tout arbre du jardin*). Elle fait passer l'interdiction avant le don gracieux ; elle escamote le don qu'elle considère comme un acquis et accentue l'interdit[44]. Dans le dialogue avec le serpent, au lieu d'être témoin de la grâce de Dieu dont elle prend pourtant la défense, la femme finit par se constituer en juge autonome de celui-ci. C'est en cela que la ruse du serpent a fonctionné ; elle engendrera ensuite la convoitise, puis la désobéissance.

Deuxièmement, Ève n'était pas encore là lorsque Dieu donnait cette instruction, puisqu'elle a été créée plus tard ; on peut donc en déduire que c'est par la transmission de son mari qu'elle en a eu connaissance. Cela correspond à l'événement du don de la loi au Sinaï : donnée aux « fils d'Israël », cette loi est proclamée dans l'assemblée aux hommes pères de famille qui, à leur tour, sont censés la transmettre à leurs familles respectives. « La préséance du sexe masculin est une réalité quotidienne dans la vie de l'Israélite à qui le texte s'adresse en premier lieu[45]. » Il est donc possible que certaines divergences proviennent de la transmission par Adam qui, selon une opinion rapportée par le *Midrash Avot* de Rabbi Nathan, aurait voulu « faire une haie autour de la parole de Dieu » et que les choses auraient mal tourné. Le serpent, voyant bien qu'Adam avait ajouté à la parole de Dieu, s'est approché de la femme en lui disant : « Si c'est toucher qu'il ne faut pas faire, voici je touche et je ne meurs pas ! » Et il aurait secoué l'arbre au point de faire tomber ses fruits. Ève en aurait déduit : « Tout ce que mon maître (*rabbi*) m'a commandé est faux », et ainsi elle aurait mangé du fruit interdit[46]. Quoi qu'il en soit, le résultat est que l'ordre divin a été modifié dans la réponse d'Ève.

Une troisième explication est possible : le caractère oral du récit. L'on peut certes faire l'hypothèse que le narrateur ait délibérément transmis le commandement de Dieu de façon incomplète la première fois pour la compléter plus tard par la bouche de la femme ou pour laisser le lecteur combler lui-même les trous. Mais dans ce cas, une différence qualitative comme le passage du singulier « tu » au pluriel « vous » reste sans explication. Un tel passage est plus naturel dans un discours oral spontané. Il pourrait alors s'expliquer par une

---

[44] *Ibid.*, p. 595.

[45] *Ibid.*, p. 497. En note à cette même page, l'auteur ajoute : « Les Dix Paroles sont prononcées en présence de tout le monde, mais même là, la loi est formellement adressée aux hommes au moyen de la deuxième personne du masculin singulier. La loi s'adresse d'ailleurs directement aux hommes lorsqu'elle emploie des termes comme : "ta femme", "ta maison". »

[46] *bAvot* 1, 1. D'après Joosten, cette interprétation, quoique fantaisiste, demeure intéressante sur au moins un point. Adam aurait adapté le commandement en fonction de sa propre compréhension et aurait même en quelque sorte infantilisé la femme en lui disant : « Attention, il ne faut pas manger du fruit de l'arbre ! Il ne faut même pas y toucher ! » De plus, au lieu d'utiliser le terme compliqué : « l'arbre de la connaissance du bien et du mal », il aurait choisi de faire plus simple en parlant de l'arbre du milieu du jardin. Et au lieu de présenter la mort comme une sanction de la désobéissance éventuelle, il l'aurait présentée comme une conséquence inhérente à l'action elle-même. Cf. *Ibid.*, p. 498.

adaptation contextuelle : la loi divine a été donnée à Adam seul, alors que sa reprise d'abord par le serpent dans sa question, puis par Ève dans sa réponse, sous-entend la présence des deux. Ceci pourrait laisser supposer, sur le plan narratif, que Dieu aurait redonné la loi une fois Ève arrivée sur la scène, ce que le récit ne dit pas.

Néanmoins, en considérant le récit de la création et celui de la chute comme deux récits indépendants appartenant aux traditions d'origine yahviste rassemblées après coup par l'auteur de la composition du Pentateuque, il devient plausible de penser que les divergences entre Gn 2.17 et Gn 3.3 reflètent un scénario d'après lequel l'histoire des arbres offerts et de l'arbre défendu ait été redite oralement à des occasions diverses et avec des variantes locales et contextuelles. La fusion des deux récits peut ainsi avoir conservé deux versions d'une même tradition.

Quoi qu'il en soit, cette instruction divine est, dans ce récit des origines, le point de départ d'une aventure humaine qui a commencé bien mal, du point de vue de la tradition yahviste : elle a commencé par le choix de la désobéissance dont le processus a commencé par la ruse du serpent, s'est poursuivi par une lecture erronée suggérée par celui-ci, et qui a conduit à la convoitise, à l'ingratitude[47] et au refus par l'humain de son statut. Le serpent a ainsi réussi à semer la zizanie entre les humains et YHWH Dieu.

III. Le récit P (Gn 1.1-2, 4ᵃ) : le shabbat comme clef de lecture de la création

Depuis l'apparition des premières traditions sur les origines au début de l'époque royale et peut-être avant, du temps est passé et l'expérience royale a elle-même pris fin avec l'exil babylonien au VIᵉ siècle av. J.-C. Pendant l'exil, le questionnement sur la cause de cette catastrophe politique et religieuse a donné lieu à une vaste réflexion sur le devenir d'Israël. Deux mouvements conduisirent cette réflexion qui aboutit à la composition de la grande fresque historique constituée par l'Ennéateuque ainsi qu'à une réédition systématique des oracles d'anciens prophètes, notamment ceux du VIIIᵉ et du VIIᵉ siècle, ou à la production de nouvelles œuvres (par ex. les prophètes du VIᵉ siècle tels que le Deutéro- et le Trito-Ésaïe). Ce travail s'est poursuivi quelques siècles encore

---

[47] Cette ingratitude sera poussée à son comble lorsqu'Adam dira pour se justifier : « La femme que tu as mise auprès de moi, c'est elle qui m'a donné du fruit de l'arbre, et j'en ai mangé » (Gn 3.12).

avec la reconstruction institutionnelle et la mise en place d'une réforme religieuse pratiquement jusqu'à la fin de l'époque perse.

Le récit P de la création appartient à ce contexte à la fois intellectuel et religieux. En recevant l'ancienne tradition, l'auteur sacerdotal la reconstruit à la lumière de cette réflexion et dans la perspective d'un renouveau religieux, en particulier pour fonder l'institution du shabbat. Ce deuxième récit de la création, qui apparaît en premier dans la chronologie de Genèse et est bâti sur une semaine dont le couronnement est le shabbat, s'offre donc à lire comme nous le verrons plus loin, à partir de la fin. Il répond subsidiairement à la question de savoir comment les choses sont et présente l'humain comme le couronnement de la création matérielle.

1. Le problème de l'ouverture

En observant les variations dans nos versions modernes de la Bible, le lecteur peut se rendre compte, même sans avoir une connaissance de l'hébreu biblique, qu'il y a une difficulté dans les premiers versets. Cette difficulté nourrit d'âpres discussions dans l'exégèse moderne[48]. Prenons le cas d'une version protestante (Louis Segond) et d'une version catholique (la Bible de Jérusalem) d'une part, et de la traduction œcuménique (TOB) d'autre part, pour la section Gn 1.1-2ᵃ.

Louis Segond et Bible de Jérusalem	TOB
¹ Au commencement, Dieu créa le ciel et la terre. ² La terre était informe et vide... (BJ vide et vague)	*¹ Lorsque Dieu commença la création du ciel et de la terre, ² la terre était déserte et vide...*

Les deux premières versions lisent le v. 1 comme une phrase complète alors que TOB le lit comme une proposition subordonnée. Cette difficulté vient de la syntaxe de l'hébreu, qui est très discutée :

¹ בְּרֵאשִׁית בָּרָא אֱלֹהִים אֵת הַשָּׁמַיִם וְאֵת הָאָרֶץ: ² וְהָאָרֶץ הָיְתָה תֹהוּ
וָבֹהוּ וְחֹשֶׁךְ עַל־פְּנֵי תְהוֹם וְרוּחַ אֱלֹהִים מְרַחֶפֶת עַל־פְּנֵי הַמָּיִם:

Les problèmes se trouvent dans le premier mot : בְּרֵאשִׁית *bᵉrešit*, habituellement rendu par « au commencement ». Le premier est que la particule בּ (*b*) n'est pas déterminée ; elle n'a pas d'article comme dans בַּיּוֹם *bayyom* (au jour, quand). Le second est le mot רֵאשִׁית *rešit* : est-il à l'état construit ou à l'état absolu ? Si רֵאשִׁית est à l'état absolu, un article aurait été nécessaire pour

---

[48] Nous laisserons ici de côté l'exégèse, tout aussi animée, de la littérature rabbinique.

déterminer le commencement absolu soutenu par l'exégèse juive et ecclésiale ; sans cet article, il s'agit d'un commencement indéterminé à sens verbal (à un commencement = en commençant). Les versions Segond et de la Bible de Jérusalem supposent cet article, soit pour des raisons dogmatiques, soit au bénéfice du doute en partant du texte consonantique.

Si par contre il est à l'état construit, la construction sur un verbe conjugué à l'accompli, dans un texte en prose, est plutôt étonnante. Dans ce cas, le verbe est normalement à l'infinitif qui a une valeur nominale. On en trouve des exemples dans Gn 2.17 (אֲכָלְךָ בְּיוֹם *beyom 'akholkha – le jour où tu mangeras*, litt. « le jour de ton manger ») et sa reprise en 3.5 (אֲכָלְכֶם בְּיוֹם *beyom akholkhem – le jour où vous mangerez*, litt. « le jour de votre manger »), et Gn 5.1 : בְּיוֹם בְּרֹא אֱלֹהִים אָדָם *beyom bero' 'Elohim 'Adam – le jour où Dieu créa* [litt. « du créer de »] Adam). Dans ce cas aussi l'état construit peut être précédé du pronom relatif אֲשֶׁר *'ašer* (ex. Dt 27.2 : בְּיוֹם אֲשֶׁר תַּעַבְרוּ אֶת־הַיַּרְדֵּן = le jour où [= quand] tu auras passé le Jourdain)[49]. C'est l'option prise par la TOB.

- Mais une troisième syntaxe est possible :

    1. Au commencement de la création du ciel et de la terre, 2. (alors que) la terre était désolation et vide, [qu']il y avait des ténèbres sur la face de l'abîme, et que l'esprit de Dieu planait [pourtant/néanmoins] sur la face des eaux, 3. Dieu dit...

Dans ce cas, le וְ de וְרוּחַ *veruah* a une valeur d'opposition (cf. plus bas). Cette troisième syntaxe souligne un contraste entre le chaos et la présence de Dieu, apparemment passive au départ, pour mieux montrer l'importance de l'activité qui va suivre. Ici les v. 1-2 constituent une succession de propositions subordonnées, et le v. 3, qui constitue le début de la description de l'activité créatrice, est la principale. Cette troisième voie soulève une question théologique qui interroge la doctrine de la création *ex nihilo*, et le rôle de Dieu dans l'apparition de l'univers. Elle confronte l'interprétation traditionnelle avec la syntaxe du texte.

Sur le plan stylistique et sémantique, il y a des éléments qui pourraient passer inaperçus. Déjà dès l'entrée, les deux premiers mots commencent par les mêmes

---

[49] Les exceptions à cela se trouvent dans la littérature poétique (ex. Ps 18.1 ; 119.164 ; 138.3 ; etc.) avec בְּיוֹם. La construction בְּ + nom à l'état construit + verbe à l'accompli dans בְּרֵאשִׁית est donc un cas unique dans la prose de la bible hébraïque. Pour Paul Joüon, la forme בְּרֵאשִׁית soit exprime un passé éloigné (§ 112c, p. 296), soit est un prédicat nominal indéterminé (§ 137k, p. 424), soit encore est une détermination temporelle généralement placée en tête à cause de son importance (§ 155p, p. 476). Voir aussi Robert T. Holmstedt, « The Restrictive Syntax of Genesis i 1 », *VT* 58, 2008, p.56-67: « Gen. i 1 (...), is a restrictive relative clause, the nature of which implies that the traditional understanding of an explicit reference to an 'absolute beginning' is grammatically ill-founded » (p. 56).

consonnes : בְּרָא – *br'* (בְּרֵאשִׁית בָּרָא – *berešit bara'*). Il ne faut peut-être pas solliciter à l'excès l'assonance avec *BR BR*. Elle pourrait être une pure coïncidence, et même le Talmud qui propose une longue spéculation sur le début de la création par un בּ plutôt qu'un א, ne nous avance guère beaucoup. Néanmoins, la Septante qui traduit בָּרָא par ἐποίησεν *'epoiêsen'* (et il fit) plutôt que par son équivalent habituel κτίζω *'ktizô'* (créer)[50], pourrait faire penser que dans le texte hébreu, le choix de בָּרָא a pu être conditionné par le premier mot et que l'assonance ait pu être un choix stylistique conséquent. Mais arrêtons là la spéculation, faute d'éléments de preuve.

Il y a ensuite – et c'est plus intéressant – le choix et l'alignement des mots du v. 2 qui évoquent à l'oreille un ouragan, donc un certain chaos, quelque chose qui inspire la peur avec une rencontre des sons *T-B-H* et *A-O-U* : תֹהוּ וָבֹהוּ וְחֹשֶׁךְ... תְּהוֹם וְרוּחַ... – *tohu vabohu v*ᵉ*hošek... t*ᵉ*hom v*ᵉ*ruaḥ...* (désolation et vide... l'abîme et le souffle...). La désolation est exprimée par ce jeu de consonnes et d'éléments vocaliques. Cette accumulation de termes « désolation et vide », « ténèbres » et « abîme » évoque une absence du vivant ou des conditions propres à détruire ou à empêcher la vie de germer et de se déployer. L'abîme étant dans le contexte de Genèse l'eau sans fond (la mer, l'océan), indique que l'auteur a un rapport à la mer marqué par la peur : ici, l'eau n'est pas la vie ! (contrairement à Gn 2 où l'eau – la pluie notamment – semble être la condition de l'éclosion du vivant).

Notons enfin le souffle/vent de Dieu qui planait (וְרוּחַ אֱלֹהִים מְרַחֶפֶת – *v*ᵉ*ruaḥ 'Elohim meraḥefet*). Trois observations se dégagent : premièrement la valeur de la conjonction « et » (וְ) : une valeur d'opposition, compréhensible si elle est rendue par « mais » – la terre était désolation et vide certes, mais le souffle de Dieu y planait. Ce chaos n'était donc pas sans contrôle, puisque le souffle de Dieu avait quelque chose à y voir, y avait une place.

Deuxièmement, le sens même du mot רוּחַ – *'ruaḥ'*. Beaucoup de nos versions modernes le rendent par « esprit ». Le contexte suggère de le rendre plutôt par « vent ». Dans la bible hébraïque, le complément de nom « de Dieu » exprime parfois un superlatif. Par exemple, l'expression « montagnes de Dieu » peut désigner une très haute montagne (Ps 36.6 ; peut-être Ez 28.16), les « cèdres de Dieu » de très grands cèdres (Ps 80.10), ou encore les « étoiles de Dieu » de très nombreuses étoiles (Es 14.13)[51]. Compris de cette façon, le vent de Dieu

---

[50] W. Foerster, « κτίζω, κτίσις, κτίσμα, κτίστης », in *TDNT* III, 1938, p. 1000–1035 ; E. Bons (2007), « Le verbe κτίζω comme terme technique de la création dans la Septante et dans le Nouveau Testament », in J. Joosten & P.J. Tomson (eds.), *Voces biblicae. Septuagint Greek and the Significance for the New Testament* (CBET 49), Louvain, Peeters, p. 1–15.

[51] Wénin, *Abraham*, p. 29.

pourrait désigner un grand vent, un vent impétueux qui crée des vagues. Le jeu de consonnes et de voyelles évoqué ci-haut exprimerait de façon sonore ce fait[52].

Cela signifie que dans la logique du texte de Genèse 1, le vent de Dieu reste en-dehors du chaos et symbolise sa puissance contrôlant ce dernier[53]. Ce qui nous conduit à la troisième remarque : le choix du verbe « planer » (רָחַף rahaf), très rare dans le texte massorétique – 3 fois seulement (Gn 1.2 ; Dt 32.11 et Jr 23.9), avec un sens assez incertain (la Septante le traduit chaque fois par un terme différent). Dans Deutéronome 32, il est employé pour l'aigle qui plane au-dessus de ses petits. Ce terme évoque une idée de prestance, de majesté, de protection, mais aussi de maîtrise et de domination. Le souffle/vent/esprit de Dieu domine et contrôle le chaos[54].

La valeur symbolique et sémantique de ce détail est peut-être de poser d'emblée Dieu comme le maître de la création, en réaction, comme déjà évoqué plus haut, contre l'idolâtrie des peuples voisins, notamment des Égyptiens, mais aussi et surtout des Babyloniens[55]. Dans ce cas, la question de la préexistence du chaos suggérée par la syntaxe à propositions subordonnée ne semble donc pas se poser pour l'auteur, en tout cas pas de la manière dont elle se pose pour le lecteur d'aujourd'hui ; elle semble même lui être étrangère[56].

2. La création comme séparation

Les quatre premiers jours, l'activité de Dieu consiste en deux phases : la parole qui ordonne la venue à l'existence et transforme le chaos, puis l'organisation basée sur le principe de la séparation. Celle-ci est exprimée par des termes caractéristiques récurrents :

---

[52] Il faut noter cependant que dans ces exemples, Dieu est noté simplement אל et non אלהים.

[53] Id.

[54] Dans Jérémie 23, c'est plutôt le sens de « trembler », assez éloigné de celui de Genèse et Deutéronome.

[55] *NLT Study Bible: Genesis 1-12*, Tyndale House, Carol Stream, 2007 (1996, 2004): « This part of Genesis deals with fundamental question: Who created the world, and for what purpose? Why is the world in its present condition? Genesis answers these questions, dispelling the idolatry that Israel had acquired from their pagan masters in Egypt » (p. 22).

[56] L'auteur sacerdotal ne semble point préoccupé par la question de l'origine de ce chaos. Cela est peut-être une réminiscence de la conception du monde comme éternel : le chaos semble en effet être apparu de lui-même ou être éternel, même si cette hypothèse est contraire à l'intuition générale du récit. Cf. J. Chevalier, *Leçons de Philosophie, tome II : Morale et Métaphysique*, 1943, p. 642.

- Le verbe בדל – *bdl* (séparer – toujours à la forme intensive, le *piel*). Toutes les six occurrences dans Genèse (sur les vingt du Pentateuque) sont concentrées ici ;
- Les expressions לְמִינוֹ et לְמִינֵהוּ *lemino* et *leminehu*, de מִין *min* (espèce – selon son/leur espèce) ;
- La construction בֵּין ...וּבֵין *ben uven* (entre [A] et [B], litt. « entre... et entre » – בֵּין הָאוֹר וּבֵין הַחֹשֶׁךְ *ben ha'or uven hahošekh* – v. 4), avec sa variante בֵּין... ל... *ben l...* - בֵּין מַיִם לָמָיִם *ben mayim lamayim* – v. 6).

Hormis ces éléments, il y a les opposés ou binômes (soir et matin) qui marquent la séparation des jours, et cette séparation est opérée par les luminaires (soleil et lune), haut et bas (les eaux d'en haut et celles d'en bas), lumière et obscurité, jour et nuit, terre et mer, ciel et terre, mâle et femelle, etc. Même les astres sont séparés en trois catégories : les grands luminaires et les étoiles (considérés implicitement comme petits), les grands étant encore distingués en « plus grand » et « plus petit » (v. 16).

Il apparaît assez clairement que le principe de séparation est fondamental dans la théologie sacerdotale de la création, en tout cas dans les v. 3-10, 27 ; il est essentiel à l'existence et à l'identité des choses : la terre (l'univers habité) existe par rapport au ciel, le continent (la terre ferme) par rapport à l'océan, la nuit par rapport au jour, la femme (ou la femelle) par rapport à l'homme (ou le mâle), une espèce par rapport à une autre, etc. Alain Marchadour affirme ainsi que « tout ce qui existe est fait, advient à l'existence par la parole séparante de Dieu[57] ». Ces séparations « fondent la différence de chaque réalité[57] et de chaque être en lui posant des limites (...) pour l'inscrire dans un réseau de relations où il trouve sa place, son utilité, sa fécondité[58] ».

Ce principe que l'on rencontre déjà dans les mythes mésopotamiens[59] se retrouve au cœur de toute la théologie sacerdotale. Dans le Lévitique, Dieu distingue le pur de l'impur et le saint (c'est-à-dire le sacré) du profane (Lv 10.10 ;

---

[57] A. Marchadour, *Genèse : commentaire pastoral*, p. 52 ; voir aussi P. Beauchamp, *Création et séparation. Étude exégétique du chapitre premier de la Genèse*, Paris, Aubier Montaigne-Éditions du Cerf-Delachaux & Niestlé-Desclée de Brouwer, 1969 ; C. Westermann, *Genesis: A Practical Commentary*, Grand Rapids, Eerdmans : « The world the human race inhabits emerges from three acts of separation that make it possible for creatures to live on the earth. From these three separations comes the fundamental order of time and space... », 1987, p. 8-9.

[58] Wénin, *Abraham*, p. 33.

[59] La représentation de la confusion initiale (le chaos) en Genèse 1 et 2 dans les termes de « *tohu vabohu* » se retrouve dans le mythe sumérien qui affirme : « Le ciel et la terre étaient confondus lorsque Enlil, dieu suprême, procède à leur séparation. Mais cela ne suffit cependant pas à donner la vie au monde. Celle-ci naîtra du mariage d'Enki, dieu de l'eau, avec Ninki, déesse de la terre ». Samuel N. Kramer, *L'histoire commence à Sumer*, 1957, p. 116.

11.47 et 20.24). Dans le livre d'Exode aussi, le lieu saint est séparé du saint des saints (Ex 26.33). Dans le récit de la création, ce principe de la séparation va plus loin : il montre une préférence de la lumière par rapport à l'obscurité, de même qu'il y aura une préférence pour les eaux d'en haut, c'est-à-dire la pluie qui favorise la vie, au détriment de celles d'en bas, l'eau de mer[60] assimilée à l'abîme.

3. Dire, faire et créer

Contrairement au récit J qui décrit l'activité créatrice de Dieu comme un travail essentiellement manuel (cf. les verbes *former* [pour les créatures ayant un souffle], *planter, faire pousser*), le récit P a une prédilection pour des verbes décrivant une activité plus conceptuelle, avec l'emploi des verbes *dire, faire* et *créer*.

La séquence narrative de ce texte commence au v. 3 par וַיֹּאמֶר אֱלֹהִים *vayyomer Elohim* ([et] Dieu dit). Cette formule va ponctuer toutes les étapes de création de Genèse 1. Le dire de Dieu est plus qu'une parole prononcée, il est créateur d'événement et d'existence. On en compte neuf occurrences dans Genèse 1 sur les 26 au total dans le texte massorétique. Cette parole du Créateur n'est pas seulement une parole usuelle ; elle est une parole spécifique, un ordre. Pour l'auteur sacerdotal, il y a cette conviction que tout ce qui advient découle de cette parole impérative de Dieu[61].

Bien plus, quand il s'agit de la création de l'humain, Dieu se parle à lui-même : « *Faisons l'humain à notre image, selon notre ressemblance* » (v. 26). Puis, bénissant les premiers humains qu'il a créés, il leur parle. En plus de leur demander d'être féconds et de leur donner de la nourriture, à eux et aux animaux (v. 28-29), il les investit d'autorité sur le reste de la création animale : « *remplissez la terre, et assujettissez-la ; et dominez sur les poissons de la mer, sur les oiseaux du ciel, et sur tout animal qui se meut sur la terre* » (v. 28). Par cet acte, Dieu dote les humains de cette parole par laquelle ces derniers pourront entretenir avec lui une relation privilégiée, mais aussi de la parole fondatrice d'autorité et de responsabilité. « *Tu l'as fait presque divin* », chantera le psalmiste (Ps 8.5). L'idée de l'image de Dieu est une tentative d'explication, ou tout au moins une expression variée de l'affirmation d'après laquelle en l'homme il y a quelque chose qui, le différenciant du reste de la création, lui permet d'entrer dans une communication avec Dieu.

---

[60] Note de la *New English Translation* (NET).

[61] Westermann, *Théologie de l'Ancien Testament*, p. 111.

La littérature sapientiale la présentera comme la sagesse (Proverbes 22) et l'Évangile de Jean reprendra, dans son prologue, cette affirmation théologique fondamentale et en arrivera même à la prolonger en faisant de cette parole une hypostase à laquelle il identifiera le Christ, parole incarnée et préexistante de Dieu (Jn 1.1-3).

En plus de cette parole créatrice, l'auteur sacerdotal fait accompagner l'œuvre de Dieu par une autre parole, une note appréciative qui revient comme un refrain : « *Dieu vit que c'était bien* » et même très bien, même si l'homme peut trouver certains aspects de cette création pas toujours bons, incompréhensibles ou même effrayants. La parole de Dieu ne crée donc pas que l'univers et ce qu'il contient, elle est aussi créatrice de jugement. Dans le récit J, elle instruit le procès de la désobéissance (Gn 3.9-20). Toute l'histoire d'Israël, ainsi que celle du salut, se déroulera dans le cadre de cette parole : l'élection, la promesse, l'alliance et le don de la loi, la prophétie, etc. L'action de Dieu se déroule par le moyen de la parole.

À côté de cette parole impérative, le récit P emploie les verbes עשׂה *'sh* (faire) et ברא *br'* (créer) et d'autres termes connexes pour décrire l'activité de Dieu. On sait déjà que ברא est plus souvent associé à Dieu comme sujet, tandis que עשׂה a ordinairement pour sujet Dieu ou l'humain. D'étymologie incertaine, le verbe ברא a peut-être le sens initial de « couper », « tailler », « séparer » (se réfère souvent, on vient de le dire, à une action de Dieu, sauf en Jos 17.15, 18 ; Ez 21.24 et 23.47 où des formes verbales de la même racine renvoient à des actions humaines), « faire du nouveau ou du neuf », « susciter un événement » (Ex 34.10 ; Nb 16.30 ; Es 48.7). Il n'implique pas nécessairement l'absence de toute matière préexistante.

Dans le récit de Genèse 1, il reste difficile de dégager une logique systématique dans l'emploi de ces deux verbes. Les remarques générales suivantes peuvent être faites :

- Tantôt Dieu ordonne par sa parole et la chose surgit. Ex. : la lumière (v. 3) ;
- Tantôt il dit et fait. Ex. : le firmament (v. 6-7), les luminaires (v. 14-16), les bêtes de la terre (v. 24-25) ;
- Tantôt il semble créer sans avoir besoin de faire usage de sa parole, de dire au préalable. Ex. : les grands monstres aquatiques et les oiseaux (v. 21) ;
- Tantôt il conçoit en parlant à lui-même en termes d'action (« faisons ») et crée. Ex. l'humain (v. 26-27).

L'impression globale est que les deux verbes, hormis peut-être au v. 1, semblent être employés indifféremment, simplement comme des synonymes ; établir une hiérarchie de sens entre בָּרָא et עָשָׂה serait donc, dans les récits de la création et dans l'ensemble de l'Ancien Testament, sans fondement. Il en est à peu près de même des verbes connexes : דָּשָׁא *dš'* (produire, faire pousser, faire germer – v. 11) et יָצָא *yç'* (sortir, apparaître – v. 12). La terre produit elle-même (sur ordre de Dieu) la végétation. De même, la mer produit (שָׁרַץ *šrç*) les animaux aquatiques. Parfois il ordonne à la terre (v. 11-12, 24-25) ou à la mer (v. 20) de produire de la végétation ou des animaux qui les habitent, et elles obéissent. Ainsi, la végétation, les animaux terrestres et marins sont générés par la terre et la mer elles-mêmes, sur l'ordre divin.

4. Lire le récit à partir de la fin

Deux éléments peuvent être relevés ici : la conception et la création de l'humain d'une part, et le shabbat d'autre part. Contrairement aux éléments précédents où Dieu crée simplement en ordonnant l'existence, il se parle à lui-même et conçoit une idée avant la création de l'être humain : « faisons (נַעֲשֶׂה *na'aseh*) l'humain, à notre image (בְּצַלְמֵנוּ *bᵉçalmenu*), selon notre ressemblance (כִּדְמוּתֵנוּ *kidmuthenu*) ». Il le conçoit semblable à lui-même.

Le mot צֶלֶם *çelem*, de la racine verbale צלם qui veut dire « tailler », « façonner », et est régulièrement traduit par « image ». צֶלֶם signifie littéralement « ombre » et équivaut au grec εἰκών *eikon*. Il renvoie à l'ombre ou au reflet (image) d'un père sur son fils (Gn 5.3) ou de Dieu sur l'homme (Gn 1.26 ; 9.6). Le terme דְּמוּת *dᵉmut*, de la racine verbale דמה *dmh* qui signifie « ressembler à », équivaut à ὁμοίωμα et ὁμοίωσις en grec. Il signifie alors « reproduction », « imitation », « réplique », copie d'un objet accompagné de son plan (2 R 16.10). Les deux termes sont utilisés simultanément et souvent l'un pour l'autre. Mais initialement, צֶלֶם faisait beaucoup plus allusion à une ressemblance physique, et דְּמוּת en réduit la portée trop matérielle.

L'idée de l'humain créé à l'image de Dieu n'est pas exclusive à Israël. Elle est très répandue dans le monde antique, et en particulier chez les Babyloniens. *L'épopée de Gilgamesh* en est une illustration. Dans l'ancien Orient, l'image a pour rôle et fonction de représenter quelqu'un. Par exemple, l'image (ou la statue) d'un dieu représentait la présence de ce dieu. On lui adressait à cet effet prières et offrandes. De même, le roi qui faisait dresser son image dans les provinces lointaines entendait se faire représenter par elle d'une façon personnelle et concrète[62].

Un texte égyptien de la fin du IIIe millénaire av. J.-C., dont le contenu est très proche de la théologie biblique de la création de l'homme, affirme :

> Les hommes, troupeaux de Dieu, ont été bien pourvus. Il a fait le ciel et la terre à leur intention, puis il a repoussé le Vorace des Eaux. Il a fait l'air pour vivifier leur narine, car ils sont ses images, issues de ses chairs. Il brille dans le ciel à leur intention, il fait pour eux la végétation et les animaux, les oiseaux et les poissons, pour les nourrir[63].

Ce texte, qui contient des éléments proches à la fois de la tradition J (le souffle de vie dans les narines) et de la tradition P (le rejet des ténèbres de l'abîme – le « Vorace des eaux »), présente la dignité des humains en tant qu'images de Dieu.

En quoi consiste cette ressemblance dans Genèse 1 ? Elle n'est certainement pas physique, puisque Dieu est esprit et donc invisible. Cependant, parler de ressemblance permet ensuite de prêter à ce dernier des caractères et des sentiments humains (anthropomorphisme et anthropopathie) ou, à l'envers, les anthropomorphismes et anthropopathies ont pu dicter cette caractérisation de l'humain comme image de Dieu.

L'image de Dieu n'est pas quelque chose « en l'humain », mais l'humain lui-même. Cette image ne lui a pas été donnée après sa création, mais c'est un don de la création même. On ne peut pas parler de l'humain en dehors de cette image. Le concept de l'image de Dieu en l'humain dans l'Ancien Testament s'adresse à sa communion avec Dieu et à l'harmonie de l'intelligence et de la volonté de cet humain avec celles de Dieu avant la chute.

La suite du récit offre des clefs de lecture : « qu'ils dominent (וְיִרְדּוּ *veyirdu*)... assujettissez-la (וְכִבְשֻׁהָ *neḵivšuha*), dominez (וּרְדוּ *urdu*) ». Notons la construction du v. 26 : « faisons l'homme (au singulier)... et qu'ils dominent (au pluriel) », qui suppose que l'homme est compris comme l'espèce humaine, englobant l'homme et la femme, comme cela devient explicite dans le v. 27 : « mâle (זָכָר *zakhar*) et femelle (וּנְקֵבָה *neqevah*) il *les* créa (בָּרָא אֹתָם *bara' 'otam*). La ressemblance est donc, au moins de ce point de vue, une ressemblance de pouvoir (cf. Ps 8.6 : *Tu*

---

[62] Ceci n'appartient d'ailleurs pas seulement au passé. Aujourd'hui bien des monuments font jouent cette fonction de rendre présents ceux qu'ils représentent (par exemple les statuts des fondateurs de la Corée du nord), de même la photographie (les photos des chefs d'État dans les bureaux, y compris dans les démocraties).

[63] Extrait d'un codicille de l'*Enseignement pour Mérikarê* (rédigé vers 2100 av. J.-C.), trad. de Jean Yoyotte, « La naissance du monde selon l'Égypte antique », in Collectif, *La Naissance du monde*, Paris, Le Seuil, coll. « Sources orientales », 1959, p. 75-76.

l'as fait presque dieu… et tu l'as couronné de pouvoir et de magnificence). L'humain est conçu comme le couronnement de la création. On dirait que tout est préparé pour aboutir à cela.

Le récit P reprend et développe ici la responsabilité de l'humain dans la création en employant les verbes « dominer » et « assujettir », qu'il faudrait sans doute entendre par « contrôler », et qui a été compris, dans le contexte d'une économie intensive, exactement à l'inverse de la pensée J : l'univers au service de l'humain. Il en a résulté une tendance à l'exploitation abusive et à la spoliation de l'environnement, contredisant l'esprit des deux traditions bibliques qui assignent à l'humain une responsabilité semblable à celle de Dieu lui-même[64] : administrer royalement de manière à apporter la vie aussi bien au peuple qu'à l'ensemble de l'univers vivant, en d'autres termes, entretenir un équilibre écologique essentiel et indispensable à cette vie.

Quant au shabbat, il est présenté comme le sommet de la création. Dieu achève son ouvrage… le septième jour qu'il bénit, parce qu'il s'y est reposé de tout son ouvrage. *« Le ciel et la terre furent achevés, ainsi que toute leur armée »* (v. 2). L'expression « armée des cieux » est bien connue dans l'Ancien Testament, mais pas « armée de la terre », ni explicitement, ni même par allusion. La Septante la traduit par : « tout leur univers (πᾶς ὁ κόσμος αὐτῶν) », c'est-à-dire tous leurs composants[65].

Le v. 2 présente une ambiguïté sur ce qu'il s'est passé au septième jour : Dieu a-t-il achevé son œuvre en ce jour (dans ce cas, c'est un septième jour de travail) ou s'est-il reposé ?

> *Dieu acheva au septième jour son œuvre, qu'il avait faite, et il se reposa au septième jour de toute son œuvre, qu'il avait faite.*

Devant cette ambiguïté, des versions anciennes telles que la Septante et la Peschitta, ainsi que le Pentateuque samaritain ont « au *sixième* jour », sans

---

[64] J. Goldingay, *op. cit.*, p. 114ss. Il faut néanmoins remarquer que le vocabulaire P associé à l'image divine et au rapport à la création comporte une certaine violence que l'on ne peut pas ignorer au nom de la morale environnementale. Cette violence est probablement à mettre en relation avec le contexte de l'exil militairement violent et de la reconstruction d'un pays ruiné. Cette reconstruction implique la mise en place d'une économie de production découverte dans la civilisation babylonienne. L'insistance sur le shabbat peut être considéré comme une atténuation de cette économie de production. Voir aussi J. Koulagna (2020) "Adam, dust of the Earth: A Paradise received and incomplete in the Biblical accounts of creation. Some philological observations on the creation accounts", in *Consensus. A Canadian Journal of Public Theology* 41/1, Article 6, p. 4-6, publié aussi dans M. Philip, C. Rimmer & T.S. Tomren (eds), *Religion, Sustainability and Education: Pedagogy, Perspectives, and Praxis Towards Ecological Sustainability*, Steinkjer, Embla Akademisk, 2021, p. 135-138.

[65] Brenton: « the whole world of them »; *NETS* « all their arrangement ».

doute pour corriger ce qui leur est apparu comme une incohérence. L'auteur P ne semble pas se préoccuper de cette incohérence, mais entend accentuer le *septième* jour, le shabbat[66]. Dans ce cas, *finir le travail le septième jour* et *se reposer le septième jour* sont des expressions synonymes. Gunkel considère 1ª comme une variante de 1ᵇ[67].

Une autre lecture de ce septième jour est possible pour comprendre cette apparente incohérence de 2ª : l'activité de Dieu ne se termine pas au soir du sixième jour, mais bien au septième avec la création du shabbat (repos)[68]. Après avoir créé l'univers et ce qu'il contient, Dieu crée le repos comme une institution. La création s'achève donc, non avec les humains, mais avec cette institution.

Cette lecture est déjà connue chez Rachi :

> Rabi Chim'on a enseigné : Étant donné que l'être humain ne sait pas calculer avec exactitude ses moments et ses instants, nous ajoutons une partie de la semaine à la journée sainte du chabath. Le Saint béni soit-Il, en revanche, qui sait calculer avec une précision absolue Ses moments et Ses instants, entre dans le chabath avec une rigoureuse ponctualité, et Il nous donne l'impression d'avoir terminé Son œuvre en ce septième jour. Autre explication : Que manquait-il au monde ? Le repos. Le chabath est venu, et avec lui le repos. Alors seulement l'œuvre de création a été terminée et menée à bonne fin. (*Beréchith raba* 10, 10).

Dieu bénit ce septième jour et le consacre. Le mot שבת *šbt* apparaît pour la deuxième fois, sous sa forme verbale, la première au v. 2, avec une construction quasi-identique (un doublon peut-être) :

v. 2	v. 3
וַיִּשְׁבֹּת ... מִכָּל־מְלַאכְתּוֹ אֲשֶׁר עָשָׂה	שָׁבַת מִכָּל־מְלַאכְתּוֹ אֲשֶׁר־בָּרָא
Il se reposa... de toute son œuvre qu'il avait faite.	*Il se reposa de toute son œuvre qu'il avait créée.*

Remarquez le jeu d'assonance et d'allitération entre les mots שָׁבַת (*šabat* – repos) et שֶׁבַע (*ševa'* – sept) qui ont du sens bien plus dans l'écoute orale que dans l'écriture. Des questions surgissent : quel est ce septième jour ? A-t-il un

---

[66] Elle indique, en tout cas, un certain flottement dans les traditions sur l'institution du shabbat, et montre que même la tradition P n'est pas exempte des variations caractéristiques des traditions orales.

[67] Gunkel, *Genesis*, p. 114. À moins de considérer qu'il s'agisse d'une contamination accidentelle de 1b, ce qui reste à prouver.

[68] Cf. A. Nouis, *L'aujourd'hui de la création*, Lyon, Olivetan, 2001, p. 77.

nom ? Lequel est-il le premier ? Les autres jours sont-ils nommés en-dehors de leur numérotation ? Ces questions interrogent au passage la polémique inutile sur le shabbat dans les églises adventistes du septième jour aujourd'hui.

C'est ici la chute de l'ensemble du récit sacerdotal. Celui-ci se fonde sur et justifie le quatrième commandement du Décalogue, en particulier dans la tradition (ou l'ensemble des traditions) représentée dans Exode 20. Le shabbat est créé pour montrer que l'homme n'est pas fait seulement pour produire – allusion au pouvoir d'assujettir la terre, qui implique le travail et la production et qui est une relecture du récit J dans lequel l'humain est formé pour travailler la terre. La création du shabbat à la suite de l'humain exprime bien l'idée que c'est en vertu de l'image divine que ce dernier doit observer le shabbat, comme un acte de foi. « S'arrêter et regarder est une démarche qui peut permettre à une personne de reconnaître Dieu au commencement, et au centre de sa vie[69]. »

IV. Remarques conclusives

À ce stade de l'analyse, quelques remarques s'imposent. D'abord, les traditions de la création de l'univers dans Genèse s'enracinent dans des traditions plus anciennes de Mésopotamie et d'Égypte. Les variations dont elles témoignent et dont certaines ont pu être interprétées comme des contradictions dans l'exégèse critique moderne s'expliquent en partie par l'extrême variété de ces traditions sources. Celles-ci, en dépit de leur fixation par écrit déjà au IIIe millénaire av. J.-C., ont sans doute beaucoup plus circulé dans l'oralité, surtout lorsqu'on sait que l'écriture était alors une activité sacrée réservée à une élite dans des monastères ou des palais, cette élite étant elle-même, par cette écriture même, gardienne de la tradition orale. L'interprétation des récits bibliques des origines doit pouvoir replacer ceux-ci dans cet environnement culturel à dominante orale.

Ensuite, tout en divergeant dans la manière de présenter les éléments, les récits J et P disent globalement une même théologie, laquelle, dans une polémique plus ou moins ouverte contre les religions proche-orientales, babyloniennes en particulier, posent Dieu comme unique source et auteur de tout l'univers. Les deux récits affirment de façon péremptoire que Dieu a créé le ciel[70] et la terre ainsi que tout ce qu'ils contiennent (Gn 1.1 et 2.4b). Ils témoignent ainsi de la même foi d'un peuple, même si l'expression de cette foi a dû, dans sa formulation, évoluer progressivement. Tandis que la tradition J présente un récit sobre avec un Dieu

---

[69] *Ibid.*, p 83.

[70] Même si J, dans le récit des origines, s'intéresse presque exclusivement à la terre. Le ciel n'est mentionné qu'en rapport avec les oiseaux (Gn 2.19, 20).

artisan et jardinier, donc manuel, le récit P se fait plus solennel et hiératique avec un Dieu de parole et de conception qui procède essentiellement par séparation.

Par ailleurs, dans l'un et l'autre récit, l'humain occupe une place particulière. Le récit J le place au cœur de la création (le monde, surtout la terre, est créé pour lui) et le récit P le situe au sommet de la création matérielle (il est conçu et créé en dernier lieu pour dominer la terre et tout ce qu'elle contient). L'humain est ainsi créé tantôt pour faire comme Dieu, c'est-à-dire travailler cette terre à laquelle il est lui-même identifié mais qui lui est donnée pour être cultivée (Gn 2.5-9), tantôt pour être à l'image et à la ressemblance de Dieu qui l'investit d'autorité sur cette terre dont les produits lui sont offerts (Gn 1.28-29). Les deux récits magnifient également le couple, tantôt en mettant l'accent sur le besoin de relation et de soutien mutuel en sous-entendant la faiblesse de l'homme (2.18), tantôt en le posant comme un préalable à la procréation (1.28).

Enfin, les récits sont symboliques. Dans la tradition P par exemple, le récit de la création, construit selon un calendrier d'une semaine, obéit à un projet liturgique centré sur le shabbat. Celui-ci est présenté finalement comme la dernière création : après avoir créé l'univers et ce qu'il contient en six jours, Dieu crée le repos au septième et le sanctifie, consacrant ainsi l'institution du shabbat. Les polémiques au sujet de la création opposant la science radicale d'une part et le créationnisme d'autre part sont donc étrangères à l'esprit des récits bibliques de la création.

3

Le déluge (Genèse 6-9) : le bal des traditions

L'histoire du déluge est l'une des plus populaires de la Bible. Elle est aussi une des plus répandues géographiquement. On la trouve, à des variantes près et outre les mythes mésopotamiens d'Atrahasis et de Gilgamesh dont elle s'est visiblement inspirée sur l'ensemble du globe, dans de nombreux mythes locaux : depuis la Grèce et l'Inde antiques jusqu'aux cultures contemporaines en Asie, en Amérique et en Afrique. Mircea Eliade indique chez les Indiens l'existence d'un mythe similaire, peut-être d'origine sémitique, attesté pour la première fois dans la *Śatapatha Brāhmana* (I, viii, 1). On y raconte l'histoire d'un poisson avertissant Manu de l'imminence d'un déluge et lui conseille de construire un bateau qu'il tire ensuite vers le nord lorsqu'éclate le déluge[1]. On en retrouve des versions variées dans divers textes de la littérature hindoue.

Dans un grand nombre de cas, le déluge est rattaché à une faute ou à la décrépitude du monde, mais aussi parfois à la seule volonté d'un être divin de mettre fin à l'humanité. Elle ouvre donc la voie à une re-création du monde ou de l'humanité[2]. James G. Frazer a consacré à cette expansion géographique et temporelle du mythe le chapitre V de son volumineux ouvrage mentionné dans le chapitre précédent. Un ouvrage collectif plus récent sous la direction de Jacques Gossart et Patrick Ferryn y est largement revenu, sous le titre évocateur de *Déluges et peuples engloutis*[3].

Le présent chapitre n'a pas l'intention de reprendre ce dossier, ni de proposer un commentaire du récit biblique (Genèse 6-9)[4]. Son objet est seulement de

---

[1] M. Eliade, « Déluge (Les mythes du) », in *EU*, DVD Rom, 2012, 2013.

[2] *Ibid.*

[3] J. Gossart et P. Ferryn, *Déluges et peuples engloutis*, Bruxelles, Kadath/Oxus, 2013, p. 17-130.

[4] Nous parlons ici du récit biblique, au singulier, en considérant l'ensemble du corpus de Genèse 6-9 comme le produit d'une réécriture dont le rédacteur du Pentateuque assume la paternité.

montrer comment différentes traditions sont en dialogue (les traditions bibliques avec les mésopotamiennes) ou s'entrechoquent (les traditions bibliques entre elles) dans la reconstruction biblique de cette histoire devenue un tournant essentiel dans le passage de l'histoire des origines à celle d'Israël ; et comment ces traditions continuent à témoigner d'une spontanéité toute orale alors même qu'elles puisent à des sources passées à l'écriture depuis bien longtemps au moment de leur réception biblique ou proto-biblique.

Dans cette démarche, l'on sera amené à reprendre, pour les réévaluer, les acquis de la critique des sources et des traditions ainsi que de la critique des littératures comparées, avec les questions qu'elles soulèvent quant à la composition du récit biblique du déluge. Une attention particulière sera accordée aux effets culturels et linguistiques particuliers ainsi qu'à des éléments relevant d'une culture globale en contexte. C'est à la lumière de ces effets et de ces éléments que pourront être abordées les questions d'une construction théologique exilique et postexilique qui porte manifestement une signature sacerdotale.

I. Critique des sources et composition du corpus sur le déluge

1. Deux versions du déluge dans Genèse 6-9

La critique biblique moderne a identifié dans le récit de Genèse, avec un assez large consensus, deux versions de l'histoire du déluge, une J et une P, reflétant deux sources de ce récit qui correspondent à la classification des sources dans le système Graf-Wellhausen, et dont on peut schématiser les variations comme suit :

Récit J	*Récit P*
• Emploi du tétragramme יהוה (YHWH) • Anthropomorphisme (ex. Gn 6.5ss ; 8.21) • Emploi du verbe מות (*môt* = mourir) • Pas de précisions statistiques ni de dates • 7 paires d'animaux purs en vue du sacrifice (étonnant : on attendrait cela de P) et 1 des autres animaux • 40 jours de pluie	• Emploi du nom אלהים (Élohim) • Moins d'anthropomorphismes • Le terme תולדות (*tol*ᵉ*dot* = postérité, histoire) • Des précisions statistiques (dates, âges, etc.) • 1 paire de tous les animaux, pas de sacrifice mais une alliance • 150 jours de tsunami – pas de pluie mais jaillissement des sources du grand abîme, les écluses des cieux (cf. Genèse 1)

La question de la composition du récit de Genèse, à savoir laquelle des deux versions a été ajoutée à l'autre, reste en revanche encore très discutée. La plupart des spécialistes admettent (sur la base de la théorie documentaire) que P a été ajouté au récit J. Certains, cependant, pensent le contraire en se basant sur le fait que le récit P est plus complet[5]. Quoi qu'il en soit, on peut remarquer que chacun des deux récits est plus ou moins complet, même s'il manque dans l'un des éléments que l'autre présente en détails, comme par exemple le rapport sur la fabrication de l'arche absent de J.

Dans tous les cas, l'on observe des différences d'orientation nettes entre les deux versions et une cohérence propre à chacune. Par exemple, en ce qui concerne la cause du déluge, l'on observe que les deux traditions, en mettant en relation l'événement du déluge qualifié comme châtiment avec la corruption humaine comme motif de ce châtiment, accentuent néanmoins différemment le thème « faute et châtiment ». Ainsi, chez J, la relation faute-châtiment est un thème fondamental : la création est comme un prélude à la faute qui entraîne le châtiment. La faute par rapport à Dieu est inextricablement faute par rapport au prochain[6].

Chez P par contre, le thème du mal apparaît essentiellement en relation avec le déluge et incidemment seulement en relation avec la faute. Il met l'accent sur la terre qui est corrompue (שָׁחַת šaḥat = corrompre, détruire – s'emploie aussi comme synonyme de רעע ra'a' = faire du mal, être méchant, et la violence (חָמָס ḥamas) ; une corruption qui remplit la terre, sans dire clairement si l'homme est l'auteur de cette corruption et de cette violence ni en quoi elles consistent.

Mais l'histoire de la composition du récit du déluge va bien plus loin qu'une simple superposition de deux récits. Elle interroge l'unité même de chaque tradition, comme c'est le cas dans les descriptions de la situation ayant conduit au déluge (6.1-13).

2. Deux sources et trois traditions sur les causes du déluge

La description de la situation ayant conduit à la décision de détruire le monde par un déluge ne reflète pas seulement deux voix, l'une yahviste et l'autre sacerdotale. Elle révèle trois voix qui reflètent sans doute trois traditions, dont

---

[5] Voir Lloyd R. Bailey, *Noah: the person and the story in history and tradition*, p. 150 ; Joseph Blenkinsopp (1992), *The Pentateuch*, 1989, p. 77-87 – cf. Robert Gnuse, *Misunderstood Stories: Theological Commentary on Genesis 1-11*, 2014, p. 201.

[6] Siegwalt, *L'affirmation de la foi*, p. 113.

deux attribuées au yahviste (que nous appelons J 1 et J 2), comme on peut le voir dans le tableau suivant :

J 1 : Gn 6.1-4	J 2 : Gn 6.5-8	P : Gn 6.11-13
¹ Et il arriva, quand les hommes commencèrent à se multiplier sur la face de la terre et que des filles leur furent nées,	*⁵ Et le Seigneur vit que la méchanceté de l'homme était grande sur la terre, et que toute l'imagination des pensées de son cœur n'était que méchanceté en tout temps.*	*¹¹ Et la terre était corrompue devant Dieu, et la terre était pleine de violence.*
² que les fils de Dieu virent les filles des hommes, qu'elles étaient belles, ils se prirent des femmes d'entre toutes celles qu'ils choisirent.		*¹² Et Dieu regarda la terre, et voici, elle était corrompue, car toute chair avait corrompu sa voie sur la terre.*
³ Et le Seigneur dit, Mon esprit ne contestera pas à toujours avec l'homme, puisque lui n'est que chair ; mais ses jours seront cent vingt ans.	*⁶ Et le Seigneur se repentit d'avoir fait l'homme sur la terre, et il s'en affligea dans son cœur.*	*¹³ Et Dieu dit à Noé : la fin de toute chair est venue devant moi, car la terre est pleine de violence à cause d'eux ; et voici, je vais les détruire avec la terre.*
⁴ Les géants étaient sur la terre en ces jours-là, et aussi après que les fils de Dieu furent venus vers les filles des hommes et qu'elles leur eurent donné des enfants, ceux-ci furent les vaillants hommes de jadis, des hommes de renom.	*⁷ Et le Seigneur dit, J'exterminerai de dessus la face de la terre l'homme que j'ai créé, depuis l'homme jusqu'au bétail, jusqu'aux reptiles, et jusqu'aux oiseaux des cieux, car je me repens de les avoir faits.* ⁸ *Mais Noé trouva grâce aux yeux du Seigneur.*	

Quelques observations s'imposent : J superpose deux traditions, dont il nous est difficile de dire si elles datent d'époques différentes, qui justifient le déluge :

- La première (J 1) décrit le commerce des fils des dieux avec les filles des hommes et l'apparition des géants et des héros comme une conséquence de la multiplication des humains. Mais le lien de ce commerce avec l'histoire du déluge n'est pas clair – voir la discussion à ce sujet plus loin ;

- La seconde (J 2) décrit la méchanceté (רָעָה) humaine qui afflige Dieu au point de le pousser à se repentir d'avoir fait les humains (Gn 6.5-6). Cette méchanceté est décrite comme venant de l'intérieur (imagination et pensée). C'est en fait ici le motif du déluge. Jésus reprendra cette lecture dans les évangiles (Mc 7.15, 20 et Mt 15.18, 20).

En mettant ce passage en relation avec le récit de la création et de la chute, l'on peut comprendre que pour les traditions J (en particulier J 2), la méchanceté (ou la malice) qui pollue la pensée humaine est la conséquence de la désobéissance qui, comme on l'a vu au chapitre 1 de cette étude, consiste en un refus de la part des humains à observer la différence entre eux et le divin. Leur méchanceté consiste dans le fait de vouloir être ce qu'ils ne sont pas. C'est sans doute cela qui crée le lien avec l'histoire du commerce entre les fils des dieux et les filles des humains[7] dont le résultat est l'apparition d'êtres ni humains ni divins. Ces derniers ne peuvent qu'être des tyrans puisque, sur le plan narratif, la méchanceté humaine qui remplit la terre apparaît comme une conséquence de l'apparition des héros (la renommée de ces héros semble liée à cette prolifération de la méchanceté).

Deux histoires différentes appartenant à J sont ainsi rapprochées ici par le narrateur pour justifier le déluge. La première explique en quelque sorte la deuxième, mais de manière tout à fait artificielle. Cette double tradition yahviste ne pose pas seulement le problème de l'unité de cette tradition. Elle suggère qu'en tant qu'une des sources des récits du Pentateuque, elle a pu exister sous des formes locales, peut-être racontées oralement et que le rédacteur les aurait intégrées presque en l'état dans sa reconstruction du récit.

P, de son côté, met l'accent, comme nous l'avons déjà signalé, sur la corruption de la terre et la violence subséquente, sans explicitement indiquer la responsabilité humaine dans cette corruption ni préciser en quoi consiste la violence. John Goldingay suggère, à la suite de Gerhard Von Rad et de David J.A. Clines, de comprendre cette violence non seulement comme physique (le lion mangeant l'agneau), mais aussi (et peut-être surtout) comme une violente rupture d'avec l'ordre juste, celle-ci impliquant par exemple l'oppression des plus faibles par les plus forts[8]. D'où la traduction, dans la Septante, de חָמָס *ḥamas* (violence) par ἀδικία *adikia* (iniquité), par opposition au qualificatif attribué à Noé : juste (δίκαιος *dikaios*). La responsabilité de l'homme est sous-entendue par l'exception de Noé qui est présenté comme ayant la faveur de Dieu parce qu'étant « un homme juste, intègre et [qui] marchait avec Dieu » (v. 9), mais

---

[7] Même si, dans le cas d'espèce, ce sont les fils de Dieu (ou des dieux) qui convoitent les filles des humains, pas l'inverse.

[8] Goldingay, *Old Testament Theology,* p. 165. Cf. G. von Rad, *Old Testament Theology*, vol. 2, 1962, p. 157; David J.A. Clines, *On the Way to the Postmodern*, vol. 2, 1998, p. 514; Id. (1972), « Noah's Flood I: The Theology of the Flood Narrative », in *Faith and Thought* 100.2, 128-142, esp. p. 134.

aussi par l'affirmation d'après laquelle « toute chair avait corrompu sa voie sur la terre » (v. 12), l'expression « toute chair » désignant ici les humains (= « chaque humain »).

La description de P est visiblement à la fois une réadaptation des récits babyloniens et une relecture de ceux de J 1 et J 2 à la lumière du premier fratricide de Genèse 4 et de l'abondante évocation de la vengeance à la suite de cet épisode (v. 14-15 ; 23-24). Ceci se comprend du fait que le terme רָעָה *ra'ah* rendu ici par « méchanceté » décrit souvent, dans l'hébreu biblique, des actes de violence tels que le meurtre, les enlèvements ou le cambriolage (ou le brigandage).

Dans le contexte de la réflexion sur le sens de l'exil babylonien, une telle relecture devait avoir une nouvelle actualité : de même que la violence et la corruption de la terre ont conduit au déluge, de même celles d'Israël ont conduit à la déportation perçue comme une punition divine. Il y a ainsi un lien entre l'histoire du déluge et celle de la déportation babylonienne, celle-ci étant relue à la lumière de celle-là ou, à l'inverse, le récit du déluge étant reçu et reconstruit dans P et dans l'édition finale du Pentateuque de façon à mieux saisir le sens de la déportation.

La description de P n'est donc pas, de ce point de vue, simplement une tradition parallèle ou concurrente, elle représente une réception actualisante des traditions antérieures, notamment celles de J 1 et J 2.

3. En amont, des mythes mésopotamiens célèbres du déluge

Il est bien connu aujourd'hui que, comme de nombreux autres textes de la Bible, en particulier dans les récits de Genèse et les textes législatifs, les récits bibliques du déluge descendent de traditions mésopotamiennes : le mythe sumérien d'Atrahasis et celui d'Utanapishtim contenu dans la tablette XI de l'*Épopée de Gilgamesh* rédigés sur des tablettes de pierre. Ces deux mythes sont si proches qu'il est aisé de penser qu'ils proviennent d'une même source. Leurs structures respectives sont présentées dans le tableau ci-après.

Mythe d'Atrahasis (XVIIIe-XVIIe siècle av. J.-C.)	Tablette XI de l'Épopée de Gilgammesh (VIIe siècle)
Le déluge résulte d'une querelle entre les dieux (Enki et Ellil) suite à la création d'humains trop bruyants. Ellil décide de faire venir sur les humains un déluge.	Les dieux (conduits par Enlil) tombent d'accord pour envoyer un déluge contre les humains (pas de querelle).
Enki en avertit Atrahasis par un songe et lui donne des instructions sur la construction d'un bateau de sauvetage. Il le prévient que le déluge durera sept jours.	Éa en avertit Utanapishtim et lui ordonne de construire un bateau de sauvetage ; celui-ci obéit. Le déluge dure sept jours. Utapanishtim entre dans le bateau avec les siens et les animaux préservés et ferme la porte. Le déluge est si violent que les dieux eux-mêmes prennent peur et se réfugient sur les hauteurs, alors que la déesse Ishtar regrette de l'avoir envoyé.
(Le récit est interrompu)	
À la fin, Atrahasis offre un sacrifice et les dieux se querellent de nouveau pour déterminer les responsabilités.	Après le déluge, Utapanishtim sort du bateau et est saisi par l'ampleur des dégâts. Il offre un sacrifice sur lequel les dieux s'agglutinent comme des mouches. Ishtar les invite à y prendre part, excepté Enlil, auteur du déluge, qui est furieux de ce que des humains aient survécu. Enlil bénit néanmoins Utapanishtim et Ishtar n'oubliera pas ce qui s'est passé.

Les tablettes du mythe suméro-babylonien d'Atrahasis remontent au moins au XVIIe siècle avant notre ère (en sumérien), tandis que celles narrant l'*Épopée de Gilgamesh* ont été retrouvées (en akkadien, langue babylonienne) dans la bibliothèque du grand roi assyrien Assurbanipal à Ninive, qui avait régné au milieu du VIIe siècle. Les deux mythes remontent certainement bien plus tôt que les dates de leurs versions écrites et reflètent sans doute des expériences de catastrophes dues à des inondations, provoquées par une pluie diluvienne ou par un tsunami, mais toutes dévastatrices et interprétées comme résultant d'actions divines. Ils ont sans doute été longtemps transmis oralement, avant l'apparition de l'écriture vers 3200 avant notre ère[9], et se sont répandus dans l'ensemble du Proche et du Moyen Orient où ils sont devenus un élément de la culture globale des peuples de la région, et bien plus.

Dans bien des cultures encore aujourd'hui et en dépit des progrès énormes dans notre connaissance de l'univers, en particulier de la terre et des phénomènes climatiques et physiques, il n'est pas rare que ces phénomènes, lorsqu'ils s'expriment en termes de catastrophes (typhons et cyclones, séismes, éruptions volcaniques...), soient interprétés comme des phénomènes surnaturels, fruits de la colère des divinités locales[10].

Israël appartient bien à cette culture globale, et à ce titre, va réutiliser ce patrimoine commun pour exprimer sa propre vision du monde et de l'histoire, quitte à les réinvestir et même à les réinventer, comme nous avons pu le voir avec les récits de la création, en leur donnant une signification propre, voire apologétique et polémique. Ainsi, le motif de la multiplication anarchique des humains et du désordre subséquent qui trouble la tranquillité des dieux dans le mythe d'Atrahasis, est transformé partiellement[11] en une multiplication du mal qui offense Dieu, et Noé, dont le nom est associé symboliquement à la racine verbale נחם *nhm* qui exprime à la fois l'idée de regret (Gn 6.7) et de consolation (Es 40.1), représente le petit reste dans les traditions prophétiques.

L'idée que Dieu puisse regretter ou s'affliger d'un acte posé par lui-même parce que le résultat obtenu est contraire à celui escompté appartient à un mode de pensée assez familier et est très ancienne. Ésaïe la reprendra dans la parabole de la vigne (Es 5.1-7). On la retrouve également dans plusieurs mythes

---

[9] Cf. « Atrahasis et Utanapishtim, les Noé mésopotamiens », document web anonyme dans http://lesitedelhistoire.blogspot.com/2011/12/atrahasis-et-utanapishtim-les-noe.html, consulté le 08/11/2017.

[10] On le voit régulièrement encore lors des éruptions du Mont Fako (ou Mont Cameroun), près de Buea, au Cameroun.

[11] La transformation est partielle, puisque J 1 reprend, comme on peut le voir dans le tableau ci-dessous, exactement le motif de la multiplication des humains dans le mythe d'Atrahasis (cf. Remo Mugnaioni 2009, « Le Conte d'Atra-Hasīs et le mythe de la création des hommes en Mésopotamie », doc. Web in *agap.mmsh.univ-aix.fr/04vie/doc/bulletin/2009/7.remo_mugnaioni. pdf*, p. 4, consulté le 10/11/2017), même s'il ne l'associe pas au bruit, mais plutôt à leur liaison avec les fils de Dieu (ou des dieux).

Mythe d'Atrahasis, l. 332-336 – cf.	*Gn 6. 1-2a*
Douze cents ans ne s'étaient pas écoulés, que le pays avait prospéré et les hommes s'étaient multipliés, (tant et si bien que) le pays mugissait comme un taureau. Or, le tapage des hommes incommoda le dieu-(souverain) (et, tandis qu')Enlil entendait leur vacarme	Et il arriva, quand les hommes commencèrent à se multiplier sur la face de la terre et que des filles leur furent nées, [2] que les fils de Dieu virent les filles des hommes...

de la création dans des cultures aussi bien anciennes qu'actuelles, où Dieu est considéré comme un potier qui a dû reprendre plusieurs fois le façonnage de l'humain parce que le résultat obtenu n'était pas satisfaisant. On la retrouve aussi chez Jérémie (Jr 18.1-6) dans l'image du potier.

J raconte spontanément ce regret de Dieu comme une attitude naturelle, en conformité avec ses tendances à l'anthropomorphisme et à l'anthropopathie[12]. C'est un peu sa façon d'affirmer que l'être humain est à l'image de Dieu. Cela ne manque pourtant pas de surprendre, voire de choquer notre conception dogmatique de Dieu. Mais compris comme un acte de la pensée, il dénote un changement d'idée pouvant déboucher sur un changement de plan, et montre que Dieu agit dans le temps, c'est-à-dire dans l'histoire, et qu'il le fait avec les humains de façon particulière et personnelle. Anthropomorphisme et anthropopathie soulignent que Dieu est un Dieu personnel qui entre en relation avec les humains[13]. C'est ce qui apparaît aussi dans d'autres textes de l'Ancien Testament qui en font usage, notamment dans les prophètes.

II. La place de l'exorde et la symbolique des fils de Dieu et des filles des hommes, des n^efilim et des gibborim

1. Gn 6. 1-4 : mythe indépendant ou partie du récit du déluge ?

La première question que l'on peut se poser est celle de l'origine de cette section. Pour John Day, il s'agit d'un mythe israélite qui utilise et transforme des concepts cananéens où l'on trouve des « fils de El ». Le terme n^ephilim serait comparable à celui du géant Raphaïm (cf. ougaritique rp'um) employé pour des morts[14].

Mais il pourrait aussi provenir de ou être basé sur des mythes étrangers, notamment ceux des peuples voisins d'Égypte ou de Mésopotamie comme c'est le cas pour le récit principal du déluge lui-même, et sur lequel nous reviendrons plus loin. Des êtres étranges venus d'ailleurs sont une représentation que l'on trouve dans de nombreuses cultures primitives, dans l'Antiquité (Grèce antique,

---

[12] Par ces procédés, les auteurs bibliques (J en particulier dans le Pentateuque) essaient de décrire Dieu à partir de l'expérience humaine quotidienne. En d'autres termes, Dieu est décrit d'après les comportements et les sentiments humains.

[13] Cf. P. Harland , *The Value of Human Life in the Story of the Flood in Genesis 6-9*, PhD diss., University of Durham, 1992, p. 135-136.

[14] J. Day, « The Sons of God and Daughters of Men and the Giants: Disputed Points in the Interpretation of Genesis 6:1–4 », in *Hebrew Bible and Ancient Israel*, Vol. 1, N° 4, 2012, p. 427-447.

Mésopotamie, Égypte) et plus tard (Amérique du sud : Mayas, Incas, Afrique noire, Asie). Des tablettes du Proche Orient (sumériennes entre autres) évoquent des êtres venus d'ailleurs qui se seraient unis aux humains et auraient créé une race hybride. Les êtres issus de cette hybridation auraient dominé les classes royales dans les hautes cultures de Sumer, de Babylone ou d'Égypte. Mais aucune preuve archéologique sérieuse n'est venue étayer l'existence de ces géants.

Souvent, dans la littérature grecque antique, c'est un motif littéraire utilisé dans des panégyriques en l'honneur de dirigeants ou de généraux ayant battu les Celtes ou les Germains. Par exemple, Claude a fait d'Alaric le Visigoth un géant opposé au dieu Eridanus[15]. Il est tout à fait possible qu'il en fût de même dans d'autres contextes antiques et qu'Israël eût hérité de cette représentation avant de la transformer négativement comme dans l'épisode du compte-rendu des espions envoyés à Canaan (Nb 13.31-33).

La seconde question est celle de la place de ce passage par rapport au déluge. Cette question est discutée et donne lieu à des positions parfois contradictoires. Le découpage des versions modernes de la Bible illustre cette confusion qui trahit elle-même un certain malaise. Par exemple, la Traduction œcuménique de la Bible (TOB) et la Good News Bible l'intègrent dans le récit du déluge, tandis que la Bible de Jérusalem l'en exclut et que la Nouvelle Bible Segond (NBS) reste ambiguë à ce sujet. Même la reconstitution des deux versions du déluge par la critique littéraire en écarte cet épisode.

Le lien est pourtant créé par l'idée de multiplication :

- La multiplication de la méchanceté répond ici à celle des humains ;

- La multiplication de la méchanceté est aussi mise en relation avec l'apparition des géants (c'est-à-dire des êtres qui inspirent la crainte ou sèment la terreur – des tyrans), résultat d'une rencontre (sous-entendu indue) entre les êtres divins et les humains.

Il est assez évident que cet élément provienne d'une source initialement sans lien avec les traditions du déluge. On peut néanmoins penser que le compositeur du Pentateuque l'ait placé à cet endroit pour servir de transition (bien artificielle en réalité) entre l'histoire du déluge et la présentation de la descendance de Noé.

Dans le contexte de Genèse 6, le rédacteur du Pentateuque semble avoir voulu créer une relation entre la présence de ces géants héros et la prolifération du mal pour justifier la décision divine d'envoyer un déluge. Il n'est pas sûr cependant que cette relation fût déjà présente au stade oral des traditions J sur le déluge.

---

[15] G. Mussies, « Giants », in K. van der Toom, Bob Becking, P.W. van der Horst (eds), *Dictionary of Deities and Demons in the Bible*, 1999, p. 343-345, spéc. 343.

On a plutôt l'impression que Gn 6.1-4 est une sorte de fragment appartenant initialement à un ensemble indépendant de l'histoire du déluge.

2. Un style de conte

Cette section présente les traits d'un discours oral. Le début en est assez évocateur : « Il arriva que les hommes commençaient à se multiplier... ». Nous avons déjà évoqué la valeur oratoire de וַיְהִי *vayᵉhî* (et il arriva que) = il était une fois, typique d'un discours mythique ou d'un conte, au chapitre 1. Ceci fait penser que la section a pu provenir d'une tradition plus longue et peut-être plus élaborée, semblable aux traditions de bardes et griots africains.

Autre indice est le début du v. 4 qui ressemble à une sorte de doublet : « il y avait en ce temps-là » (בַּיָּמִים הָהֵם ...הָיוּ – *hayu... bayyamîm hahem*). Il s'agit d'un temps mythique indéterminé, et le style est encore celui d'un conte. Il donne l'impression que les *nᵉfilîm* et les *gibborîm* appartiennent à une autre histoire que celle des fils de Dieu et des filles des humains. L'insertion du v. 3, qui n'a visiblement rien à voir avec le reste de la section et sur laquelle nous reviendrons ultérieurement, pourrait conforter cette impression.

Notons enfin l'ambiguïté dans l'interprétation des mots וְגַם אַחֲרֵי־כֵן אֲשֶׁר – *vᵉgam aḥare ken 'ašer* (litt. « et aussi après ainsi que ») au début du v. 4. Dans la TOB, ce verset semble par ailleurs supposer que les *nᵉfilîm* sont même antérieurs à la rencontre entre les fils des dieux et les filles des hommes, puisqu' « ils étaient *encore* lorsque » cette rencontre eut lieu. D'autres versions essaient d'harmoniser, dévoilant des difficultés de syntaxe (Darby : « et aussi après que », BJ : « et aussi dans la suite quand », NEG : « il en fut de même après que »).

Tout ceci dévoile un style qui n'est pas tout à fait littéraire et donne l'impression d'un discours spontané, voire improvisé.

3. Ces fils de Dieu, qui sont-ils ?

L'identité des fils de Dieu est un dossier largement discuté[16]. Telle quelle, l'expression בְּנֵי־הָאֱלֹהִים *bᵉné ha'elohim* n'a que quatre occurrences dans la bible

---

[16] Voir entre autres : R.S. Hendel, « Of Demigods and the Deluge: Toward an Interpretation of Genesis 6:1-4 », *JBL* 106(1), 1987, p. 16 ; R. Maars, « The Sons of God (Genesis 6:1-4) », *Restoration Quarterly*, 23, 1980, p. 218-224 ; M.G. Kline « Divine Kingship and Genesis 6:1-4 », *WTJ*, 24, 1962, p. 189 ; Thomas A. Howe, « Who were the sons of God in Genesis 6? », *CRJ*, N° 3, 2004, en ligne sur www.equip.org ; M. de Launay, « Les fils du texte », *ASSR* 147, 2009, p. 41-59 ; L. Birney, « An exegetical study of Genesis 6:1-4 », *JETS* 13(1), 1966, p. 43-52 ; C. Lemardelé, « Une gigantomachie dans la Genèse ? Géants et héros dans les textes bibliques compilés », *RHR* 2, 2010, p. 155-174 ; Archie T. Wright, *The Origin of Evil Spirits : The Reception of Genesis 6:1-4*

hébraïque : deux dans ce passage et deux dans le livre de Job, où on voit les fils de Dieu se présenter devant le Seigneur. En Os 1.10 on rencontre des « fils du Dieu vivant » (אֵל־חָי בְּנֵי *bᵉné El ḥay*) dont la forme hébraïque laisse penser qu'il pourrait s'agir d'une variante accidentelle de בְּנֵי־אֱלֹהִים. Cette expression peut d'ailleurs être apparentée, d'après Ronald Hendel[17], à d'autres dans des traditions ougaritiques et dans les régions du nord-ouest sémitique. Globalement et sans être exhaustives, trois interprétations se dégagent de ces fils de Dieu dans la recherche biblique comme le montre la synthèse de Thomas Howe[18].

Premièrement, les fils de Dieu seraient des descendants de Seth et par opposition les filles des hommes seraient descendantes de Caïn : cette interprétation souligne le lien avec le contexte immédiat du texte. Elle s'appuie, entre autres, sur des passages tels que Gn 4.26 (le nom de YHWH invoqué à partir d'Hénoch, fils de Seth), 5.24 (Hénoch marchant avec Dieu et pris par lui), et 6.8 (Noé trouvant grâce devant Dieu). Le contraste avec la descendance de Caïn s'appuie sur Gn 5.1-3 qui parle de Seth engendré à la ressemblance de son père Adam lui-même créé à l'image de Dieu, alors que par contraste, Caïn est chassé de la présence de Dieu pour devenir vagabond (4.12-14). Mais tout ceci soulève un autre problème : ni Hénoch ni Noé ne sont désignés explicitement comme « fils de Dieu ».

Deuxièmement, les fils de Dieu seraient des anges. C'est ainsi que l'expression est comprise dans ses deux occurrences dans le livre de Job. Dans Genèse 6, elle désignerait des anges déchus (en relation avec les נְפִלִים *nofᵉlim* (= ceux qui sont tombés – cf. Jos 8.25). Cette interprétation s'appuie sur la traduction de la Septante en Job et sur la relecture de ce passage opérée par le livre d'Hénoch compilé au cours des deux derniers siècles avant J.C. Celui-ci affirme en effet que 200 anges du ciel ont vu de belles filles des hommes, les ont convoitées et les ont prises pour femmes, donnant ainsi naissance à des géants (1 Hén 7.2-7 ; 19.1). Les deux textes (la Septante de Job et 1 Hénoch) proviennent de la même époque et pourraient s'être influencés dans un sens ou dans l'autre ou l'être par le judaïsme contemporain empreint d'angélogie et de démonologie. Le problème ici est qu'aucun texte de la bible hébraïque ne permet de soutenir une telle lecture.

---

in Early Jewish Literature, Fortress Press, 2015 ; Id., « Evil Spirits in Second Temple Judaism: The Watcher Tradition as a Background to the Demonic Pericopes in the Gospels », *Henoch* 28 (1), 2006, p. 189-207.

[17] R. Hendel, « Oral Tradition and Pentateuchal Narrative », 2013, doc. Web in http://www.bibleinterp.com/articles/2013/hen378007.shtml, consulté le 26 décembre 2017.

[18] Thomas A. Howe, « Who were the sons of God in Genesis 6? », *Christian Research Journal*, N° 3, 2004, en ligne sur www.equip.org); L. Birney, « An exegetical study of Genesis 6:1-4 », *JETS*, 13(1), 1970, p. 43-52.

Troisièmement enfin, les fils de Dieu seraient des tyrans, c'est-à-dire des hommes possédés par des démons (= anges déchus). Cette interprétation découle de la précédente qu'elle tente de corriger. Elle s'appuie sur au moins trois arguments. Le premier est qu'elle correspond à l'ancienne interprétation juive, notamment les targums araméens[19] et la recension grecque de Symmaque et est confortée par des passages tels que Ex 21.6 ; 22.8, 9, 28 ou Ps 82.1 où des magistrats et des administrateurs de justice sont appelés *'elohim*. Ceci reste cependant marginal. Le deuxième argument est que c'est un fait assez répandu que des rois soient considérés comme des fils de dieux. On en a des exemples en Égypte où le pharaon est désigné comme « fils de Ré ». Dans une inscription suméro-akkadienne, le roi est désigné comme « le roi, le fils de son dieu[20] ». Dans ce cas, les fils de Dieu seraient des dirigeants dynastiques de la lignée caïnite représentée par Lemek en Gn 4.19-24. Le troisième argument est la représentation assez répandue des rois comme des dieux ou des fils de Dieu, comme on peut le voir dans Ps 2.7 : *⁷ Je publierai le décret ; le Seigneur m'a dit : Tu es mon fils ! Je t'ai engendré aujourd'hui. ⁸ Demande-moi et je te donnerai les nations pour héritage, Les extrémités de la terre pour possession ; ⁹ Tu les briseras avec une verge de fer, Tu les briseras comme le vase d'un potier.*

À la lumière de ces éléments, il est tout à fait plausible de penser que les fils de Dieu en Gn 6.2 soient des tyrans, peut-être caïnites, puisqu'ils sont mentionnés en Genèse 4 comme occupant tout le Moyen-Orient (v. 17), avec à l'arrière-plan une atmosphère de domination et de violence : cf. Tubal-Caïn forgeant des instruments d'airain et de fer (v. 22) et l'idée de vengeance (v. 14-15, 22-24).

4. Et les filles des hommes ?

Nous en savons trop peu à ce sujet. La note *j* de la TOB (TOB 1986) à cet élément affirme ceci : « Les cités cananéennes étaient parfois considérées comme des filles d'homme, épouses des dieux locaux. C'est peut-être à cette idéologie que le texte fait allusion pour préparer le verdict du v. 3 ». Ceci fait penser aux textes d'Ézéchiel : le chapitre 16 qui décrit métaphoriquement la ville de Jérusalem

---

[19] Le targum parle des fils des grands (בְּנֵי רַבְרְבַיָא), tandis que le targum Neofiti parle en ketiv des fils de juges (בני דייניא); le qeré cependant soutient l'idée des anges et parle des fils des anges (בני מלאכייא).

[20] H.C. Rawlinson (1861-1891), *The Cuneiform inscriptions of Western Asia*, pl. 5.1.38, col. 3. D'autres exemples se trouvent ailleurs : chez les Hittites où le roi est appelé « fils du dieu du temps » et sa mère Tawannanas (« mère de dieu ») (Forrer (1935-1982), *AIPHOS* 4.2, p. 709 et 58 ; dans les textes ougaritiques de Ras Shamra où le roi *Krt* est nommé *Krt bn il* (fils de dieu), cf. Id. p. 58, 80, 135-136, 153-154 ; etc. Voir L. Birney, « An exegetical study of Genesis 6:1-4 », *JETS* 13(1), 1970, p. 47-48.

comme une épouse infidèle et devenue prostituée pour avoir rompu l'alliance de YHWH, et le chapitre 23 qui décrit la ville de Samarie de façon analogue.

Si cette association est exacte, on pourrait alors penser que les filles des hommes de Gn 6.2 et 4 évoquent la prostitution, laquelle peut être rituelle, et considérer que le narrateur a repris et placé ces traditions à cet endroit pour montrer la gravité des abominations pouvant justifier un déluge.

5. Les nᵉfilîm et les gibborîm

Il n'y a que deux occurrences des נְפִילִים *nᵉfilim* dans le Texte massorétique : Gn 6.4 (de tradition J) et Nb 13.33 (de source incertaine attribuée à JE où les espions envoyés par Moïse à Canaan rendent leur rapport en affirmant que des géants habitent le pays, ce qui eut pour conséquence de décourager les Hébreux d'entrer dans le pays). On ne sait pas exactement ce que désigne ce terme. Il est rendu par γίγαντες 'gigantes' dans la Septante et « géants » dans la plupart de nos versions modernes.

Dans le contexte de Nombres 13, ces géants sont décrits comme des hommes grands de taille et impressionnants par leur allure physique (v. 32, un peu comme Goliath). Ils sont associés à la descendance d'Anak lui-même descendant de *nᵉphilim*. On a envisagé une certaine parenté entre les descendants d'Anak (appelés les Anakim) avec le dieu sumérien Enki, le géant Anax (roi tribal et chef de guerre) de la mythologie grecque ou les Anunnaki de la mythologie mésopotamienne. Dans le rapport des espions, les géants sont associés à la description d' « un pays qui dévore ses habitants » (v. 32), même si ce lien reste difficile à définir : le pays est-il hostile parce qu'il y a des géants, ou est-il si hostile qu'il n'y a que des géants pour l'habiter ? Dans tous les cas, la conclusion des espions est tirée : le pays et ses habitants sont dangereux.

Les targums emploient un même terme (גיברייא/גיבריה *gibaraia*) pour *nᵉfilîm* נְפִילִים et גָּבְרִים *gibborîm*, ce qui indique qu'on ne sait pas exactement, dans le judaïsme rabbinique, de quoi il s'agit. Pour le narrateur en tout cas, les géants et les héros (litt. « hommes puissants ») désignent les mêmes êtres. Il en est de même pour la Septante qui rend également גָּבְרִים par γίγαντες, ainsi que les versions modernes, ce qui laisse penser, dans ce cas, que les *nᵉfilîm* et les *gibborîm* seraient les mêmes personnages ou auraient, en tout cas, une même origine. Dans une bible en arabe, le terme *gabba'run* (الجَبّارِة *aggababiratun*) désigne quelqu'un de hautain, d'audacieux, quelqu'un qui se magnifie, un tyran.

Un terme apparenté, נֹפְלִים *nofᵉlim*, du verbe נפל *nfl* (tomber, changer), désigne ceux qui sont tombés (Jos 8.25 ; Jg 20.46 ; Ez 32.22, 24 ; Ps 145.14) ou des transfuges, c'est-à-dire des personnes qui changent d'allégeance (2 R 25.11 ;

Jr 39.9 ; 52.15). Il n'est pas impossible que J, ou le rédacteur, ait voulu jouer sur ce jeu de mots pour indiquer implicitement un lien entre les géants et la prétention des humains qui les pousse à se mesurer à Dieu et ainsi, à refuser l'allégeance à Dieu. Ceci reste cependant bien spéculatif.

Une autre question en relation avec les n^{e}filîm et les gibborîm est de savoir comment rendre le verbe הָיוּ hayu dans הַנְּפִלִים הָיוּ בָאָרֶץ hann^{e}filîm hayu ba'areç. Faut-il le rendre par « étaient » ou « étaient apparus/apparurent » ? Des opinions divergent à ce sujet[21]. Si on le rend par « étaient apparus », l'apparition des n^{e}filîm est alors liée à la rencontre des fils de Dieu et des filles des hommes. Les n^{e}filîm sont dans ce cas (en sous-entendant alors que n^{e}filîm et gibborim désignent les mêmes personnages) le résultat de cette union[22].

Le problème avec cette thèse est qu'elle n'explique pas les mots וְגַם אַחֲרֵי־כֵן אֲשֶׁר – v^{e}gam aḥare ken 'ašer (litt. « et aussi après ainsi que » = « et après que, et à la suite de quoi »), qui introduisent une succession dans les événements. L'expression semble donc mettre côte-à-côte et dans une succession temporelle deux choses différentes : d'une part l'existence des n^{e}filîm, et de l'autre le mariage des fils de Dieu avec les filles des hommes intervenu à la suite de (ou après) les n^{e}filîm, et qui a donné naissance aux gibborim. Ce qui nous conduit à la seconde thèse.

Si par contre on le traduit par « était », il devient juste une référence temporelle indiquant une situation qui pourrait même être antérieure à la rencontre des fils de Dieu et des filles des hommes. Dans ce cas, une autre lecture devient possible : les géants et les héros sont à distinguer ; les premiers sont antérieurs à cette rencontre, alors que les derniers en sont les fruits. הֵמָּה hemmah (ce sont eux…) pourrait donc signifier : « ce sont ces enfants qui sont… ». Nombreux sont les exégètes qui penchent pour cette lecture[23].

---

[21] Cf. synthèse de Birney, « An exegetical study of Genesis 6:1-4 », *JETS*, 13(1), 1970, p. 50-52.

[22] Meredith G. Kline, « Divine Kingship and Genesis 6:1-4 », in *The WTJ*, N° 24, 1962, p. 189-190, spéc. 190: « *This reference to the conjugal act and to child-bearing finds justification only if he (the narrator) is describing the origin of the Nephilim-Gibborim.* »

[23] Keil in C.F. Keil & F. Delitzsch, *The Pentateuch*, vol. 1, transl. J. Martin, Grand Rapids, Eerdmans, p. 137 : « *The words, as they stand, represent the nephilim, who were on the earth in those days, as existing before the sons of God began to marry the daughters of men, and clearly distinguishes them from the fruits of those marriages. Hāyû can no more be rendered 'they became,' or 'arose,' in this connection, than hāyâh in chapter 1:2, wayyihyû would have been the proper word.* » La position de Franz Delitzsch est ambivalente, puisqu'il semble également en faveur de « étaient apparus » (*A new commentary on Genesis*, transl. Sophia Taylor, Edinburgh, T. & T. Clark, 1888); Cuthbert A. Simpson & Walter Russel Bowie, « The Book of Genesis », *IB*, vol. 1, 1952, p. 534. Autres auteurs favorables à cette idée: William Henry Green, *The Unity of the Book of Genesis*, New York, Scribner's Sons, 1997, p. 58 ; John Murray, *The principles of Conduct*, Grand Rapids, Eerdmans, 1957, p. 247: « *The natural connection is that they were already in the earth when*

6. Le problème de Gn 6.3

Un dernier problème posé par cette section est la place et la fonction du v. 3 qui ressemble à un cheveu dans la soupe.

LXX	TM
καὶ εἶπεν κύριος ὁ θεός οὐ μὴ καταμείνῃ τὸ πνεῦμά μου ἐν τοῖς ἀνθρώποις τούτοις εἰς τὸν αἰῶνα διὰ τὸ εἶναι αὐτοὺς σάρκας ἔσονται δὲ αἱ ἡμέραι αὐτῶν ἑκατὸν εἴκοσι ἔτη	וַיֹּאמֶר יְהוָה לֹא־יָדוֹן רוּחִי בָאָדָם לְעֹלָם בְּשַׁגַּם הוּא בָשָׂר וְהָיוּ יָמָיו מֵאָה וְעֶשְׂרִים שָׁנָה
Le Seigneur Dieu dit : « Mon esprit ne demeurera pas dans ces humains pour toujours, car ils sont chair ; mais leurs jours seront de 120 ans ». (trad. de NETS)	*Le Seigneur dit : « Mon esprit ne dirigera pas toujours l'homme, car il n'est que chair ; ses jours seront de 120 ans ».* (TOB)

Commençons par deux expressions difficiles à comprendre. Premièrement, l'expression בְּשַׁגַּם *bešagam*, qui est intraduisible (litt. « dans que avec »). Cet idiome hébreu est unique dans la bible hébraïque, et le rendre simplement par « aussi » n'aurait pas de sens dans le contexte. La Septante l'a rendue par διὰ τὸ εἶναι (« parce qu'il était »), tournure grecque elle-même très rare (Su 1.4 = Dn gr 13.4 ; Lc 2.4 ; 11.8), et la Vulgate simplement par *quia* (car, parce que), suivie en cela par la plupart des versions modernes.

Deuxièmement, יָדוֹן dans l'expression לֹא־יָדוֹן רוּחִי *lo yadon roḥi ba'adam*. Le verbe דוּן, forme archaïque de דִּין, en arabe دَانَ *daana*, signifie ordinairement, en forme transitive, *juger, gouverner, diriger, mais aussi punir, faire un réquisitoire, plaider*. Employé comme verbe intransitif, il prend le sens de *se soumettre, être obéissant, ou contester, protester, etc.* Mais le sens de ce verbe en Gn 6.3 est difficile à saisir, et les versions modernes sont embarrassées. Certaines le rendent par *contester* (Darby, suivant les versions latines : Vieille latine et Vulgate), *être responsable* (BJ), *diriger* (TOB), etc. pour les versions françaises, d'autres par *respecter* (angl. *abide* dans RSV – mais *abide* a aussi le sens de demeurer), *s'efforcer* (angl. *strive* dans KJV, NAS), etc. pour les versions anglaises. La Septante l'a rendu par καταμείνῃ (de καταμένω = rester, demeurer), suivie en cela par de nombreuses autres versions anciennes et modernes (Targum [קום = s'établir, au hitpaal], Segond, NET, etc.).

Mais les problèmes ne se limitent pas à ces deux difficultés. Que faut-il comprendre par exemple par « il est chair » ou « il n'est que chair » ? L'expression

---

those marriages took place… There is no suggestion of genetic connection between the nephilim and the marriages concerned. »

hébraïque הוּא בָשָׂר *hu bâsâr* exprime implicitement une opposition entre le divin qui est esprit et l'humain qui est charnel (physique) – cf. Es 31.3 contre la prétention des Égyptiens (notamment de leurs rois) à se considérer comme des dieux et à l'éternité. Comme chair, les hommes sont liés à la finitude. Ainsi s'explique la limite de la durée de vie des humains au chiffre symbolique de 120 (= 40x3), déjà présent dans le mythe d'Atrahasis[24], à côté d'autres qui, dans la Bible, la limitent autrement (Ps 90.10 : 70 à 80 ans), mais qui toutes corrigent les longévités mésopotamiennes légendaires dont la moyenne se situe à 30.000 ans et qui ont influencé plus tard la généalogie de Genèse 5 qui la réduira à moins de 1000 ans.

Ce passage rappelle celui de Gn 2.7 (lui aussi attribué à J) qui décrit l'humain comme poussière du sol et l'oppose à la prétention humaine à être autre chose que cela. Poussière et chair apparaissent ainsi comme des termes synonymes, certes en opposition avec l'esprit (comme on le retrouvera dans les écrits pauliniens du Nouveau Testament), mais surtout comme des métaphores de la fragilité et de la mortalité des humains au même titre que les autres créatures ayant un souffle vital.

Sur un tout autre registre, Dieu donnait son esprit à des souverains au moment de leur onction, provoquant un effet psychotrope ou une activité vigoureuse (1 S 10.6, 10 ; 11.6 ; 16.13) afin de les rendre aptes à gouverner et à juger (Ps 72.1-2 ; Es 11.4-5). Ceci pourrait-il expliquer l'emploi du verbe דון (לֹא־יָדוֹן רוּחִי = litt. « mon esprit ne jugera pas ») ? (Cf. note de TOB).

Les mots « en ces jours-là » (v. 4) pourraient-ils aider à comprendre le sens et la place de ce v. 3 ? De quels jours est-il question ? Les jours où les fils de Dieu vinrent épouser les filles des hommes ou ceux où Dieu décide de limiter la durée de vie des humains ? S'il s'agit du jour de la décision divine, le v. 3 s'intègre dans la section et découle du v. 2. Le problème avec cette option est qu'il y a alors une certaine incohérence de la part de Dieu : celui-ci semble accuser les humains (sous réserve de comprendre le sens du verbe דון) pour une faute commise par les fils de Dieu. Si par contre la première option est retenue, le v. 3 est inutile : il s'intègre mal dans l'enchaînement logique des événements.

Dans tous les cas, ce verset ressemble bien à un élément étranger rajouté ultérieurement dans le texte. Ce détail pourrait appartenir à une tradition indépendante. Inséré dans cette section, il pourrait indiquer que celle-ci est un

---

[24] « Mais que les hommes ne vivent pas au-delà de 120 années, afin qu'ils ne puissent jamais percer à jour nos connaissances. Ainsi, ils ne seront plus une menace pour nous ! Veillons à ce que les hommes ne s'installent jamais dans l'allégresse. Surveillons de près leur prolifération, leur prospérité et leur joie de vivre. »

mélange ou une reconstruction artificielle de traditions à un niveau oral. Cet élément aurait alors été intégré dans la rédaction de la section 6.1-4 comme une information dont disposait le rédacteur, et que celui-ci avait de la peine à laisser tomber. Il indique en tout cas, de même que la double tradition yahviste analysée précédemment dans le premier point du présent chapitre, le poids des traditions orales dans la composition du Pentateuque.

III. Des mythes mésopotamiens à une théologie biblique

1. L'eau dans les traditions diluviales

Dans un grand nombre de traditions et de mythologies, la plupart peut-être, les récits du déluge présentent l'ambivalence de l'eau, à la fois destructrice et bienfaisante, mortifère et fécondante. Nous avons déjà montré comment les récits bibliques du déluge s'inspirent directement des mythes mésopotamiens. Comme tous les mythes du déluge, ces derniers présentent le déluge à la fois comme « cataclysme vengeur et fin purificatrice d'un monde corrompu[25] ». Mircea Eliade explique ainsi la brutalité de ce processus dans les différentes traditions et mythologies :

> Les méchancetés, les péchés finiraient par défigurer l'humanité ; vidée des germes et des forces créatrices, l'humanité s'étiolerait, décrépite et stérile. Au lieu de la régression lente en formes sous-humaines, le déluge amène la réabsorption instantanée dans les eaux, dans lesquelles les péchés sont purifiés et desquelles naîtra l'humanité nouvelle, régénérée[26].

Ce côté positif est symbolisé, d'après Gilbert Durand, par l'arche. Les arches et les barques (celles-ci n'étant d'après lui que le diminutif de celles-là) représentent le « symbolisme quintessentiel » de l'eau, concentrant « les vertus de salvation, de fécondité, de naissance des eaux, au sein même de la tempête, de la colère aquatique et de la mort diluviale[27] ». Remparts contre les eaux furieuses, elles représentent l'espoir de la survie et la garantie d'une renaissance et d'une recréation, comme le passage du monde présent à un monde meilleur, renouvelé. Rien d'étonnant donc à ce que les anciens Égyptiens enterrassent certains de leurs hauts fonctionnaires avec des barques comme le montrent les embarcations

---

[25] Durand, « Eaux (Symbolisme des) », in *EU 10*, DVD Rom.

[26] Eliade, *Traité d'histoire des religions*, p. 183.

[27] G. Durand, *Ibid.* Cf. « La Descente et la coupe », in *Les Structures anthropologiques*.

protodynastiques découvertes à Saqqara[28]. L'iconographie chrétienne reprendra plus tard, en particulier au Moyen-âge[29], et en s'appuyant sur des récits bibliques (par ex. la scène de la traversée périlleuse du Lac de Galilée et au cours de laquelle Jésus s'endormit) l'image du bateau pour figurer l'Église en tant que nouveau peuple de Dieu en marche.

2. Des traditions orales divergentes à une tradition biblique unique

Le récit biblique du déluge présente au moins trois types de variantes : des variantes qui induisent une variation théologique, des variantes de construction et de vocabulaire et des reprises presque identiques dans les deux traditions.

La description de la situation ayant conduit au déluge, déjà abordée plus haut dans ce chapitre, illustre assez bien le premier type de variantes. Il n'est guère utile d'y revenir. Une autre illustration de cette situation est l'exception de Noé.

Chez J (6.8), Noé jouit de la faveur divine : il « trouva grâce aux yeux de YHWH ». L'accent ne porte pas sur un quelconque mérite de Noé, mais sur la grâce de Dieu ; il y a là un lien avec l'idée du « petit reste » que l'on rencontrera dans les prophètes. L'expression « trouver grâce devant » dans le Pentateuque, qu'elle renvoie à Dieu ou pas, est un trait caractéristique de J. Gn 6.8 découle de ce que l'accent narratif porte sur le fait que la décision du déluge est basée sur le sentiment de Dieu : Dieu va exterminer l'humain et les êtres vivants parce qu'il est affligé à cause des humains, mais Noé va bénéficier de sa grâce. Cela répond au regret, comme si Dieu disait : « je n'aurais pas dû... mais ». On le voit d'ailleurs dans la note qui accompagne la décision de Dieu, après le sacrifice, de ne plus maudire la terre à cause des humains : de toute façon, « *les pensées du cœur de l'homme sont mauvaises dès sa jeunesse* » (8.21). Un tel commentaire venant après le sacrifice de Noé dont il est dit qu'il plut à Dieu, est quelque peu étrange. Mais il indique que l'exception de Noé, du point de vue de J, n'est pas une affaire de pureté de Noé, mais bien de la grâce divine.

Chez P (6.9 et 7.1*b*), en revanche, Noé était un homme juste et intègre, qui marchait avec Dieu. L'accent ici porte sur la description de l'état de corruption et de la violence des humains. Cette situation signe elle-même la fin de toute chair. Mais Noé était différent : un homme juste et intègre (אִישׁ צַדִּיק תָּמִים *'ish çaddiq*

---

[28] W.B. Emery, *Great tombs of the First Dynasty II. Excavations at Saqqarah*, 1954, p. 138, fig. 203. Cf. D. Vanhulle, « Le Nil et au-delà : le bateau et ses implications durant le IVe millénaire égyptien », 2014, doc. Web in http://www.koregos.org/fr/dorian-vanhulle-le-nil-et-au-dela/ consulté le 29/08/2018. Saqqara est le nom de l'ancienne nécropole de Memphis en Égypte.

[29] S. Dufrenne & Ch. Villain-Gandossi, « Bateaux figurés dans des œuvres carolingiennes », in *Archaeonautica*, 4, 1984. p. 243-260

tamîm – il y a comme une relation de cause à effet. Mais en quoi Noé est-il juste ? Sa justice consiste-t-elle en la conformité de son comportement ou de son attitude à une norme morale, comme semble le suggérer la traduction dans la Vulgate du terme hébreu צדקה *çedaqah* par *iustitia* ? Si oui, quelle est cette norme ? Von Rad fait observer qu'au cœur de l'Ancien Testament le concept de justice a affaire avec l'idée de relation. Une personne vertueuse ou juste était quelqu'un qui se mesurait aux réclamations que la relation lui imposait[30]. Cela explique pourquoi la mention de la justice et de l'intégrité de Noé est accompagnée, comme pour l'expliquer, de l'affirmation d'après laquelle il « marchait avec Dieu ». Avant Noé, cette expression « marcher avec Dieu » a été employée au sujet d'Hénoch (5.22 et 24), ce qui lui vaudra de ne pas connaître la mort. Cependant, dans le contexte de P marqué par l'exil et le souci de reconstruire une nouvelle obéissance à la loi mosaïque, il n'est pas impossible que P ait associé l'exception de Noé avec cette loi conçue comme norme morale et sa justice avec la conformité à cette norme morale.

Vue ainsi, l'exception de Noé semble orienter, d'une certaine manière, dans les deux traditions, sur deux moments d'Israël dans son rapport à Dieu. Tandis que J oriente sur Abraham et l'élection des Hébreux comme un acte de pure grâce de Dieu bien avant le don de cette terre, P oriente sur la restauration du petit reste après l'exil, dans un contexte théologique baigné par le projet d'un renouveau religieux.

Le second type de variantes, celles de construction et de vocabulaire, illustré par les victimes du déluge, doit néanmoins être interprété sans excès. Chez J (7, 22), les victimes du déluge sont tous des êtres ayant un souffle de vie et vivant sur la terre ferme. Le mot חָרָבָה *ḥaravah* est un terme apparemment archaïque souvent employé en association avec et par opposition à un espace aquatique (Ex 14.21 ; Jos 3.17 et 4.18 ; 2 R 2.8 ; Ez 30.12 ; Ag 2.6). Les animaux aquatiques ne sont donc pas concernés par la destruction causée par le déluge, l'eau étant leur milieu naturel.

P affirme la même chose en utilisant un vocabulaire et une phraséologie différente : il cite les animaux concernés, « tout ce qui rampait sur la terre ». Le terme חָרָבָה est évité (peut-être parce qu'il était susceptible de ne plus être compris). Ici la tradition semble avoir évolué, non en termes de contenu, mais dans une construction plus « moderne ». Mais cela pourrait aussi être dû à une recréation basée sur une transmission orale de la tradition.

Les reprises identiques (troisième type de variantes) sont visibles dans la description de l'obéissance de Noé qui exécute les ordres de Dieu (J Gn 7.5 et

---

[30] Rad, *The Old Testament Theology*, p. 371.

P Gn 6.22) : la phraséologie est identique dans les deux passages (à l'exception de l'emploi du pronom suffixe chez J (צִוָּהוּ çivvahu) et du pronom séparé chez P (צִוָּה אֹתוֹ çivvah 'oto). L'ajout de כֵּן עָשָׂה ken 'asah semble être une reprise d'une expression idiomatique que l'on retrouve aussi bien chez P qu'ailleurs (P dans Ex 40.16 et JE dans Nb 17.26).

Toutes ces variations, si elles sont le fait de sources différentes, n'indiquent pas nécessairement des documents écrits indépendants, mais aussi, et peut-être surtout, une retransmission orale avec la liberté de reconstruction et de recréation qui la caractérise, même si cette reconstruction peut avoir des implications théologiques importantes. Les traditions du déluge, outre le fait qu'elles étaient attestées dans les traditions mésopotamiennes, étaient suffisamment répandues pour pouvoir circuler librement dans des formes orales variées. Il n'est donc pas exclu que les traditions bibliques aient pu reposer sur des variantes locales.

Mais au-delà de ce clivage J/P, l'on peut remarquer des constructions de type oral même dans P. Il y a, par exemple, à plusieurs endroits, un style redondant :

- Gn 6.11-13 : le verbe שׁחת (corrompre) au niphal et au hiphil accompli pour décrire la terre (v. 11-12), puis au hiphil participe (v. 13 et au hiphil infinitif v. 17) avec le sens de détruire ; il y a comme un effet poétique et sonore ;
- Gn 7.18-20 et 24 : « et les eaux grossirent ».
    v. 18 : les eaux grossirent et s'accrurent beaucoup.
    v. 19 : les eaux grossirent de plus en plus.
    v. 20 : les eaux s'élevèrent (litt. grossirent).
    v. 24 : les eaux grossirent.

Une telle redondance est un procédé de style, mais peut-être aussi une sorte d'aide-mémoire pour une déclamation orale et serait, dans ce cas, un indice que le texte est à base orale.

Mais au bout du processus et dans le cadre global de la composition du Pentateuque à l'époque postexilique une fusion des traditions J et P a eu lieu, produisant ainsi un troisième récit qui porte la signature sacerdotale. Le scénario de production de ce troisième récit, que l'on considèrera alors comme LE récit biblique du déluge et qui occupe les chapitres 6 à 9 de Genèse, a pu être le suivant : P dispose de matériaux et d'un schéma lui permettant de rédiger un récit du déluge. Mais il a aussi connaissance des traditions J déjà structurées. Plus tard, il fusionne son récit avec ces traditions qui présentent des détails et des perspectives plus ou moins différentes. D'après M. Kolarcik, P utilise la structure de base du récit J mais la transforme dans un style sacerdotal moins narratif et plus théologique. Il s'emploie à répéter et à balancer les matériaux du récit par le moyen du parallélisme. Il y a des ajouts qui manifestent clairement un intérêt théologique, ainsi qu'une addition d'un cadre extérieur servant comme notice généalogique (6.9-10 ; 9.28-29)[31].

Un autre scénario est cependant possible. Il n'est pas exclu, en effet, que ce processus ait pu se produire déjà à un niveau oral : en racontant, le barde ne fait pas forcément attention à distinguer les différentes traditions. Il peut importer des éléments venant de l'une ou l'autre tradition et en faire une synthèse qui donne à son récit une allure plus complète. Le style oral et les redondances mentionnés ci-dessus en sont peut-être les indices. P a ainsi pu avoir déjà une première mouture d'un texte unique qu'il a alors retravaillé.

Ce faisant, il a validé et assumé en la réinterprétant, cette version unifiée, en a restructuré l'ensemble et lui a défini un style plus ou moins cohérent. Il produit ainsi une tradition et une théologie bibliques uniques du déluge. Cette théologie, il l'insère dans le cadre de la célébration d'une nouvelle alliance et de la promotion d'une nouvelle obéissance pour un nouveau peuple, celui de l'exil. L'alliance et ses lois, ainsi que l'obéissance à ces lois et les conséquences de la désobéissance constituent les caractéristiques principales du récit du déluge et sont à la base du Pentateuque[32]. Le Deutéro-Ésaïe fait discrètement écho à ce lien entre le déluge et l'exil (Es 54.9). Les additions les plus significatives faites par P sont les sacrifices de Noé et l'alliance au chapitre 9. L'emphase la plus grande est la validité de cette alliance. Il doit y avoir un signe d'assurance que la terre et le ciel peuvent regarder à cette alliance[33]. Sous la plume de ce rédacteur final, l'histoire du déluge devient une relecture de celle de l'exil et de son peuple (les *bené haggolah*) qui porte désormais l'espérance et le devenir d'Israël.

3. Une théologie du déluge à partir de l'expérience de l'exil

L'ombre de l'exil plane donc sur le récit unifié du déluge. P est, comme l'école deutéronomiste, le produit de cette expérience brutale. La remise en question de la relation d'Israël et de Juda à Dieu donne naissance à une réflexion qui permet de relire les traditions à la lumière de cet événement majeur vécu lui-même comme un déluge. Cela explique que le narrateur ait mis l'emphase sur le péché décrit comme violence et sur la responsabilité de l'homme dans le déclenchement de la

---

[31] M. Kolarcik (sd), « Covenants of hope in the Priestly writings », doc. Web in http//individual. utoronto.ca/mfkolarcik/texts/COV4-PRI.pdf, consulté le 16/11/2017, p. 100.

[32] K. Beckstrand, « A Postexilic Reading of the Biblical Flood Narrative », in *Studia antiqua* 15/1, art. N° 5, 2016, p. 30.

[33] Kolarcik., Covenants of hope, p. 101.

catastrophe : de même que le péché des hommes a conduit à la destruction de la première création ou, si l'on préfère, à une dé-création, de même la désobéissance d'Israël et de Juda a conduit à la destruction et au démantèlement de la nation et des promesses dont elle était porteuse.

Joseph Blenkinsopp a justement interprété le récit du déluge comme celui d'une « dé-création » (anglais *uncreation*). Il explique que « le monde dans lequel l'ordre a émergé du chaos aquatique primitif est à présent ramené au chaos aquatique dont il a surgi – le-chaos-revient (...)[34] ». Tandis que Genèse 1 décrit le positionnement du firmament pour empêcher les eaux d'en haut de se déverser sur la terre en-dehors de ce qui est approprié, Gn 7.11 décrit l'ouverture des fenêtres du ciel pour annuler cette distinction originelle. De même, la séparation d'entre les eaux d'en bas et la terre établie en Gn 1.9 est oblitérée par des « fontaines de l'abîme » jaillissant de l'éclatement de la terre (7.11). Le déluge a en quelque sorte défait le but de la création[35].

Dans le récit unifié du déluge, la tradition israélite postexilique a donné à cet événement une signification qui corresponde à son expérience récente. Elle l'a intégré dans l'ensemble des enseignements réformistes destinés à cultiver une nouvelle obéissance. Noé et sa famille deviennent, pour ainsi dire, les figures de ce petit reste juste mais surtout bénéficiaire de la grâce divine. Le message est : Dieu ne peut laisser le péché et le mal impunis, et lorsque le peuple pèche, c'est-à-dire n'obéit pas aux commandements de Dieu, il compromet l'alliance. Mais en même temps, Dieu reste fidèle : non seulement il ne fait pas périr le juste avec les injustes, mais il permet à un rameau de repartir. Il y a là un discret écho au prophète Ésaïe (Es 11.1).

L'histoire du déluge comporte donc aussi un message d'espérance. Le nouvel Israël qui sort de l'arche représente une nouvelle création qui est appelée à une alliance nouvelle avec Dieu. Dé-création du premier univers et de la première humanité qui ont sombré dans le mal, le déluge est *re-création* d'un nouvel univers et d'une nouvelle humanité, et cela s'applique bien à l'Israël du temps de P : dé-création de l'ancien Israël qui a sombré dans la désobéissance, l'exil est re-création d'un nouvel Israël appelé à une nouvelle alliance.

---

[34] La paraphrase est de nous-même. J. Blenkinsopp (1971), *The Pentateuch*, p. 46, 47, cité par D. Clines (1972), « Noah's Flood I: The Theology of the Flood Narrative », in *Faith and Thought* 100/2, p. 128-142, spec. p. 136.

[35] Clines, Noah's Flood, p. 136.

IV. Remarques conclusives

Les récits bibliques du déluge ont probablement été reçus déjà sous une forme écrite dans les traditions proche-orientales. Mais étant donné que les Israélites étaient largement analphabètes, ces récits ont dû circuler et être connus plutôt dans l'oralité même s'il ne faut pas nécessairement supposer que ce sont ces versions orales qui ont été retranscrites. Il est impossible de savoir avec exactitude quelle trajectoire ils ont connue jusqu'au livre de Genèse. L'on peut néanmoins remarquer l'influence de l'oralité dans la reprise de l'histoire, en particulier au début des parties attribuées à J, lorsque l'on présente les raisons qui ont conduit au déluge. Même écrit et d'origine écrite, le récit biblique du déluge, comme d'ailleurs la plupart des récits bibliques, présente bien des traits oraux que l'on ne saurait ignorer.

4

Une descendance et une terre pour Abram (Genèse 15)

Genèse 15 constitue un des textes centraux qui soulignent l'élection de la descendance d'Abraham et l'alliance que YHWH conclut avec celui-ci. Avec Genèse 12, il est au départ et au cœur de la construction de l'identité d'Israël, en lien avec la question de la terre[1]. Les v. 13-16 résument, sous forme d'une anticipation prophétique, l'histoire du séjour et de l'esclavage en Égypte et le retour, pour justifier en quelque sorte le droit à la terre. D'où l'accent mis, dès le début du chapitre, sur la question de l'héritage (v. 3-4) et, par la suite, sur la promesse de la terre (v. 7 et 18-21). Ce chapitre peut être mis en relation avec Gn 13.14-18 (promesses d'une terre et d'une postérité après la séparation d'avec Loth) et même avec la migration de la famille à Charan (Gn 11.31-32), puis avec l'appel divin et le départ de Charan (Gn 12.1-2).

Mais comme plusieurs autres textes de Genèse et du Pentateuque, ce chapitre présente une construction que l'on peut qualifier de chaotique qui pose la question de ses sources et de sa composition. Des formules qui apparaissent comme des doublets, des éléments d'histoire sans connexion apparente les uns avec les autres, etc., tout cela interroge. Cette situation caractérise l'ensemble du cycle d'Abraham en particulier et des patriarches en général, qui relève souvent d'une littérature de tradition et ne s'est construit que progressivement. Robert Martin-Achard écrit à ce sujet :

> Le cycle d'Abraham illustre le fait que l'Écriture ne s'est pas faite en un jour (...). Elle résulte d'une lente croissance, elle s'est développée comme un organisme vivant en liaison avec le peuple au sein duquel elle a vu

---

[1] U. Bechmann, « Genesis 12 and the Abraham-Paradigm Concerning the Promised Land », in *The Ecumenical review*, WCC, 2016, p. 62-80.

le jour et qui l'a en quel sorte portée au cours des siècles. Les données patriarcales relèvent d'une tradition en marche, sans cesse remise à jour. Chaque génération, tout en conservant fidèlement l'héritage du passé, l'a lu et compris à la lumière de ses propres expériences religieuses et dans le cadre de son histoire politique, culturelle et spirituelle (...). Les biblistes cherchent précisément aujourd'hui à discerner les diverses couches de sédimentation qui se sont ajoutées les unes aux autres dans le cours du temps pour former la loi de Moïse[2].

La théorie documentaire traditionnelle n'a pas pu assigner ce chapitre à une des sources anciennes comme elle en a eu l'habitude. L'on a pu penser, au début, à la tradition élohiste à côté d'une tradition yahviste[3], mais la question est restée sans issue et la recherche oscille entre cette critique infructueuse des sources et la tendance qui cherche plutôt à défendre l'unité (narrative) du texte. Nous y reviendrons ultérieurement. Le présent chapitre, après un bref examen de la discussion actuelle entre les approches diachroniques et synchroniques, tentera à partir de quelques observations textuelles et philologiques, de montrer le caractère oral des traditions en présence. Il permettra, je l'espère, de montrer qu'il faudrait peut-être renoncer à vouloir à tout prix reconstruire l'histoire des sources et des traditions qui le sous-tendent, et de le considérer lui-même comme une des traditions probablement orales et alternatives, voire antérieures, du credo d'Israël.

I. Des solutions documentaires aux approches narratives

1. Les solutions documentaires

Ce chapitre, pourtant central dans le récit de Genèse, ressemble à un panier dans lequel on a jeté en vrac toutes sortes d'objets. Seule la section conclusive (v. 18-21), sans doute due au rédacteur final, essaie d'établir un lien entre les divers éléments. Hormis cette conclusion, au moins trois éléments indépendants et non unifiés apparaissent :

- v. 1-5, 6 : la promesse d'une récompense/d'un salaire, qui se traduit assez vite en descendance. Cette section elle-même semble rassembler des éléments d'origines différentes (voir le doublon des v. 2-3). La conclusion du v. 6 qui parle de la foi d'Abram ressemble bien à une

---

[2] R. Martin-Achard, *Actualité d'Abraham*, D & N, Neuchâtel, 1969, p. 57.
[3] Note *v* à cette section dans la TOB, éd. 1988.

affirmation théologique (voire dogmatique) qui existe pour elle-même et qui a été insérée ici. Elle aurait pu l'être aussi à la fin du chapitre ;

- v. 7-11, 17 : le sacrifice consumé comme preuve qu'Abram héritera du pays. La description de ce qu'Abram doit faire : trois animaux de trois ans à partager chacun en deux morceaux et des oiseaux non divisés, cela ressemble à une pratique connue. Il s'agit probablement d'un rite très ancien. En Jr 34.18-21, Dieu annonce le jugement contre Sédécias et son administration pour avoir violé l'alliance. Cette alliance est décrite en des termes analogues à ceux de Genèse 15, au point où certains spécialistes considèrent ces passages comme des parallèles.

> *Je livrerai les hommes qui ont passé outre à mon alliance, qui n'ont pas réalisé les paroles de l'alliance qu'ils avaient conclue devant moi, en coupant un taurillon en deux et en passant entre ses morceaux. Les princes de Juda et les princes de Jérusalem, les hauts fonctionnaires, les prêtres, et tout le peuple du pays, qui sont passés entre les morceaux du taurillon, je les livrerai à leurs ennemis, à ceux qui en veulent à leur vie, et leurs cadavres seront la pâture des oiseaux du ciel et des bêtes de la terre. Je livrerai Sédécias, roi de Juda, et ses princes à leurs ennemis, à ceux qui en veulent à leur vie, à l'armée du roi de Babylone, qui s'éloigne de vous.* (Jr 34.18-21).

Aussi le chapitre a-t-il posé d'énormes problèmes à la critique des sources. Plusieurs hypothèses ont été échafaudées. Tandis que Stephen Germany affirme que Genèse 15 rassemble plusieurs textes transitoires (« bridge texts »)[4], suivant entre autres Erich Zender qui considère l'ensemble de l'histoire patriarcale de Genèse 13-50 comme un récit qui réunit une série d'autres plus courts sur Abraham et Jacob[5], d'autres comme Moshe Anbar estiment que Genèse 15 résulte d'une fusion de deux récits deutéronomistes, chacun des deux étant une œuvre indépendante s'inspirant de sources plus anciennes : v. 1-6 et v. 7-21[6].

---

[4] S. Germany, « The Hexateuch Hypothesis: A History of Research and Current Approaches », in *CBR* 16/2, 2018, p. 131-156, spec. 144.

[5] E. Zender, « Theorien über die Entstehung des Pentateuch im Wandel der Forschung », in E. Zenger *et al.* (eds.), *Einleitung in das Alte Testament* (Stuttgart: Kohlhammer, 7th ed.), 2015, p. 74-123, spec. 101

[6] M. Anbar, « Genesis 15: A Conflation of Two Deuteronomic Narratives », *JBL* 101, No. 1, 1982, p. 39-55.

Cette thèse n'est pas nouvelle. Elle était déjà défendue par Willy Staerk[7] en 1924 et plus tard par Norbert Lohfink en 1967 : pour ce dernier, le chapitre entier résulte d'un retravail d'anciennes traditions[8]. Seulement, les deux récits deutéronomistes ne sont pas eux-mêmes clairement isolés dans le texte. C'est pourquoi d'autres encore, comme Gunkel, ont assez tôt émis des doutes par rapport à ces hypothèses. Ce dernier, par exemple, affirmait déjà dès le début du siècle que la « connexion » entre les légendes individuelles est, dans de nombreux cas, d'origine plus tardive, sinon simplement une illusion d'exégètes[9].

Les tentatives pour reconstituer l'histoire des sources et de la composition de ce chapitre se sont finalement soldées, d'une certaine manière, par un constat d'échec. Le problème n'est pas tant la reconnaissance de l'existence des sources différentes que l'identification de ces sources comme documents écrits indépendants et l'histoire de la composition de ce chapitre. C'est ce qu'expriment ces mots désabusés de Gerhard von Rad :

> Le texte de ce chapitre est fort difficile à analyser au point de vue de la critique des sources (…). Il y a trop de contradiction pour qu'on puisse voir dans ce chapitre un ensemble narratif organique (v. 5, il fait nuit ; v. 12, c'est le coucher du soleil ; v. 6, la foi d'Abraham ; v. 8, son doute auquel Dieu répond par une garantie tangible, etc.). Si l'on peut considérer le texte v. 7-18 – sauf la grande interpolation v. 13-16 – comme purement jahviste, on ne peut que partiellement reconnaître l'Élohiste dans les v. 1-6 (en tout cas v. 5-6), car dans cette première partie du récit, on trouve d'étonnants doublets et des interruptions abruptes, de sorte qu'on est amené à supposer là aussi une composition de plusieurs sources (v. 3 // v. 2 ; v. 5 // v. 4)[10].

En conséquence, la recherche s'est tournée vers des thèses d'une unité du texte en mettant l'accent sur une approche plus narrative.

---

[7] W. Staerk, « Zur alttestamentlichen Literarkritik: Grundsätzliches und Methodisches », *ZAW* 42, 1924, p. 34-74.

[8] E. Lohfink, *Die Landverheissung als Eid, Eine Studie zu Gn. 15*, (SBS 28), Stuttgart, Katholisches Biblewerk, 1967, p. 33-38, 46, 51-64, 115.

[9] Gunkel, « Introduction » à *Genesis*, p. xxi.

[10] Rad, *La Genèse*, p. 182-183.

2. Les solutions narratives

Anthony Abela[11] propose ce qu'il appelle une lecture « non-génétique » de Genèse 15 en analysant des « structures entrelacées » pour montrer l'unité narrative du chapitre. Ce faisant, il isole néanmoins les v. 18-21 comme étant la contribution propre du narrateur[12].

L'idée n'est pas, elle non plus, nouvelle. Robert Alter note que les écrivains bibliques avaient des idées d'unité différentes des nôtres et que, pour parvenir à exprimer pleinement une idée, ils étaient parfois amenés à violer ce qui constitue pour nous aujourd'hui des canons d'unité et de cohérence logique. Il estime qu'un « patchwork » textuel confus peut s'avérer être un modèle utile alors même qu'il semble contredire nos canons d'unité[13].

Dans cette même optique, John Ha voit Genèse 15 comme un « compendium théologique » dans lequel les principaux thèmes du Pentateuque sont rassemblés et interprétés théologiquement[14]. Il essaie de démontrer que Genèse 15 est une unité littéraire. Il souligne à cet effet les éléments suivants :

- Les répétitions ne sont pas de simples répétitions mais contiennent en fait une certaine progression de la pensée de l'une à l'autre, d'où l'expression « doublets progressifs » ;
- Il n'y a en fait aucune divergence dans le chapitre ;
- Ses antithèses ne sont pas des contradictions mais, comme dans le cas des doublets progressifs, elles sont marquées par une progression de la thèse à l'antithèse ;
- Il n'y a pas de véritable rupture mais, au contraire, un fil ininterrompu relie tous les versets et thèmes en un tout net[15].

Bill Arnold de son côté, en analysant les deux bénédictions (descendance et terre), souvent perçues comme ambiguës mais qui reviennent comme une sorte de refrain, affirme qu'elles sont spécifiquement identifiées comme des dons qui ont été liés ensemble comme un double don : la terre sera donnée à la descendance (12.7 ; 13.15). Les deux cadeaux sont inextricablement liés comme un ensemble assorti. Dans ce texte, les promesses d'une semence et d'une terre sont à nouveau confirmées. Plus précisément, la graine promise se développe

---

[11] A. Abela, « Genesis 15: A Non-genetic approach », *Melita Theologica*, 37(2), p. 9-40, spec. p. 27-32.

[12] *Ibid.*, p. 40.

[13] R. Alter, *The Art of Biblical Narrative*, New York, 1981, p. 133.

[14] J. Ha, *Genesis 15: A Theological compendium of Pentateuchal History*, BZAW 181, Berlin, De Gruyter, 1981.

[15] *Ibid.*, p. 39.

davantage en tant que fils biologique plutôt qu'en tant que simple esclave né dans la maison d'Abram, et la promesse foncière est confirmée dans une alliance solennelle[16].

De même, Chan Alan KamYau[17], dans une analyse du discours des passages touchant à Melchisédech, montre que le chapitre 15 s'intègre parfaitement dans la section de Genèse 12-17, affirmant ainsi non seulement son unité narrative avec cette section, mais aussi implicitement son unité interne.

De nombreuses autres études peuvent être mentionnées ici, et pas seulement pour Genèse 15. Depuis la remise en cause de la théorie documentaire et la mise en lumière des difficultés et questions qu'elle soulève[18], les approches synchroniques, narratives en l'occurrence, ont le vent en poupe. Seulement, elles aussi se perdent souvent dans des technicités complexes, avec les mêmes relents de dogmatisme méthodologique que la théorie documentaire à ses heures de gloire, et laissent sans réponses la question de l'origine orale des traditions du Pentateuque.

II. Remarques textuelles et philologiques

1. Données textuelles

Il faut dire d'emblée que, au niveau strictement textuel, il n'y a pas vraiment de divergences impliquant à l'arrière-plan des problèmes de sources ou de traditions. Au v. 1, le terme הַדְּבָרִים *hadd*e*varim* est rendu par τὰ ῥήματα 'ta rêmata' en grec. Le lien narratif avec le récit précédent est établi avec les dernières paroles d'Abram en 14.22-24, c'est-à-dire le refus de prendre un quelconque butin de la part du roi de Sodome. Cela permet de comprendre l'idée de récompense : Abram est récompensé pour son refus de la cupidité. Avec l'hébreu, que l'on peut traduire par « choses », « événements », le sens de הַדְּבָרִים reste plus général, englobant l'ensemble des événements (la guerre et les rencontres qui ont suivi). Le grec, par contre, souligne surtout les paroles d'Abram, le terme ῥῆμα étant essentiellement associé à la parole. Cela n'implique cependant pas l'existence

---

[16] B.T. Arnold, *Genesis*, (NCBC) Cambridge, Cambridge University Press, 2009, p. 151.

[17] C.A. KamYau, « A Literary and Discourse Analysis of the Contexts of Genesis 14: Various Texts in Genesis and Numbers 22-24 », in Id. (éd.), *Melchizedek Passages in the Bible: A Case Study for Inner-Biblical and Inter-Biblical Interpretation*, Berlin, De Gruyter, 2016, p. 58-80.

[18] Voir mon étude à ce sujet dans Koulagna, *Dire l'histoire*, p. 54-69. Voir aussi A. de Pury (éd.), *Le Pentateuque en question*, Genève, 1991 ; R.N. Whybray, *The Making of the Pentateuch* (JSOTS 53), Sheffield, 1987 ; J.-L. Ska, *Introduction à la lecture du Pentateuque*, Rome 1998 pour l'édition originale en italien et Bruxelles 2000 pour l'édition française.

de traditions variantes dans le récit. Il n'y a pas davantage d'enjeu majeur en ce qui concerne le terme הַרְבֵּה transmis ארבה dans le Pentateuque samaritain : « je multiplierai (ta récompense) » (l'accent est mis sur l'action divine). Une corruption de ה pourrait expliquer ce glissement, d'autant plus qu'il ne modifie pas de façon significative le contenu de l'information.

Le cas du v. 2, en revanche, peut susciter des questions. Pour parler de l'héritier, l'hébreu fait un jeu de mots ironique entre בֶּן־מֶשֶׁק *ben mešeq* (fils d'acquisition = héritier) et דַּמֶּשֶׂק *dameseq* (Damas) : l'héritier est un étranger, de Damas. La Septante transcrit בֶּן־מֶשֶׁק בֵּיתִי *ben mešeq bêtî* (« l'héritier – litt. "fils d'acquisition" – de ma maison ») par υἱὸς Μασεκ τῆς οἰκογενοῦς μου *huios Masek oikogenous mou* (« fils de Masek né dans ma maison », οἰκογενοῦς étant un doublon du v. 3). L'hébreu semble implicitement suggérer que l'héritier est un esclave, un fils acquis[19], en plus d'être un étranger. C'est ce qui est clairement exprimé dans le verset suivant : « tu ne m'as pas donné une semence ». La question, qui reste interne à l'hébreu, est la suivante : les mots בֵּיתִי בֶּן־מֶשֶׁק *ben mešeq bêtî* (fils acquis de ma maison) et בֶּן־בֵּיתִי יוֹרֵשׁ *ben bêtî yoreš* (fils de ma maison, héritier) pourraient-ils représenter deux traditions concurrentes dans la transmission orale du récit ?

Rien ne permet, en l'état, d'étayer cette thèse, qui reste néanmoins fortement plausible, d'autant plus que l'on remarque, entre les v. 2 et 3, un curieux doublon :

v. 2	v. 3
וַיֹּאמֶר אַבְרָם אֲדֹנָי יֱהוִה מַה־תִּתֶּן־לִי וְאָנֹכִי הוֹלֵךְ עֲרִירִי וּבֶן־מֶשֶׁק בֵּיתִי הוּא דַּמֶּשֶׂק אֱלִיעֶזֶר (מֶשֶׁק)	וַיֹּאמֶר אַבְרָם הֵן לִי לֹא נָתַתָּה זָרַע וְהִנֵּה בֶן־בֵּיתִי יוֹרֵשׁ אֹתִי
Abram dit : « Seigneur Dieu, que me donneras-tu ? Je m'en vais sans enfant (litt. "tout nu"), et l'héritier (litt. "le fils acquis") de ma maison, c'est Éliézer de Damas ».	*Abram dit : « Voici, tu ne m'as pas donné une descendance, et voilà que le fils de ma maison héritera de moi. »*

Au premier abord, le v. 3 se présente comme une explicitation du v. 2. Les expressions בֶּן־מֶשֶׁק בֵּיתִי *ben mešeq bêtî* (« fils acquis de ma maison ») et בֶּן־בֵּיתִי *ben bêtî* (« fils de ma maison ») renvoient à un enfant né dans la maison, mais qui n'est pas le fils biologique. Il peut s'agir d'un fils d'adoption ou d'un esclave, mais qui a acquis un statut de légitimité.

---

[19] Le mot pourrait désigner celui qui verse une libation sur la tombe.

De plus, les mots הֵן לִי לֹא נָתַתָּה זָרַע *hen lî lo' nâtattâh zâra'* (« voici tu ne m'as pas donné de descendance ») répètent מַה־תִּתֶּן־לִי וְאָנֹכִי הוֹלֵךְ עֲרִירִי *mâ titten lî ve'anokhî holekh 'arîrî* (« que me donneras-tu puisque je m'en vais sans enfant »). Le mot עֲרִירִי *'arîrî* est de la même racine que עָרוֹם *'arum* (nu – cf. Ze Bible). L'expression יוֹרֵשׁ אֹתִי *yoreš 'otî* (« il héritera de moi ») redit explicitement ce qui est sous-entendu dans le mot מֶשֶׁק *mešeq* (d'acquisition, de possession, d'héritage).

Une telle correspondance interroge : le v. 3 n'est-il pas une version abrégée, voire alternative, du précédent ? (Cf. aussi éd. de la Pléiade). Les deux sont construits de façon quasi-identiques. Le v. 3 colle mieux à la suite au v. 4. Cela ressemble à des traces d'une activité rédactionnelle :

- Soit le v. 3 n'existait pas au départ et a été inséré ensuite (emprunté à une variante du v. 2 existant) pour permettre un meilleur lien avec le v. 4 ;
- Soit c'est le v. 2 qui a été inséré ensuite. La TOB 2012 semble aller dans ce sens.

Dans les deux cas, il paraît évident que les deux traditions ont circulé ensemble ou de façon indépendante dans les récitations orales de cette histoire et que le narrateur de Genèse ait voulu les conserver ensemble.

2. La transition du v. 1

Reprenons les mots de transition au v. 1. Quelle est la fonction des mots אַחַר הַדְּבָרִים הָאֵלֶּה *aḥar haddevarîm hâ'elleh* – « après ces choses » ? Ont-ils pour rôle de servir de transition entre ce chapitre et les événements précédents, ou faut-il les considérer simplement comme une formule stéréotypée ? Cette question a été discutée, au moins deux compréhensions de cette formule étant possibles :

- Si l'on considère qu'ils expriment une connexion avec la séquence précédente, il faudrait les traduire par : « à la suite de ces événements » (versions Berkeley, cf. Segond, NEG, S21, Sem, etc.) ;
- Si au contraire on considère qu'ils n'expriment pas cette connexion, il faudrait alors les traduire par : « après un certain temps[20]. »

Il est à noter que cette formule est assez abondante dans les récits de la bible hébraïque. Dans Genèse, elle apparaît telle quelle quatre fois (15.1 ; 22.1 ; 39.7 ; 40.1), avec un peu de variantes en 22.20 ; 48.1 avec אַחֲרֵי. Si dans le récit consacré

---

[20] E.A. Spiezer, *Genesis*, (AB 1), Doubleday, 1964.

à Joseph (Genèse 37-50) on remarque que cette formule permet de créer des connexions narratives avec les événements immédiatement précédents même si celles-ci restent lâches (cf. ch. 7), en Genèse 22 et dans le présent passage (15.1), cette connexion est bien plus douteuse. Certains dictionnaires bibliques essaient de faire une distinction entre אַחַר et la forme plurielle אַחֲרֵי [21], mais cette nuance n'a pas d'incidence décisive ici[22].

Voyons la suite du verset : « *N'aie pas peur, Abram ! Je suis moi-même ton bouclier ; ta récompense sera très grande* ». Ces mots peuvent faire suite à l'épisode de la victoire militaire d'Abram (14.1-17, 21-24). C'est ainsi que les comprend André Wénin pour qui « il s'agit de la suite des "événements" qui viennent d'être rapportés, la libération de Lot et des gens de Sodome ainsi que la rencontre avec les deux rois[23] ». Mais justement, de quoi Abram devait-il avoir peur alors qu'il vient de sortir victorieux d'une coalition de rois de la région ? De la vengeance des vaincus ? Il y a quelque chose d'artificiel dans cette transition.

Rachi spécule à ce sujet :

> Aussitôt après avoir bénéficié du miracle d'avoir abattu ces rois, il s'est tourmenté, craignant d'avoir déjà reçu la récompense de tous ses mérites. C'est pourquoi Dieu lui dit : « Ne crains point, Avram, je suis un bouclier pour toi » (...). Il te protégera du châtiment, en ce que tu ne seras pas puni pour toutes ces âmes que tu as tuées. Quant à ta récompense, au sujet de laquelle tu te fais du souci, « elle sera très grande ». (*Beréchith raba* 44).

Les mots « ta récompense est grande », eux, ne semblent pas être liés à une vengeance des vaincus. À moins que l'on ne pense à la rencontre d'Abram avec Melchisédech (14.18-20). Une récompense par rapport à quoi : au geste qu'il vient de poser (la dîme donnée à Melchisédech et le refus du présent offert par le roi de Sodome), ou au sauvetage de son neveu Loth ? Peut-on mettre cette « récompense » en rapport avec le v. 6, c'est-à-dire avec la foi d'Abram (« Il mit sa foi dans le Seigneur ; il le lui compta comme justice ») et considérer sa « justice » comme un élément de cette récompense ?

---

[21] Par exemple W. L. Holladay, *A Concise Hebrew and Aramaic Lexicon of the Old Testament*, Grand Rapids: Eerdmans, 1991.

[22] A.E. Cairus a consacré plusieurs pages de sa thèse à analyser la fonction causale de cette formule ici, mais le résultat demeure incertain. Cf. *Protection and Reward: The Significance of Ancient Midrashic Expositions on Genesis 15:1-6*, PhD thesis, Andrews University, 1989, p. 286-294.

[23] A. Wénin, *Abraham ou l'apprentissage du dépouillement : Gn 11,27-25,18*, Paris, Cerf, 2016, p. 89.

Pour Wénin, la promesse d'une récompense est bien liée à la fin de l'épisode de Melchisédech, en particulier au refus d'accepter des présents de la main du roi de Sodome :

Ne mérite-t-il pas une compensation, lui qui a renoncé à s'emparer du butin comme le roi le lui proposait, et de n'avoir ainsi noué aucun lien avec cet homme plein d'avidité ? En ce sens, la déclaration divine répète et confirme que le refus de la convoitise est paradoxalement « payant »[24].

Dans la même transition, l'expression הָיָה דְבַר־יְהוָה אֶל־אַבְרָם *hayâh debar YHWH el Avram* (« la parole du Seigneur parvint à Abram ») sonne encore plus étrange dans ce contexte. Alors qu'elle est caractéristique des écrits prophétiques (premiers et derniers prophètes ensemble), elle apparaît dans le Pentateuque seulement dans ce passage (v. 1 et 4). Le vocabulaire n'appartient pas à la langue du Pentateuque. Comment comprendre la présence de cette formule prophétique ? S'agit-il d'une contamination textuelle (due au rédacteur deutéronomiste) ou une vieille tradition, peut-être marginale, qui comptait Abraham parmi les prophètes ? La modalité par laquelle cette parole est parvenue à Abram n'est même pas précisée : est-ce par un songe ou par une théophanie spéciale ?

3. Le temps : la nuit ou le jour ?

Au v. 5, Dieu invite Abram à observer le ciel et à compter les étoiles. Cela suppose la nuit. Mais aux v. 12 et 17, on parle d'un coucher de soleil. Sur le plan narratif, cette apparente contradiction n'en est peut-être pas une : le récit saute des éléments qui sont sous-entendus ou présupposés. L'entretien peut bien avoir lieu la nuit et la suite des événements décrits aux v. 10-12, qui peuvent alors prendre une journée entière, le lendemain. Le coucher du soleil du v. 17 lui, pourrait être dû à un *Wiederaufnahme*, un procédé qui permet au narrateur de reprendre une idée là où il l'avait suspendue en insérant un élément qui en a rompu la progression. À la reprise, la suite se déroule à peu près normalement. L'on peut remarquer, dans les constructions des v. 12 et 17, une succession temporelle logique des événements au niveau narratif :

---

[24] *Ibid.*, p. 94. Voir aussi J. Cazeaux, *Le partage de minuit*, 2006, p. 230 ; Y. Zakovitch, « Juxtaposition in the Abraham cycle », in *Pomegranates and Golden Bells: Studies in Biblical, Jewish, and Near Eastern Ritual, Law, and Literature in Honor of Jacob Milgrom*, eds. D.P. Wright et al. (Winona Lake, IN: Eisenbrauns, 1995, p. 509–24, spec. p. 513.

- v. 12 : וַיְהִי הַשֶּׁמֶשׁ לָבוֹא *vayehî haššemeš lâbho'* (alors que le soleil s'en allait – litt. « pour aller »…). Cette construction est assez rare dans la bible hébraïque (cf. Jos 2.5)[25] ;
- v. 17 : וַיְהִי הַשֶּׁמֶשׁ בָּאָה *vayehî haššemeš bâ'âh* (alors que le soleil s'en est allé).

Il reste cependant quelque chose d'intriguant dans les prédictions des v. 13-16. Alors que tous les événements annoncés sur Abram et sa descendance sont au futur (inaccompli ou accompli inverti : יְהֶיה *yihyeh* (litt. « il sera »), וַעֲבָדוּם וְעִנּוּ אֹתָם *va'abhadhum ve'innu 'otâm* (« on les asservira et les opprimera ») יַעֲבֹדוּ *ya'abhodhu* (« ils seront esclaves »), יֵצְאוּ *yeç'u* (« ils sortiront »), תָּבוֹא *tâbho* (« tu iras »), תִּקָּבֵר *tiqqâbhed* (« tu seras enterré »), etc.), une construction bizarre vient interrompre cette succession de futurs, au v. 14. Le jugement de la nation oppressante est annoncé par un participe, c'est-à-dire un présent : וְגַם אֶת־הַגּוֹי אֲשֶׁר יַעֲבֹדוּ דָּן אָנֹכִי (« et la nation qu'ils serviront, *je juge* » – litt. « moi jugeant »). Jan Joosten explique ce participe comme impliquant qu'il s'agisse du verdict divin prononcé plus de 400 ans avant son exécution[26]. En d'autres termes, avant que les événements annoncés aient eu lieu, le jugement est déjà prononcé. Une autre lecture est néanmoins possible : l'intrusion du présent dans une série de sentences au futur peut être le fait d'une liberté syntaxique propre au langage oral.

4. Le sacrifice et les oiseaux de proie

En-dehors de la Bible elle-même, le rituel du sacrifice décrit en Genèse 15 trouve des parallèles dans le Proche-Orient ancien, et il y a une littérature relativement abondante à ce sujet[27]. Une inscription sumérienne du milieu du IIIe millénaire av. J.-C. décrit l'utilisation des colombes dans des rites d'alliance[28]. Les animaux étaient coupés en deux et les deux morceaux placés l'un en face de l'autre afin que le sang forme une mare, une sorte de voie sanguine entre les

---

[25] Joosten, *Biblical Hebrew*, p. 139.

[26] *Ibid.*, p. 255.

[27] Ralph W. Klein, "Call, Covenant, and Community: The Story of Abraham and Sarah." *Currents in Theology and Mission* 15, 1988, p. 123 ; D.J. McCarthy, "Covenant in the Old Testament: The Present State of Inquiry." *CBQ* 27, 1965, p. 224 ; G.F. Hasel, "The Meaning of the Animal Rite in Genesis 15", *JSOT* 19, 1981, p. 64 ; M.-A. Delalay, The Covenant Ritual in Genesis 15: Examining the Nature of the Covenant in Light of its Cultural and Literary Context, MA thesis, Concordia University, Montréal, 2009 ; M. Weinfeld, « The Covenant of Grant in the Old Testament and in the Ancient Near East », *JAOS* 90, 1970 ; Id., « ברית » in G. J. Botterweck and H. Ringgen (eds), *TDOT*, transl. by J.T. Willis, Grand Rapids: Eerdmans, 1975, vol. 2, 1975, p. 259-260 ; etc.

[28] Cf. C.T. Begg, « The Covenantal Dove in Psalm 74:19-20 », *VT* 37,1988, p. 79.

pièces au fur et à mesure de leur drainage. Les deux parties dans l'alliance ne sont pas souvent égales : la plus forte établit les termes de l'alliance et la plus faible accepte ou rejette les termes en second lieu, puis (en cas d'acceptation) marche dans le sang[29] comme pour dire : « Que ce qui a été fait à ces animaux me soit fait si je ne garde pas cette alliance[30]. » Celui qui ne respectait pas l'alliance (en fait surtout le plus faible) le payait de sa vie.

Dans la bible hébraïque, l'alliance n'est pas d'abord un agrément entre deux parties, mais l'idée première en est celle d'une imposition, d'une obligation. La ברית est commandée plus qu'elle n'est un accord mutuel comme le montre l'expression צוה ברית *çivah b°ryth* (Ps 111.9 ; Jg 2.20). Max Weber écrit à ce sujet :

> L'importante du concept d' « alliance » pour Israël résulte de ce que l'ancienne structure sociale de ce peuple reposait presque exclusivement sur une relation permanente définie par contrat entre les clans guerriers qui possédaient les terres et les tribus de métèques qui étaient leurs hôtes et que protégeait la loi (...). Apparemment seul un groupement religieux semblable était susceptible d'offrir une base solide pour une organisation politique et militaire durable[31].

Mais la question des oiseaux de proie qui s'abattent sur la viande reste une énigme, d'autant plus qu'on ne trouve pas de parallèles significatifs dans l'ancien Orient. Faut-il comprendre cela comme étant de bon ou de mauvais augure ? Albert Vincent évoque une pratique de l'époque médo-perse dans laquelle des cadavres humains étaient laissés à des oiseaux de proie pour être décharnés[32]. Les rites funéraires, en particulier l'inhumation ou la crémation des corps dans la plupart des sociétés humaines depuis l'Antiquité, et encore largement aujourd'hui dans les sociétés africaines traditionnelles, ont pour but, entre autres, d'empêcher ce scénario considéré comme un mauvais présage, un signe de disgrâce ou d'un mauvais passage dans l'au-delà. Si les animaux sacrifiés représentent les personnes engagées dans l'alliance, le fait que des oiseaux de proie s'y abattent pourrait avoir cette signification négative. On peut donc comprendre qu'Abram dût les chasser. Mais le fait est si imprécis et mal connu qu'aucune conclusion, en l'état, ne peut être tirée.

---

[29] Anonyme, « Abram's animal ceremony in Genesis 15: An exegesis of Genesis 15:7-21 », doc. Web in http://anchorsaway.org/Websites/anchorsaway/files/Content/5225383/Lesson_10_-_The_Abrahamic_Covenant,_Vander_Laan.pdf, consulté le 01/04/2020.

[30] A.J. Dearman, *The NIV Application Commentary: Jeremiah / Lamentations*, Grand Rapids, Zondervan, 2002, p. 311.

[31] Weber, *Le judaïsme antique*, p. 109-110.

[32] A. Vincent, « Le Proche-Orient », in *RevSR*. 27, 1953, p. 273.

Dans la bible hébraïque, les trois autres mentions des oiseaux de proie annoncent souvent des malheurs décrétés par Dieu contre des nations étrangères (Assyrie en Es 18.6 et Gog Ez 39.4) ou Juda (Jr 12.9). Aucune, à l'exception de celle de Jérémie, n'est associée à un sacrifice. Le passage de Jérémie est plus ambigu et difficile à traduire, comme on peut le voir dans les deux versions françaises ci-dessous.

הַעַיִט צָבוּעַ נַחֲלָתִי לִי הַעַיִט סָבִיב עָלֶיהָ לְכוּ אִסְפוּ כָּל־חַיַּת הַשָּׂדֶה
הֵתָיוּ לְאָכְלָה

NBS	Rabbinat français
Mon patrimoine est-il donc pour moi un oiseau de proie taché de sang, pour que les oiseaux de proie soient tout autour de lui ? Allez, rassemblez tous les animaux sauvages, faites-les venir à la curée !	*La nation qui constituait mon héritage est devenue à mon égard comme un vautour aux serres puissantes ; c'est pourquoi les vautours font cercle autour d'elle : «Allez, rassemblez toutes les bêtes des champs ! Amenez-les pour se repaître !»*

Quoi qu'il en soit, l'idée d'oiseaux de proie est associée à des ravageurs. Le contexte immédiat laisse entendre que Dieu rejette son peuple qui se comporte comme un prédateur et le livre à d'autres prédateurs (v. 7-9), référence aux puissances étrangères voisines, la Babylonie de Nabuchodonosor en l'occurrence. On retrouve là un thème deutéronomiste caractéristique.

Faudrait-il mettre ce détail en lien avec l'annonce du séjour en pays étranger et avec l'oppression qui lui est associée (v.13) ? On observe au niveau textuel une divergence entre le texte massorétique et la Septante.

TM	LXX
וַיֵּרֶד הָעַיִט עַל־הַפְּגָרִים וַיַּשֵּׁב אֹתָם אַבְרָם *Les oiseaux de proie s'abattirent (litt. descendirent) sur les cadavres, mais Abram les chassa.*	κατέβη δὲ ὄρνεα ἐπὶ τὰ σώματα τὰ διχοτομήματα αὐτῶν καὶ συνεκάθισεν (וַיֵּשֶׁב) αὐτοῖς αβραμ *Des oiseaux descendirent sur les morceaux coupés en deux des carcasses, et Abram s'assit avec eux.*

Au premier regard, le problème ici est la vocalisation de *vayyašebh*. La vocalisation hébraïque est celle du verbe נשׁב *nšb* (chasser) au hitpe'il (une forme rare, comme en Ps 147.18), alors que le grec suppose le verbe ישׁב *yšb* (s'asseoir, résider). Le texte consonantique n'étant pas vocalisé, le traducteur a sans doute eu de la peine à choisir. La forme du texte massorétique étant extrêmement

rare, le traducteur a naturellement pensé à un verbe plus courant en vocalisant
וַיֵּשֶׁב *vayyešebh*.

Mais peut-être le problème est-il plus profond que cela. Et si le traducteur de la Septante voulait délibérément, en faisant asseoir Abram avec les oiseaux de proie, transmettre une idée qui corresponde à la « prophétie » du patriarche, une prophétie *post-eventum*[33] construite à la lumière des événements de l'exode, et faire de ces oiseaux un signe de cet événement annoncé ? Ou si l'hébreu avait modifié la lecture du texte après coup ? Quoi qu'il en soit, cette « prophétie » pousse Jonathan Luke Huddleston à attribuer l'ensemble de Genèse 15 à une rédaction pré-sacerdotale (Pre-P)[34]. Mais c'est là une pure spéculation et il vaut mieux en rester là.

III. Question conclusive : faut-il à tout prix reconstituer les sources ?

Parvenu à ce stade de notre enquête, on n'est pas plus avancé au sujet des traditions sources de ce chapitre. S'agit-il de morceaux d'histoire sans lien organique entre eux ? Peut-être pas tout à fait, en tout cas d'un point de vue strictement narratif. Genèse 15 rassemble visiblement des morceaux de traditions d'Abraham, impossible à identifier, que le narrateur recolle ensemble pour construire une histoire complète, mais dont on ne sait finalement rien, ni de leur nature ni de leur contenu.

Je le disais dans un ouvrage précédent :

> L'histoire patriarcale comporte diverses traditions dont l'ensemble, selon Gerhard von Rad, est une contribution de la vague tribale la plus récente à la tradition pan-israélite qui est celle de l'exode conduit par Moïse[35]. Cela explique sans doute le fait que des traditions éparses aient été conservées par des groupes situés à des endroits différents (les traditions sur Abraham et Isaac sont liées aux tribus de la Judée méridionale et du Néguev, et celles de Jacob à la maison de Joseph composée d'Éphraïm et de Manassé), et que la tribu de Juda, qui a pourtant joué un rôle de premier rang dans l'histoire d'Israël, ne se retrouve ni dans l'une ni dans l'autre[36].

---

[33] J.L. Huddleston, *The Beginning of the End: The Eschatology of Genesis*, PhD thesis, Duke University, 2011, p. 102, 111.

[34] *Ibid.*, p. 256-260.

[35] Rad, *Old Testament Theology*, p. 170.

[36] J. Koulagna, *L'Ancien Testament, pour commencer*, Stavanger, Misjonshøgskolen, 2010, p. 34-35.

Mais il est difficile d'aller plus loin. Ce chapitre de Genèse résiste à toute reconstruction, comme c'est le cas dans bien des histoires orales, conçues pour exister en elles-mêmes et dont les liens entre les divers éléments ou les diverses séquences n'ont d'existence que celle que leur définit le conteur, de façon locale. Il n'est d'ailleurs pas exclu que le même conteur reprenant la même histoire, en distribue les détails de façon différente ou en insère de nouveaux. De ce point de vue, la démarche narrative apparaît bien plus intéressante.

Au-delà de la narrativité de l'ensemble du récit d'Abraham dans lequel s'insère Genèse 15, la narrativité propre à ce chapitre ressemble à un récit de conteur que l'on peut reprendre à volonté. Le texte contient des traditions sur la descendance et l'héritage, sur une pratique sacrificielle, sur l'exode et l'on peut bien se demander s'il ne s'agit pas d'une version alternative du credo, peut-être une des plus anciennes ou en tout cas un récit qui l'anticipe en forme de prophétie.

De façon générale, l'ensemble des textes narratifs du Pentateuque et de l'histoire deutéronomiste sont constitués visiblement des traditions ou morceaux de traditions qui s'expriment, au-delà de l'effort de construction littéraire d'un récit global et cohérent, par une spontanéité orale. Les redites et doublons avec des variantes plus ou moins importantes, voire contradictoires, s'expliquent par ce fait. Ainsi, Dieu promet à Abraham une descendance aussi nombreuse tantôt comme les étoiles du ciel (Gn 15.5), tantôt comme le sable au bord de la mer (Gn 22.17). Tantôt Jacob a vu son nom changer à la suite d'une lutte avec un inconnu (Gn 32.29), tantôt ce changement est survenu par une décision divine qui n'a rien à voir avec une quelconque bagarre (Gn 35.10). Tantôt Saül est oint par Samuel (1 S 9.26-10.1), tantôt il est choisi par tirage au sort (1 S 10.17-24), etc.

Par ailleurs, même des événements présentés dans un récit comme étant deux ou plusieurs épisodes différents pourraient être en réalité des variantes d'un même événement. C'est par exemple le cas avec les histoires d'épouses présentées comme des sœurs (Gn 12 ; 20 ; 26) que nous avons examinés au chapitre 1 de la présente étude. C'est aussi le cas lorsque le narrateur nous présente les deux fois où David a épargné Saül qui le poursuivait (1 S 24 et 26). Les paroles échangées entre les deux personnes sont si quasi-identiques que l'on a de la peine à imaginer qu'il s'agisse de deux événements successifs. Le narrateur a sans doute inséré des éléments pour permettre de les dupliquer et de les lire ainsi, mais les questions demeurent. Même devenu écriture, le récit biblique garde un caractère fondamentalement oral et le mode oral de transmission confère aux textes une dynamique marquée par la variation derrière laquelle il ne faut pas toujours rechercher des sources écrites différentes.

Pour Genèse 15, il me semble donc sage de renoncer autant à l'obsession de lui retrouver des sources écrites qu'à celle de démontrer à tout prix l'unité du texte, celle-ci étant de toute façon présupposée par le projet historiographique de l'Ennéateuque. Cette unité narrative projetée se construit dans et avec les différentes traditions orales de base qui s'expriment. En d'autres termes, le narrateur-compositeur du Pentateuque et de l'histoire deutéronomiste construit une harmonie narrative en laissant s'exprimer les gammes différentes, voire divergentes, des traditions qui les transmettent et les recréent en même temps. Les traditions orales africaines sur l'histoire des ancêtres fondateurs de la famille, du clan ou de la tribu, fonctionnent de cette manière-là, et c'est la fonction des conteurs de transmettre ces traditions de génération en génération.

5

L'épreuve d'Abraham (Gn 22.1-19)

L a mise à l'épreuve de la foi d'Abraham, que l'on appelle tantôt sacrifice d'Isaac alors même que ce dernier n'est pas sacrifié, tantôt sacrifice d'Abraham, est un des épisodes les plus connus de l'histoire patriarcale et sans doute le cœur du cycle d'Abraham.

I. Un muthos bizarroïde ?

1. Un muthos pour les religions abrahamiques

La tradition juive nomme cette histoire *Aqedah* ou ligature d'Isaac et lui consacre une fête du même nom. Des exégètes juifs en ont fait une typologie de la Pâque dans l'interprétation d'Ex 12.13, même si cela apparaît anachronique (cf. Rab Ishmael, *Pisha* 7) ; le livre des *Jubilés* va jusqu'à faire coïncider l'*Aqedah* avec l'anniversaire de la Pâque (Jub 18.18) et en faire « une étiologie de la Pâque[1] ».

L'exégèse chrétienne ancienne en a fait, elle aussi, à la suite de l'exégèse juive, une typologie de l'expiation par la mort du Christ. On le voit déjà, entre autres, dès le IIe siècle avec Barnabas (*Barn.* 7.3), Irénée de Lyon (*Adv. Haer* 4.5, 4) ou Origène (*Homélie sur Genèse, Hom. Gen.* 8.9), et plus tard avec Clément d'Alexandrie (*Christ l'éducateur, Chr. Ed.* 1.5, 23) ou Tertullien (*Contre les juifs, CJ* 13). La célébration chrétienne de Pâques, avec le thème de la mort sacrificielle de Jésus considérée comme un sacrifice de substitution, prolonge donc à sa façon, cet épisode de l'histoire biblique ancienne.

---

[1] A. Kuruvilla, « The *Aqedah* (Genesis 22): What Is the Author *Doing* with What He Is *Saying*? », in *JETS* 55/3, 489-508, spec., 2012, p. 492. Cf. Jon Balserak, « Luther, Calvin and Musculus on Abraham's Trial: Exegetical History and the Transformation of Genesis 22 », *RRR* 6, 2004, 364–365.

Plus tard, il est devenu pour la tradition musulmane qui l'a reçu et adapté, le muthos d'une de ses plus importantes célébrations, l'*aid al kabir*, fête dite du mouton ou du sacrifice, elle-même liée au pèlerinage annuel à la Mecque.

2. *Étrange, cette épreuve*

Ce récit a cependant quelque chose d'intriguant par le caractère étrange, voire « bizarre », de l'épreuve imposée au patriarche et pose des questions aux exégètes aussi bien juifs que chrétiens, et ce, depuis l'Antiquité. Ces questions, dont je reprends ici une synthèse présentée par Abraham Kuruvilla[2], donnent lieu à des interprétations parfois étonnantes. On s'est par exemple demandé, au regard de l'incongruité de l'ordre de Dieu, s'il s'agit d'une plaisanterie de sa part[3]. Dieu dit à Abraham : « Prends ton fils... ». La particule נָא (*na'* = s'il te plait, veux-tu ?) dans l'expression קַח־נָא (*qaḥ-na'* = prends, s'il te plait) est liée à cet ordre de Dieu. Kuruvilla fait remarquer que cette particule se trouve plus d'une soixantaine de fois dans Genèse, dont cinq seulement dans les discours de Dieu dans toute la bible hébraïque (Gn 13.14 ; 15.5 ; 22.2 ; Ex 11.2 et Es 7.3). Chaque fois, dans ces derniers cas, Dieu demande quelque chose d'incroyable qui défie toute explication et toute compréhension rationnelle[4]. Il est difficile dans ces conditions et même si Dieu a tout à fait le droit de plaisanter, de soutenir l'idée d'une blague divine.

On s'est aussi demandé s'il n'y aurait pas une influence satanique dans cette épreuve. Cette question est suggérée par la littérature juive intertestamentaire et reprise dans le Talmud. Le livre des *Jubilés*, par exemple, met en scène le diable jouant un rôle actif dans l'épreuve.

> Et le prince Mastema vint et dit devant Élohim : « Voici Abraham aime son
> fils et il se réjouit en lui au-dessus des autres choses. Ordonne-lui de l'offrir
> sur l'autel en sacrifice au feu et tu verras s'il fera cet ordre et tu sauras
> lorsque tu l'éprouveras s'il est fidèle en tout, tu l'éprouveras (...). » Et je
> lui dis : « Ne porte pas ta main sur le garçon, ne fais rien contre lui, car j'ai
> maintenant démontré que tu crains YHWH et n'as pas retenu de Moi ton
> fils, ton fils premier-né. » Et le prince Mastema fut mis dans la honte et
> Abraham leva ses yeux et voici un bélier [...] en capture par ses cornes et

---

[2] *Ibid.*, p. 490-491.

[3] W. Allen, « The Scrolls », in *The Insanity Defense: The Complete Prose,* New York, Random House, 2007, p. 137–38.

[4] V.P. Hamilton, *The Book of Genesis, Chapters 18–50,* NICOT, Grand Rapids, Eerdmans, 1995, p. 101.

Abraham alla et prit le bélier et l'offrit en sacrifice au feu à la place de son fils. (Jub 17.16 et 18.12-13).

Un fragment de Qumran, le 4Q225 (aussi appelé le Pseudo-Jubilées) va dans le même sens : « Les anges de Mastema étaient contents et disaient : "il va mourir". [En cela le prince de Mastema voulait voir si] [Isaac] serait trouvé faible ou si Abraham ne serait pas trouvé comme ayant foi en Dieu[5]. » Cette tradition se retrouve dans le Talmud, dans une version qui fait penser à l'introduction narrative du livre de Job :

> Sur quoi Satan dit au Tout-Puissant : « Souverain de l'Univers ! Tu as
> gracieusement offert à ce vieillard le fruit de l'utérus à l'âge de cent ans,
> mais de tout ce banquet qu'il a préparé, il n'avait pas une tourterelle ou un
> pigeon à sacrifier devant toi ! A-t-il fait autre chose qu'en l'honneur de son
> fils ? » Il lui répondit : « Mais si je lui disais : "Sacrifie ton fils devant moi", il
> le fera sans hésitation. » Aussitôt, Dieu tenta Abraham... (ᵇSanh 89b).

Une autre question est celle du rôle joué par la « victime », Isaac lui-même. Isaac est-il une victime ignorante ou un partenaire, voire un complice consentant de cette mise en scène de son sacrifice annoncé ? Cette question a aussi fait l'objet de pas mal de spéculations dans l'exégèse juive. Dans le targum du Pseudo-Jonathan de Genèse, on voit Isaac exhorter son père : « Lie-moi bien, de peur que je ne lutte dans l'agonie de mon âme et ne sois jeté dans le gouffre de la destruction et qu'une tache ne se trouve dans ton offrande ». On retrouve cette tradition dans le Targum de Neofiti et dans *Genèse Rabah* 56.8. Flavius Josèphe va jusqu'à affirmer qu'Isaac se réjouissait à la nouvelle de son sacrifice (*AJ* 1.232).

Mentionnons un dernier problème : la disparition d'Isaac après le sacrifice. Alors qu'au départ Abraham est allé avec son fils et deux serviteurs, qu'ensuite ils ont marché, lui et son fils, côte-à-côte vers le lieu du sacrifice, après le sacrifice on ne parle plus d'Isaac. Abraham repart à Beersheba plutôt avec les deux serviteurs (22.19). Cette « disparition » d'Isaac a fait l'objet de discussions et parfois de solutions fantaisistes dans l'exégèse rabbinique. Par exemple, Rab. Berekiah affirme qu'Abraham aurait envoyé Isaac à Shem pour y étudier la Loi tandis que Rab. Yosé bar Haninah, lui, prétend qu'il l'aurait envoyé de nuit pour le compte (entendez « par crainte ») du mauvais œil (*Genèse Rabah* 56.5). L'exégèse moderne est tout aussi spéculative. La critique historique a par exemple pu supposer que l'on ait maladroitement recousu l'histoire d'un sacrifice abandonné avec l'absence

---

[5] Texte très fragmentaire, avec une reconstitution approximative, J. Kugel, « Exegetical Notes on 4Q225 «Pseudo-Jubilees» », in *Dead Sea Discoveries* 13/1, 2006, p. 73-98, spec. p. 74-75. La traduction en français est de moi-même.

d'Isaac à la fin du récit[6]. Pour Kuruvilla, le but de l'effacement d'Isaac est de dire quelque chose en créant un écart frappant dans le récit : l'auteur dépeignait une ligne tracée, la relation entre le père et le fils était clarifiée en même temps que la tension entre la crainte de Dieu, et l'amour du fils était résolue[7].

Ces questions tendent à occulter les problèmes plus techniques liés à la composition et à la transmission de ce récit. Cela s'explique, d'une certaine manière, par le fait que ces problèmes ne s'y posent pas, en réalité, avec la même acuité que dans les autres textes étudiés dans le présent travail. Il n'en reste pas moins qu'ici aussi, des questions demeurent. Si la fonction narrative et théologique de ce chapitre de Genèse ne fait pas l'objet de discussions passionnées, les observations textuelles et philologiques révèlent, comme on le verra, des difficultés de reconstruction de la trajectoire du texte, aussi bien dans le processus de sa composition que dans celui de sa transmission manuscrite. Ces difficultés textuelles, ainsi que la signification même du récit, indiquent que celui-ci appartient à une vaste tradition folklorique.

II. La fonction narrative de Genèse 22.1-19 dans le cycle d'Abraham

La question de la place de ce chapitre dans le livre de Genèse, en particulier dans le cycle d'Abraham, a occupé une partie de la recherche. Si l'idée qu'il ait pu fonctionner comme un récit indépendant a pu être avancée[8] – nous y reviendrons lorsqu'il s'agira de la critique des sources – il est assez évident qu'il joue un rôle narratif et théologique important dans l'histoire d'Abraham. Robert Bergen[9] est même allé jusqu'à proposer une analyse informatique pour le montrer. Il souligne que ce chapitre est au cœur du cycle d'Abraham dans Genèse.

Genèse 22 constitue le climax des motifs d'épreuves, de refus d'héritier, de départ, de foi, de bénédiction et de possession de la terre dans ce cycle[10]. Bergen convoque pour cela des éléments sociolinguistiques, par exemple ce qu'il appelle des « marqueurs sémantiques » (noter que ce récit est le seul dans tout le cycle et même dans l'histoire patriarcale dans lequel il y a un marquage de lieu, lequel se révèlera être le site le plus important de toute l'histoire d'Israël et le haut-lieu

---

[6] Kuruvilla, The *Aqedah* (Genesis 22), p. 504. Voir aussi George W. Coats, *Genesis: With an Introduction to Narrative Literature* (FOTL 1), Grand Rapids, Eerdmans, 1983, p. 161.

[7] *Ibid.,* p. 504-505.

[8] K.A. Deurloo, « Because you have hearkened to my voice (Genesis 22) », in *Voices from Amsterdam,* (Semeia Studies), Atlanta, Scholars, 1994, p. 114.

[9] R.D. Bergen, « The role of Genesis 22:1-19 in the Abraham cycle: a computer- assisted textual interpretation », *CTR* 4.2, 1990, p. 313-326

[10] *Ibid.*, p. 322-325.

du yahvisme judéen)[11], l'emploi du dilemme et du paradoxe (le dilemme entre la promesse réalisée d'un descendant et l'exigence de le sacrifier)[12], ou l'emploi de la paronomase (le verbe ראה et son double sens de « voir » et « pourvoir »)[13].

Mais il convoque aussi des éléments lexicaux et fait remarquer, par exemple, l'emploi d'une structure de clause narrative unique au v. 13 : אחר qui remplace אחד. Pour lui, la linguistique discursive reconnaît que le langage humain naturel prévoit des anomalies grammaticales dans les contextes de grand intérêt thématique. Dans 22.13, le bélier pris dans un fourré derrière un homme qui est sur le point de sacrifier son fils préféré, a nécessité un type de clause, une fois dans un univers grammatical particulier[14]. Il souligne enfin l'emploi d'une variété de termes pour désigner Dieu : אלהים (Dieu), מלאך (ange) et יהוה (le Seigneur)[15].

Le récit du sacrifice d'Abraham, en tout état de cause, ne peut être compris en-dehors des promesses faites au patriarche. Von Rad l'a fortement souligné comme le montre la synthèse qu'en a fait Konrad Schmid[16]. D'abord, dans Genèse 12, Abraham reçoit des promesses de Dieu et enfin dans Genèse 21 son héritier, Isaac, est né. Immédiatement après Genèse 21, un chapitre plus tard d'après la chronologie littéraire, le don de Dieu à Abraham, son fils Isaac, est sur le point d'être rendu à Dieu lui-même. Par conséquent, Abraham doit non seulement sacrifier son fils, mais aussi rendre toutes les promesses que Dieu lui a faites, car celles-ci dépendent entièrement de la survie d'Isaac.

Genèse 22 utilise l'exégèse biblique intérieure, premièrement en ce qui concerne Genèse 12-21, et deuxièmement, en ce qui concerne les textes deutéronomistes et sacerdotaux et les Chroniques. Christo Lombaard[17] établit une corrélation avec les trois récits des épouses-sœurs en Genèse 12.10-20 ; 20.1-18 et 26.1-11. Il en conclut que dans l'ancien Israël, il y a comme une compétition entre les porteurs des deux traditions d'Abraham et d'Isaac, et le poids des traditions d'Abraham dans le Pentateuque comparé à celle d'Isaac montre bien qui fut le vainqueur dans cette lutte de pouvoir. Cela aura, comme nous le verrons plus loin, une conséquence sur l'histoire des sources de ce récit.

---

[11] *Ibid.*, p. 317-318.

[12] *Ibid.*, p. 318-319.

[13] *Ibid.*, p. 319.

[14] *Ibid.*, p. 321.

[15] *Ibid.*, p. 321-322.

[16] K. Schmid, « Abraham's Sacrifice: Gerhard von Rad's Interpretation of Genesis 22 », *I-JBT* 62, p. 269-276, spec. 2008, p. 269-270. Cf G. von Rad (1968), *Genesis*, p. 239-240.

[17] C. Lombaard, « Isaac Multiplex: Genesis 22 in a new historical interpretation », *HTS Theological studies 64(2)*, 2008, p. 912.

D'autres détails peuvent être observés au sujet du lien de ce récit avec celui du départ d'Abram en Genèse 12. Premièrement, les mots לֶךְ־לְךָ (« va-t'en », v. 2) que l'on a rencontrés en Gn 12.1). Dans les deux passages, Abraham est invité à prendre une décision apparemment stupide : partir pour l'aventure en renonçant à ses attaches familiales, et partir pour renoncer à la descendance promise et donnée. Deuxièmement, la précision avec laquelle cet ordre est donné est la même dans les deux passages :

22.2	12.1
de ton pays, de ta patrie, et de la maison de ton père, dans le pays que je te montrerai.	ton fils, Isaac, ton unique, celui que tu aimes tant... au pays de Moriyah (qu'Abraham ne connaît pas)

Troisièmement, la promesse donnée est la même dans les deux cas, au début dans Gn 12 et à la fin dans Gn 22 :

22.17-18	12.2-3
Je te bénirai et je multiplierai ta postérité, comme les étoiles du ciel et comme le sable qui est sur le bord de la mer ; et ta postérité possédera la porte de ses ennemis. Toutes les nations de la terre seront bénies en ta postérité, parce que tu as obéi à ma voix.	Je ferai de toi une grande nation, et je te bénirai ; je rendrai ton nom grand, et tu seras une source de bénédiction. Je bénirai ceux qui te béniront, et je maudirai ceux qui te maudiront ; et toutes les familles de la terre seront bénies en toi.

La collision entre les deux passages est évidente[18], et cette séquence répond donc à un projet narratif bien conçu. Dans les deux cas, la foi d'Abraham est mise à rude épreuve. L'on peut affirmer, en reprenant les termes de Kuruvilla, que ce que le narrateur fait en racontant ce qu'il raconte en Genèse 22, c'est d'affirmer que la foi doit toujours passer par l'épreuve[19], en reprenant de façon quasi-identique le même défi lancé à sa foi puis les mêmes promesses après que le patriarche eut obéi.

> La foi dans les promesses de Dieu et sa parole est exigée de l'enfant de Dieu, et une telle foi est susceptible d'être testée. Cette foi, équivalente à un

---

[18] Koulagna, *Exégèse et herméneutique,* p. 123.

[19] Kuruvilla, The *Aqedah* (Genesis 22), p. 498.

amour/crainte suprême de Dieu qui l'emporte sur toute autre allégeance, se manifeste dans l'obéissance auto-sacrificielle à sa parole. Une telle foi en Dieu (amour/crainte de Dieu), Dieu juge bon de la récompenser par une bénédiction[20].

Aussi le narrateur crée-t-il explicitement une tension émotionnelle dans le récit ; « peu importe ce que la lentille typologique avec laquelle ce compte est vu, une chose est claire : un père est appelé à tuer le fils qu'il aime », de même qu'il a dû sacrifier en Genèse 12 sa famille à laquelle est liée son identité. C'est ce qu'indique, en quelque sorte, la construction parallèle de Gn 21.3 et de 22.2[21].

III. Problème de sources : un texte élohiste ?

Contrairement à la plupart des textes analysés dans cette étude, le récit du sacrifice d'Abraham semble moins problématique en ce qui concerne l'histoire de ses sources. Le texte est presque unanimement attribué à E. Le principal argument est, bien entendu, le nom divin Élohim. Von Rad écrit à ce sujet :

> Ce récit – le plus parfait dans sa forme, le plus insondable dans son fond de toutes les histoires patriarcales – n'est que très vaguement rattaché à ce qui précède, ce qui permet de constater que pendant un temps relativement long, il a eu sa propre existence avant de trouver sa place dans le grand ensemble narratif de l'Élohiste[22].

Mais comme on le verra, ceci ne va pas sans poser de problème, et on le voit déjà dans ces mêmes mots de Von Rad qui évoque une existence propre de ce texte avant son insertion dans l'ensemble narratif de E. Commençons par quelques observations d'ordre textuel et philologique.

1. Observations philologiques et textuelles

Commençons par la formule introductive : וַיְהִי אַחַר הַדְּבָרִים הָאֵלֶּה *vay*e*hî aḥar hadd*e*bharîm hâ'elleh* (« il arriva après ces choses »). La tournure אַחַר הַדְּבָרִים ou אַחֲרֵי הַדְּבָרִים est apparemment banale et appartient au registre du récit biblique (cf. ch. 4 ci-dessus). Mais habituellement, c'est l'une ou l'autre tournure ou וַיְהִי qui sont plus courants. L'association de l'une avec וַיְהִי, que l'on peut rendre par « après ces choses, il arriva que… » n'est pas très courante :

---

[20] *Ibid.*, p. 507-508.
[21] *Ibid.*, p. 501.
[22] Rad, *La Genèse*, p. 241.

seulement huit fois en tout dans la bible hébraïque, dont cinq dans Genèse (22.1, 20 ; 39.7 ; 40.1 ; 48.1) et les trois autres dans l'histoire deutéronomiste (Jos 24.29 ; 1 R 17.17 et 21.1). Est-ce juste un effet de style ou faudrait-il la comprendre autrement ? Dans toutes ces occurrences, soit la section qui s'ouvre ainsi est indépendante de la précédente, soit elle introduit une rupture d'avec celle-ci.

Examinons Genèse 21. Il présente trois histoires visiblement indépendantes les unes des autres : la naissance d'Isaac, le départ d'Agar et l'alliance d'Abraham avec Abimélek. S'il y a une succession chronologique entre la première et la deuxième histoire, la troisième est totalement autonome dans le récit. Il n'y a pas de suite logique entre l'alliance avec Abimélek et le récit du sacrifice d'Isaac. À la rigueur, il pourrait y avoir un lien entre le récit de la naissance de ce dernier et son sacrifice annoncé. Si les mots אַחַר הַדְּבָרִים הָאֵלֶּה tentent d'établir une connexion entre ce récit et les éléments qui précèdent, וַיְהִי est plutôt une indication que ce texte est indépendant[23]. Un des indicateurs en est qu'ici Abraham vit à Beersheba (v. 19) alors qu'à la fin du chapitre 21 il était en séjour chez les Philistins (Gn 21.34) et qu'entre les deux séquences il n'y a pas d'indication qu'il soit déjà parti de chez ces derniers. Dans son commentaire, Rachi fait remarquer, en s'appuyant sur Gn 21.34, qu'Abraham « ne s'y est pas vraiment installé, puisqu'il s'était établi à "Hèvron, venant de Beér Chèva", douze ans avant le sacrifice de Yits'haq ».

Ceci a une conséquence sur la traduction du v. 1. Plusieurs de nos versions modernes considèrent ce verset comme une seule phrase : « *Après ces choses, Dieu mit Abraham à l'épreuve, et lui dit : Abraham !* » (Darby, Segond 1910, NEG). Mais certaines autres ont saisi la nuance, ce qui fait de la première proposition indépendante une sorte de titre : « *Après cela, Dieu mit Abraham à l'épreuve. Il lui dit : Abraham !* » (NBS, Segond 21, Semeur, PDV).

Au niveau textuel, il n'y a pas grand-chose à relever. La Septante suit pratiquement mot pour mot le texte hébreu hormis quelques tentatives de rendre plus clairs des éléments quelquefois obscurs, y compris en réduisant la performance paratactique (suppression de la coordination entre deux propositions) de l'hébreu[24]. Notons cependant deux détails intéressants. Un premier, mais sans incidence sur l'histoire des sources, est le bélier du v. 13 : le texte indique « un bélier » (אַיִל אַחַד ou simplement אַיִל), suivi par le Pentateuque

---

[23] Voir C. Lombaard, « Issues in or with Genesis 22: An overview of exegetical issues related to one of the most problematic biblical chapters », *Verbum et Ecclesia* 34(2), Art. #814, 2013, 5 pages. http://dx.doi.org/10.4102/ve.v34i2.814, consulté le 29.04.20; Joosten, *Biblical Hebrew*, p. 164-165.

[24] R. Setio, *Reading the Akedah narrative (Genesis 22: 1-19) in the context of modern hermeneutics*, PhD thesis, University of Gasglow, 1993, p. 21.

samaritain et la Septante (κριὸς εἷς), mais quelques manuscrits du Targum lisent
« un bélier derrière » (אֵיל אַחַד), créant ainsi une sorte de double traduction.

On voit bien qu'il s'agit d'un remplacement d'une consonne par une autre
graphiquement proche. Ce remplacement n'est pas purement accidentel comme
c'est souvent le cas[25] et comme le pense Paba Nidhani De Andrado qui considère
ce remplacement comme une erreur de lecture[26]. אַחַר suppose un complément
(derrière quoi ?) qui n'est pas là, ce qui rend le texte incompréhensible. Les
versions ont donc dû considérer le ר comme un ד, ce qui est plus logique. La
Peschitta présente une situation encore plus curieuse avec une sorte de jeu de
mots : ܒܕܒܪܐ ܚܕ ܐܚܝܕ dbr' ḥad aḥid. Le verbe ܐܚܝܕ (il est pris/retenu, de la
racine ܐܚܕ) est si proche de ܚܕ (un) que l'on se croirait devant un fait de double
traduction, ce qui n'est pas le cas ici. La traduction du rabbinat français suit
le Targum et propose « derrière lui » (אחרו ou אחריו), pour rester fidèle à la
tradition massorétique. L'exégèse juive médiévale expliquait déjà ce אחר, comme
on peut le voir chez Rachi : « Derrière lui (aḥar – littéralement : "après"). "Après"
que l'ange lui eut dit : "ne porte pas la main", il aperçut le bélier embarrassé dans
le buisson ». C'est la traduction du Targoum : Avraham leva les yeux « après cela ».

Le deuxième détail, qui est plus intéressant pour la critique des sources,
est l'indication du lieu au v. 2 : Moriyah (הַמֹּרִיָּה). Le Pentateuque samaritain
a המוראה et la recension grecque de Symmaque a τῆς ὀπτασίας (suivie par la
Vulgate « visionis »), qui suppose הַמַּרְאֶה hammar'eh (une vision ou un lieu de
révélation). Il s'agit visiblement d'une confusion visuelle due peut-être à une
altération du texte. Mais il peut aussi s'agir d'un bricolage dû au fait que cet
endroit n'était pas connu et que les traductions aient essayé de construire quelque
chose de compréhensible, ou même, comme l'a suggéré John Williams Wevers,
d'une volonté délibérée du Pentateuque samaritain d'éviter une référence à
Moriyah connu par la suite comme le site du temple de Jérusalem[27]. Le Vieux
grec de la Septante suggère ἐν τῶν ὀρέων 'en tôn oréôn (qui est sur des montagnes)
– une traduction canonique que l'on trouve aussi dans le targum d'Onkelos על
חד מן טוריא 'al ḥad min ṭoriya' – sur une des montagnes)[28] et qui pointe peut-
être le mont du temple à Jérusalem, devenu le lieu des sacrifices par excellence.

---

[25] Cf. E. Tov, *Textual criticism of the Hebrew Bible*, p. 246, 311 ; Id. (1997), *The Text-critical use of the Septuagint in Biblical research*, 1992, p. 136.

[26] P.N. De Andrado, *The Akedah servant complex: Tracing the Linkage of Genesis 22 and Isaiah 53 in Ancient Jewish and Early Christian texts*, PhD diss., Durham University, 2011, p. 52.

[27] J.W. Wevers, *Notes the Greek Text of Genesis*. Georgia, Scholars, 2013, p. 317.

[28] J.M. Scheetz, « Canon-conscious Interpretation: Genesis 22, the Masoretic Text, and Targum Onkelos », in *OTE* 27/1, 2014, p. 263-284, spec. p. 268. Voir aussi Oh, « Canonical.

La Septante et le Targum d'Onkelos reflètent donc une tradition qui construit un lien idéologique entre l'histoire biblique de l'Aqedah et les sacrifices pratiqués dans le temple de Jérusalem. Il y a une sorte d'adaptation de l'histoire de Genèse 22 au contexte du traducteur[29]. Josèphe a bien retransmis l'hébreu « Moriyah », mais en précisant qu'il s'agit d'une montagne (*AJ* 1, 224). Ceci a, comme le remarque Robert Bergen, une implication sur la critique des sources. Le récit de la discussion de Jésus avec la femme samaritaine sur le lieu de culte est un écho de reconstruction idéologique de Moriyah, même si ce lieu n'est pas mentionné explicitement.

Ainsi, l'identification du mont Moriyah avec le site du temple solomonique invite à une spéculation étendue concernant la date de composition et la précision historique du Pentateuque. Une technique courante dans la composition narrative consiste à utiliser un lieu considéré comme particulièrement important par le public visé pour servir de décor à un événement tout aussi important. Avec le mont du temple à Jérusalem comme site le plus important du yahvisme monarchique et judéen, un écrivain ayant créé son récit à partir de la période générale de 950-450 av. J.-C. aurait peut-être pu emprunter le prestige du complexe du temple de Jérusalem et le réinjecter dans le récit d'Abraham. S'il en est bien ainsi, on peut même supposer que le narrateur ait alors pu soit modifier un conte initialement associé à un autre site en Palestine, soit simplement en créer un nouveau.

2. Une histoire des sources ?

L'attribution de l'histoire du sacrifice d'Abraham à E pose en conséquence quelques problèmes. Déjà l'argument du nom divin Élohim s'avère insuffisant à lui seul, puisque les v. 15-18 emploient le tétragramme YHWH. On a essayé d'expliquer ce brusque changement par une activité rédactionnelle ultérieure. Pour Joseph Chaine par exemple,

> Les versets 1-14 et le verset 19 qui fait corps avec eux, sont attribués au document élohiste (...) ; le nom Yahvé au verset 11 a dû être substitué à celui d'Élohim par souci d'harmonie avec le verset 15 (...). On attribue au Rédacteur les versets 15-18 qui sont une amplification et reprennent des expressions déjà dites. Le verset 14, qui appelle Dieu Yahvé a dû être lui aussi ajouté ou remanié par l'auteur des versets 15-18[30].

---

[29] R. Setio (1993), p. 23, 27-36.

[30] J. Chaine (1949), *Le livre de la Genèse*, Paris, Cerf, p. 270.

En fait, la relative unanimité, s'il en est une, concerne uniquement les v. 3-10. Au début, c'est les v. 1-10 qui étaient attribués à E, à l'exception du v. 2 attribué tantôt au rédacteur (R), tantôt à un rédacteur jéhoviste (R[JE])[31]. Janice Curcio montre que la recherche sur cette question est bien plus divisée qu'elle n'en donne l'air[32]. Joseph Schmid[33], remettant en question la théorie de l'origine élohiste, relève au moins trois éléments des rapports intertextuels entre Genèse 22 et d'autres textes de la bible hébraïque présumés plus récents que E et qui rendent improbable l'appartenance élohiste de ce chapitre.

Premièrement, des liens avec la théologie deutéronomiste : Genèse 22, avec son ordre de sacrifier Isaac, présuppose les polémiques deutéronomistes contre les sacrifices d'enfants exprimées spécialement dans Dt 18.10 ; 2 R 16.2 ; 17.17 ; 21.6 ; 23.10 ; Jr 7.31 ; 19.5 ; 32.35[34].

Dt 18.10 : « *Qu'on ne trouve chez toi personne qui fasse passer son fils ou sa fille par le feu, personne qui exerce le métier de devin, d'astrologue, d'augure, de magicien* ».

2 R 16.2-3 : « *Achaz avait vingt ans lorsqu'il devint roi, et il régna seize ans à Jérusalem. Il ne fit point ce qui est droit aux yeux du Seigneur, son Dieu, comme avait fait David, son père. Il marcha dans la voie des rois d'Israël ; et même il fit passer son fils par le feu, suivant les abominations des nations que le Seigneur avait chassées devant les enfants d'Israël.* »

2 R 23.10 : « *Le roi souilla Topheth dans la vallée des fils de Hinnom, afin que personne ne fît plus passer son fils ou sa fille par le feu en l'honneur de Moloc.* »

Deuxièmement, des liens avec les textes sacerdotaux : même si le sujet est encore discuté, il paraît que Genèse 22 ait reçu et retravaillé des textes sacerdotaux qui traitent du culte sacrificiel en Lévitique 8-9. Il est frappant qu'en dehors de Genèse 22 et Lévitique 8-9 (qui contient une longue description des sacrifices d'animaux, notamment de bélier et de veau, lors de la consécration d'Aaron et de ses fils), il n'y a pas d'autres exemples dans la Bible où une offrande brûlée (עלה), un bélier et une apparence de Dieu sont combinés. Étant donné que Genèse 22 provient probablement de la période perse comme on le verra, il

---

[31] G. J. Wenham (1983), « The Religion of the Patriarchs », *Essays on the Patriarchal Narratives*. A. R. Millard and D. J. Wiseman (eds.), Winona Lake, Eisenbrauns, p. 271.

[32] J.A. Curcio (2010), *Genesis 22 And the Socio-Religious Reforms of Ezra And Nehemiah*, PhD diss., Brunel University, p. 33-39.

[33] K. Schmid, « Abraham's Sacrifice: Gerhard von Rad's Interpretation of Gen 22. Interpretation 62/2008, p. 273-275.

[34] Voir à ce sujet E. Noort, "Genesis 22: Human Sacrifice and Theology in the Hebrew Bible," in Id., *The Sacrifice of Isaac: The Aqedah (Genesis 22) and Its Interpretations*).

faut s'attendre à ce que le sacrifice du fils d'Abraham soit conforme à la théologie du temps, à savoir celle des textes sacerdotaux[35].

Troisièmement, des liens potentiels avec les Chroniques, en particulier 2 Chroniques 3 (ceci est aussi discuté) : en 2 Ch 3.1, on peut lire : « *Salomon commença à bâtir la maison du Seigneur à Jérusalem, au mont Moriyah, là où il était apparu à David, son père, au lieu que David avait préparé sur l'aire d'Ornân, le Jébusite.* » On a traditionnellement considéré que 2 Chroniques 3 clarifiait le sens de Moriyah en Genèse 22 comme se référant à Jérusalem. Le problème que soulève cette thèse est que Genèse 22 est attribué à E : comment ce dernier pourrait-il être littérairement dépendant des Chroniques ? Pour contourner ce problème, les exégètes ont compté sur une tradition commune de Moriyah ou d'autres théories *ad hoc* pour maintenir l'origine pré-*Chronistique* de Genèse 22. Mais ceci n'est pas très convaincant. Au contraire, il est tout à fait probable que Genèse 22 présuppose Chroniques, mais Chroniques ne connaît pas encore Genèse 22[36].

En gros, les approches diachroniques de Genèse 22 suivent donc deux orientations : celle qui cherche à comprendre le texte dans le contexte cultuel de l'ancien Israël et celle qui le comprend dans le contexte d'une discussion sur la théodicée dans les textes de l'Ancien Testament[37]. Dans le premier cas, on date le récit de Genèse 22 entre la chute de Samarie en 722/721[38] et les débuts de l'époque perse[39]. On pense alors que le sacrifice d'enfants faisait partie des traditions cultuelles d'Israël et que ce texte cherche à y mettre fin. Francesca Stavakropulou pense même que cette pratique aurait perduré jusqu'à une époque très tardive[40].

Dans le deuxième cas, le texte est clairement mis en relation avec la littérature postexilique, en particulier une discussion à l'intérieur du courant sapientiel, Job, Qohélet et Proverbes en l'occurrence. Qohélet réagirait par exemple contre

---

[35] Schmid, Abraham's Sacrifice, p. 274.

[36] *Ibid.*, p. 275.

[37] C. Lombaard, « Isaac Multiplex: Genesis 22 in a new historical interpretation », *HTS Theological studies* 64 (2)/2008 », p. 911.

[38] E. Noort (2002), « Genesis 22 in Human sacrifice and theology in the Hebrew Bible », in E. Noort, & E. Tigchelaar (eds), *The sacrifice of Isaac: The Aqedah (Genesis 22) and its interpretations*, Leiden, Brill, 1-20, spec. p. 19.

[39] G. Steins (2001), « Die Versuching Abrahams (Gen 22.1-19): Ein neuer Versuch », in A. Wénin, A (ed), *Studies in the book of Genesis: Literature, redaction and history*, Leuven, Uitgeverij Peeters, 509-519, spec. p. 514-515.

[40] F. Stavrakopoulou (2004), *King Manasseh and child sacrifice: Biblical distortions of historical realities*, Berlin, De Gruyter.

certains passages des Proverbes qui prônent un ordre éthique rétributif ferme[41].
Tout en acceptant les événements de 587/586 (comme une sanction), Genèse 22
pointerait plutôt le mystère des voies de Dieu et soutiendrait dans ce débat que
la souffrance, qui conduit presque toujours à la mort, fait partie de l'insondabilité
des voies de Dieu avec Juda. Le texte relèverait donc d'une réaction postexilique
au dogmatisme éthique[42].

La question est finalement la suivante : comment ce texte est-il entré dans
l'histoire patriarcale ? Ce passage a bien des traits d'une histoire anecdotique. Il
peut être lu comme un texte reflétant un jeu de pouvoirs dans l'ancien Israël/Juda,
dans lequel les colporteurs des traditions d'Abraham, avec ce récit, réfléchissent
sur des événements passés dans leur conflit avec les porteurs des traditions
d'Isaac. C'est dans ce contexte que, comme on l'a relevé plus haut, Lombaard
établit une corrélation avec les trois récits des épouses-sœurs en Genèse 12. 10-
20 ; 20.1-18 et 26.1-11. Genèse 22 opposerait des Isaacites à des Abrahamites,
les premiers étant sous la domination des derniers.

> Suivant cette ligne d'interprétation, dans Genèse 22, nous trouvons Isaac,
> et par implication les « marchands » d'Isaac, à la merci d'Abraham et de
> Dieu, et donc de ceux d'Abraham. Isaac joue le rôle de l'idiot de la famille :
> il n'a aucune idée de ce qui va se passer. Isaac (donc les Isaacites) est
> sous le pouvoir d'Abraham (donc des Abrahamites) et de Dieu : les deux
> derniers forment une union puissante dans laquelle Isaac (les Isaacites) est
> impuissant. L'avertissement est clair : Isaac (les Isaacites) jouera désormais
> un rôle subalterne dans l'identité religieuse de la "tribu" composite d'Israël
> (...). Ce n'est que par la grâce de Dieu qu'Isaac vit ; s'il avait été entre les
> mains d'Abraham, Isaac ne serait plus – c'est clairement l'implication que
> les Isaacites devraient saisir[43].

Cette analyse, très ténue, est intéressante pour comprendre l'arrière-plan
politique des récits bibliques, en particulier des traditions patriarcales et de leur
utilisation pour asseoir un pouvoir et une légitimité en en réduisant d'autres,
même s'il reste bien difficile d'identifier, dans l'Israël postexilique qui sont les
représentants de l'une et l'autre traditions. Au regard de tout cela, Lombaard
date Genèse 22 au plus tôt de 400 av. J.C.[44], c'est-à-dire vers la fin de l'époque

---

[41] J.T.Van Ruiten (2002), « Abraham, Job and the book of Jubilees: The intertextual relationship of Genesis 22:1-19, Job 1-2:12 and Jubilees 17:15-18:19 », in E. Noort, & E. Tigchelaar (eds), *The sacrifice of Isaac: The Aqedah (Genesis 22) and its interpretations*, Leiden, Brill, 58-85.

[42] C. Lombaard, Isaac Multiplex, p. 911.

[43] *Ibid.*, p. 913. La paraphrase est de moi-même.

[44] *Ibid.*, p. 916.

perse. Cette datation tardive de Genèse 22 a bénéficié d'autres arguments, par exemple la théologie de la crainte de Dieu qui est caractéristique de l'époque du second Temple[45].

Une lecture, certes marginale, considère que ce récit fonctionne de façon indépendante, même sur le plan narratif. Cela invite même dans l'analyse narrative, à une certaine retenue quant à son unité avec l'histoire d'Abraham[46] et pourrait, par ricochet, impliquer qu'il ait aussi existé comme une tradition indépendante qui aurait été insérée tardivement dans le cycle d'Abraham. L'appartenance du motif de substitution d'un enfant par un animal à une pratique bien connue et répandue dans la haute antiquité de la région permet d'ailleurs cette hypothèse.

IV. Signification folklorique et religieuse du récit

1. La substitution d'animaux, une pratique connue dans la haute antiquité proche-orientale

Au-delà de sa signification théologique, le récit du sacrifice d'Abraham prend place dans un contexte culturel plus vaste et a une portée folklorique importante dans le Proche-Orient ancien et sans doute ailleurs, dans l'antiquité. La pratique de la substitution d'un animal à un enfant était assez courante. Thomas Staubli affirme à ce sujet que l'histoire du ligotage d'Isaac s'enracine dans le contexte d'une pratique païenne de sacrifices humains qu'Israël rejette. Des données iconographiques indiquent des scènes de rédemption ou de substitution divine d'un sacrifice humain, ce qui suppose que de telles pratiques étaient connues dans la préhistoire « païenne »[47]. Gerhard von Rad écrivait déjà aussi qu'il est clair que « le récit, dans sa rédaction la plus ancienne, est vraisemblablement la légende cultuelle d'un sanctuaire et qu'il a légitimé le remplacement d'un sacrifice d'enfant exigé par la divinité par un sacrifice d'animal[48] ». Citant Otto Eissfeldt, il mentionne des stèles puniques de l'époque romaine qui font connaître l'usage de

---

[45] J.A. Curcio, *Genesis 22 And the Socio-Religious Reforms of Ezra And Nehemiah*, 2010, p. 84-96.

[46] K.A. Deurloo, « Because you have hearkened to my voice (Genesis 22) », in *Voices from Amsterdam*, (Semeia Studies), Atlanta, Scholars, 2010, p.113–130, spec. p. 114.

[47] T. Staubli, « Chapitre 3. The "Pagan" Prehistory of Genesis 22:1–14: The Iconographic Background of the Redemption of a Human Sacrifice », in I.J. de Hulster, B. A. Strawn, R.P. Bonfiglio (eds.), *Iconographic Exegesis of the Hebrew Bible / Old Testament. An Introduction to Its Method and Practice*, Göttingen, 2015, p. 78. Voir aussi Brian K. Smith & Wendy Doniger, « Sacrifice and Substitution: Ritual Mystification and Mythical Demystification", *Numen*, Vol. 36, Fasc. 2 (Dec., 1989), p. 189-224.

[48] Rad, la Genèse, p. 246.

substituer à un enfant voué à la divinité par un vœu, le sacrifice d'une brebis[49]. Par exemple, l'existence de nombreux sceaux cylindres de l'antique Babylonie[50] dans le nord-ouest sémitique, notamment à Mari et en Mésopotamie, entre le XIXe et le XIVe siècle av. J.-C.[51], et la stèle du sanctuaire d'Ebla (2340-2193 avant J.C.)[52] orientent fortement vers cette thèse.

Straubli souligne en outre la proximité de la sémantique et de la syntaxe de cette œuvre babylonienne avec celles des prototypes cananéens et explique que, tout comme les éléments visuels de la constellation iconographique sont reflétés dans Genèse 22, les thèmes textuels trouvés dans l'histoire d'Isaac sont également transposés dans des œuvres d'art ultérieures. Cela ne signifie pas nécessairement que les artistes ultérieurs aient eu connaissance de ces œuvres babyloniennes très anciennes, mais les similitudes suggèrent un arrière-plan conceptuel commun[53]. Cet arrière-plan est celui des sacrifices humains, d'enfants en particulier, comme on peut le voir sur cet autre sceau cylindre babylonien reproduit par Joachim Menant[54]. Les victimes humaines sont peu à peu remplacées par des victimes animales.

2. Plus préventif que curatif, au fond

Cependant, Straubli souligne aussi que si les sacrifices d'enfants sont connus et pratiqués dans l'ancien Levant, cela ne signifie pas qu'ils aient été courants. Il indique qu'un examen plus attentif des sources révèle que la plupart des théories sur les sacrifices d'enfants sont sans fondement et reposent sur des perceptions erronées. Avec l'essor des sociétés agricoles au néolithique (6400-4500 av. J.-C.), l'on note que des enfants, en particulier des nouveau-nés et des fœtus, sont inhumés de façon assez particulière dans des bocaux. Cela indiquerait que les premiers agriculteurs étaient confrontés à un phénomène important de mort-nés et à une mortalité infantile élevée, peut-être au moins en partie en raison de leur nouveau mode de vie sédentaire, qui a facilité l'émergence et la diffusion des maladies infectieuses. Il est possible que la vie sédentaire préindustrielle ait imposé des exigences élevées au travail humain et, avec elle,

---

[49] Id., cf. O. Eissfeldt, *Molk als Opferbegriff*, 1935, p. 1ss.

[50] T. Staubli (2015), p. 79-80. Voir le *Sceau cylindre, ancienne Babylonie (XIXe siècle av. J.-C.)*.

[51] *Ibid.*, p. 83-84.

[52] *Ibid.*, p. 86.

[53] *Ibid.*, p. 93.

[54] J. Menant (1878), *Recherches sur la Glyptique orientale*, 1ère partie : cylindres de la Chaldée, Paris, Maisonneuve et Cie, p. 152-153. Voir « Glyptique Orientale », fig. 95, p. 152.

augmenté la valeur de la vie, le chagrin associé à la mort et le désir de remplacer la vie perdue. Ces valeurs peuvent s'exprimer par de nouvelles pratiques rituelles rendues possibles par l'invention de la poterie. En tant que tel, il est tout à fait plausible que l'enterrement des nourrissons dans des pots n'indique pas des pratiques d'infanticide rituel, mais symbolise la restitution du corps mort au ventre maternel, ce qui a été vu en fort parallélisme avec la terre – tous deux donnant naissance à la vie[55].

Si la pratique du sacrifice d'enfants est connue, les conditions de vie et les enjeux de la survie communautaire la rendent risquée, voire insensée, et peut expliquer son rejet et sa substitution par des sacrifices d'animaux. Le rejet de cette pratique n'est donc pas unique dans l'ancien Israël ; il appartient déjà, depuis des millénaires avant le récit de Genèse 22, à l'ensemble (la majorité peut-être) des civilisations de l'ancien Orient et peut-être d'ailleurs. Elle a donc appartenu à différents folklores locaux. Ce motif a été repris en l'état par l'auteur de Genèse 22 et inséré dans l'histoire patriarcale, notamment le cycle d'Abraham, pour justifier le refus explicite du sacrifice humain qui devait, au témoignage des textes bibliques, subsister sporadiquement dans certains milieux. La construction de la ville de Jéricho est associée à une malédiction due à cette pratique (1 R 16.34), et des rois d'Israël sont accusés d'avoir fait passer leurs enfants par le feu comme une illustration de leur apostasie extrême qui aurait consisté à suivre les « abominations » des peuples voisins (2 R 16.3 ; 17.17, 31 ; 21.6 ; etc.). Le caractère idéologique et symbolique de ces passages rend difficile de vérifier l'historicité des faits évoqués.

Quoi qu'il en soit, on a bien l'impression que le folklore repris et réutilisé au profit d'une théologie, voire d'une idéologie politique, fonctionne plus à titre préventif que pour interdire une pratique qui en soi n'est plus de rigueur et ce, depuis bien longtemps. Le récit de l'*Aqedah* peut au moins en partie être lu ainsi. Le motif au niveau théologique a largement été repris dans l'art religieux ultérieur, juif et chrétien en particulier[56]. La théologie chrétienne en a construit, depuis l'époque patristique, une interprétation typologique : le sacrifice d'Isaac est vu comme une préfiguration de celle du Christ[57].

---

[55] Straubli, Chapitre 3. The "Pagan" Prehistory of Genesis 22:1–14, p. 96.

[56] Voir J. Gutman (1987), « The Sacrifice of Isaac in Medieval Jewish Art », in *Artibus et Historiae*, Vol. 8, No. 16, p. 67-89 ; I.M. Puică (2011), « The Lamb Sacrifice Expressed in Religious Art », in *EJST* 7.2, 77-99 ; S. Fellus, *Abraham dans l'iconographie des trois religions monotheists*, HAL archives ouvertes, doc. Web in https://halshs.archives-ouvertes.fr/halshs-00828864, 2013, consulté le 24 avril 2020.

[57] A.H. Ferreirós, « El sacrificio de Isaac », in *RDIM* VI, nº 11, 2014, p. 65-78.

V. Remarques conclusives

Le sacrifice d'Abraham occupe une place stratégique dans le cycle qui lui est consacré. Il en constitue le sommet, voire de l'histoire patriarcale tout entière, cela est établi. En revanche, l'histoire de ses sources est, elle, beaucoup moins évidente. Nous avons vu que son rattachement à E dans la théorie documentaire est problématique et ce, depuis fort longtemps. À la rigueur, seuls des v. 3-10 peuvent être attribués à E[58], et encore...

Si les observations textuelles et philologiques ont permis de remarquer que la transmission de certains détails obéit à un agenda liturgique connu, en lien avec la fondation du sanctuaire, elles ne permettent pas de retracer de façon claire et certaine la trajectoire de ce texte. Il y a néanmoins une proximité si importante avec des contextes théologiques de l'époque du second Temple (sacerdotal, deutéronomiste et sapiential) qu'il n'est pas exagéré de penser que ce récit, dans sa forme actuelle, soit bien plus tardif qu'il n'en donne l'air.

C'est donc une histoire qui a probablement été insérée assez tardivement dans l'histoire patriarcale avec un programme théologique précis : la mettre en lien avec l'épisode de la vocation du patriarche en Genèse 12 et les promesses associées, et des épisodes suivants (par exemple la double promesse de Genèse 15), pour présenter Abraham comme le modèle et père de la foi, en soulignant comment il a pu surmonter les épreuves liées à cette foi. Cette insertion a pu servir comme une typologie de la Pâque jusque dans l'exégèse et la théologie chrétienne ancienne, mais aussi comme un argument politique et symbolique de légitimation d'un clan contre un autre dans un contexte de lutte de pouvoirs ou, en tout cas, dans un contexte d'influence entre représentants de traditions patriarcales : abrahamites contre isaacites.

L'histoire antérieure de ce récit est encore plus difficile à établir. Les données historiques et iconographiques anciennes indiquent que le motif de la substitution d'un animal de sacrifice à un enfant est une donnée culturelle connue au moins depuis le IIIe millénaire av. J.-C. et liée à l'infanticide rituel et à son rejet. Il est fort probable, presque évident, que la légende du sacrifice d'Abraham et du remplacement d'Isaac par un bélier appartienne, comme bien des histoires de Genèse notamment les récits des origines, soit un folklore global reconstruit et adapté en contexte. Dans cette perspective, l'hypothèse d'une existence indépendante de ce récit avant son insertion dans le cycle d'Abraham est tout à fait envisageable. Ce récit indépendant a pu, même en Israël, connaître des formes et des détails variés dans des traditions orales. Il a ainsi pu être connu

---

[58] La note la Bible de Jérusalem (2013) propose que les v. 1-14.19 appartiennent probablement à E et les v. 15-18 étant une addition. Mais tout cela reste problématique.

dans l'ensemble des milieux et courants théologiques : élohistes, yahvistes, etc., et le rédacteur et/ou le compositeur de Genèse 22 a pu avoir lui-même un accès plus ou moins direct à ces traditions, y compris à une époque relativement tardive, l'époque perse notamment.

Cela fait penser aux mythes oraux de fondation, d'autant que sur le plan historique le nom Moriya reste inconnu. C'est 2 Ch 3.1 qui l'assimilera à l'endroit où s'est construit le temple de Jérusalem. La lecture éthique et théologique suivra ultérieurement. Chaque tradition religieuse (juive, samaritaine et musulmane) se réapproprie ce lieu ainsi que la figure d'Abraham. La substitution d'Isaac par Ismaël dans la tradition musulmane participe elle aussi de cette dynamique.

6

L'affaire Dina (Genèse 34)

L'histoire de Dina est un fait divers, le dernier d'une série parmi de nombreux autres dans le cycle de Jacob, caractérisés entre autres par la ruse, des coups-bas et des négociations parfois sordides. C'est dans ce cycle que l'on trouve la bénédiction volée (Genèse 27), l'histoire du double mariage de Jacob (Genèse 29), la concurrence des enfantements entre épouses et esclaves et l'affaire des mandragores utilisées par les sœurs coépouses comme monnaie de change pour « acheter » une nuit avec Jacob (Genèse 30), la fuite de Jacob de chez son oncle Laban avec du bétail dont on se demande s'il est volé ou s'il est un juste salaire (Genèse 30-31), la « réconciliation » de Jacob et Ésaü sur fond de ruse et de sentiments contraires (Genèse 32-33). Un tableau peu reluisant qui contraste avec ce que l'on pourrait attendre d'une lignée sainte, des fondateurs d'un peuple mis à part par Dieu. Finalement, ce peuple présente des situations familiales ordinaires dans et à travers lesquelles Dieu œuvre à sa construction et, plus largement, à la construction de toute une histoire, celle d'une communauté de foi.

Ce récit a fait l'objet de plusieurs études et pose d'importants problèmes aux exégètes. Entre autres le fait que, comme dans le livre d'Esther, Dieu ne soit pas mentionné et ne joue aucun rôle actif dans le récit, ou que Dina, alors même qu'elle est au cœur du récit, n'ait pas la parole. Que faire de l'acte de Lévi et de Siméon ? À quoi sert ce récit alors qu'il n'a même pas de suite : pas de fils né de Dina qui n'apparaît plus dans la suite de l'histoire ni même dans le reste de la Bible, pas de guerre avec les Cananéens, pas de conquête de la ville de Sichem, etc.[1] ? Le récit a été étudié, entre autres, sous l'angle des violences sociales, sexuelles en l'occurrence ou du féminisme.

---

[1] Scott (pseudonyme, s.d.), « Levi, a Priestly Zealot or Priest and Zealot? A study of Second Temple Era exegetical traditions surrounding Levi son of Jacob », doc. Web in https://www.yu.edu/sites/default/files/inline-files/Belkin_Levi%2C%20A%20Priestly%20Zealot.pdf, p. 3,

Mais il a fait aussi l'objet d'études plus « techniques », notamment du point de vue de la critique des sources et des traditions. La présente étude tentera de reprendre ce dernier dossier en prêtant une attention particulière au caractère oral de ces sources et traditions. L'on est frappé, à la lecture de cette histoire familiale, par une certaine polyphonie. Tantôt Sichem a enlevé et violé Dina, tantôt il l'a séduite et gagné son affection ; tantôt l'action des fils de Jacob est critiquée, voire condamnée, tantôt elle est exaltée ; tantôt c'est une affaire de personnes, tantôt c'est celle de clans, etc. Il est évident que plusieurs traditions s'entrechoquent et que ces traditions proviennent de milieux et d'époques différents.

La question est la même pour les autres textes étudiés : est-il possible d'identifier ces traditions et de dire si les sources, qui sont à la base de ce récit, étaient des documents écrits indépendants comme l'a souvent affirmé la traditionnelle théorie documentaire ? Devrait-on envisager d'autres pistes, par exemple celle des traditions orales comme base du récit biblique et de ses évolutions ultérieures ? Le récit présente, d'après Cynthia L. Miller-Naudé & Jacobus A. Naudé qui se fondent essentiellement sur une analyse des représentations métapragmatiques dans les dialogues successifs, des fonctionnalités d'une interface oral-écrit. En d'autres termes, des éléments considérés comme littéraires sont ancrés dans l'oralité[2]. Il s'agira encore, dans ce chapitre, de revisiter les théories suggérées par l'analyse documentaire en prêtant une attention particulière aux indices relevant du registre de traditions, orales en particulier et en rapprochant, si besoin, le récit avec d'autres de l'Ennéateuque, notamment l'histoire d'Abimelek dans le cycle de Gédéon en Juges 8-9. Pour y arriver, il est important, me semble-t-il, de comprendre le contenu même de l'événement déclencheur du récit : Dina a-t-elle été violée ou séduite ?

I. La question de départ : viol ou séduction ?

1. Dina a-t-elle été violée ?

Dès l'entrée du récit, le lecteur est frappé par une affirmation que le rédacteur a sans doute voulue violente : Sichem a enlevé (וַיִּקַּח – *vayyiqaḥ*) Dina,

---

consulté le 22/02/2019. Cet article reprend les questions de James Kugel, *The Ladder of Jacob*, Princeton, Princeton University Press, 2006, p. 37.

[2] Cf. C.L. Miller-Naudé & J.A. Naudé (2016), p. 67 : וַיַּעֲנוּ בְנֵי־יַעֲקֹב אֶת־שְׁכֶם וְאֶת־חֲמוֹר אָבִיו בְּמִרְמָה וַיְדַבֵּרוּ אֲשֶׁר טִמֵּא אֵת דִּינָה אֲחֹתָם וַיֹּאמְרוּ אֲלֵיהֶם (Les fils de Jacob répondirent à Sichem et à Hamor son père par ruse... Ils parlent parce qu'il a déshonoré leur sœur Dina. Ils leur dirent...).

a couché avec elle (וַיִּשְׁכַּב אֹתָהּ – *wayyiškab otah*) et l'a déshonorée (וַיְעַנֶּהָ – *wayᵉ'aneha*) (v. 2b). Le choix du vocabulaire est destiné à frapper l'attention du lecteur et à lui faire prendre position. Et cela fonctionne, y compris pour les lecteurs d'aujourd'hui. Bien des exégètes ont souvent privilégié la lecture d'après laquelle il s'agit en effet d'un viol (donc d'une humiliation infligée à Dina). Cette interprétation semble être corroborée par le targum Jonathan de Genèse qui traduit לקח *lqḥ* par דבר *dbr*. En araméen, le verbe דבר peut avoir le sens de prendre par force, donc kidnapper et bien des lecteurs aujourd'hui le comprennent ainsi. Les agressions et violences sexuelles contemporaines, qui défraient la chronique dans les médias et charrient beaucoup d'émotions, ont pu influencer pour une part, au moins pour les exégètes d'aujourd'hui, cette lecture. On a pu affirmer par exemple que Sichem a enlevé et violé Dina pour ensuite affirmer l'aimer et chercher à l'avoir comme femme[3].

Les choses ne sont cependant pas aussi simples. Reprenons les trois verbes employés : « prendre », « coucher » et « déshonorer ». Le premier a été rendu par « enlever » dans de nombreuses versions (Martin, Segond 1910, NEG, S21, Semeur, TOB, etc. pour le français). Cette traduction de לקח laisse entendre que Sichem a kidnappé Dina, c'est-à-dire qu'il l'a prise contre son gré en usant de la violence. Le problème est que non seulement le v. 3 donne un son de cloche différent (qui fait l'objet de ce chapitre et sur lequel nous reviendrons), mais aussi que le verbe לקח employé en contexte de relation sexuelle est, comme le remarque Jean-Daniel Macchi, très fréquent dans la bible hébraïque[4]. Associé à אִשָּׁה *išâh*, il prend le sens d'épouser comme le montre le v. 4. Ainsi, les expressions « donner pour femme » (נתן לאשה) et « prendre pour femme » (לקח לאשה) appartiennent au vocabulaire du mariage. Cela apparaît clairement dans la suite du récit.

Pour le verbe « coucher », il convient de noter la tournure וַיִּשְׁכַּב אֹתָהּ *vayyiškab 'otah* (il la coucha – comme on le ferait avec un bébé ou un malade) au lieu de וַיִּשְׁכַּב אִתָהּ *vayyiškab 'itah* (il coucha avec elle), qui exprime plus clairement l'acte sexuel. L'association de לקח avec שכב *škb* suivi d'un complément d'objet est rare (seulement ici et en 1 R 17.19 où Elie prend l'enfant de la veuve

---

[3] Rab. Alana Suskin, « What happened to Dinah », dans le blog des rabbins sans frontières (https://www.myjewishlearning.com/rabbis-without-borders); Jessica M. Keady, « Rape culture discourse and female impurity: Genesis 34 as a case study », in C. Blyth, E. Colgan, K.B. Edwards (eds), *Rape Culture, Gender Violence, and Religion: Biblical Perspectives*, Palgrave McMillan, 2018, p. 66-82; Asher Elkayam, *Love and romance in the Bible*, 2013, p. 179-182; Miracle Ajah, « Reprisal Attacks: A Theological Reflection Of Genesis 34 On Reactions To Evil And Human Wickedness In Nigeria », *Scriptura* 113/2014, 1-13; etc.

[4] J.-D. Macchi (2000), « Amour et violence. Dina et Sichem en Genèse 34 », in *Foi et vie* 39, p. 29-38, spéc. p. 31-32.

de Sarepta et le couche dans un lit). Si l'on s'en tient à ces données, il n'est même pas clair que Sichem ait eu une relation sexuelle avec Dina. Serait-ce juste un problème de vocalisation ? Si oui, dans quelle direction est allé le changement ?

Cela nous conduit au troisième verbe : עִנָּה 'anah, rendu ici par « déshonorer ». L'idée exprimée par cette racine est celle d'être humble, s'abaisser (Ex 10.3), au piel, d'être affligé, opprimé, déprimé (Ps 116.10 ; Es 31.4) et au hiphil, d'humilier, de maltraiter (Gn 16.6). Elle est proche de l'assyrien *enú thwart*, frustrer, d'où violenter et de l'arabe عنو عنا *'anw 'ana'* « se soumettre doucement » (cf. *BDB* in *BW 9*).

Mais cette racine exprime aussi l'idée de répondre (Mi 6.5 ; 1 S 28.15), d'exaucer (= répondre favorablement – 1 R 12.7) – cf. Syr. ܥܢܐ *'ana'* ; OAram. Ps עֲנָה; cf. Ar. عنا عني *'ana* « avoir une intention en disant ») (*BDB* in *BW 9*). Ce deuxième sens est suggéré par la fin du v. 3, comme si l'acte de Sichem répondait à un désir de Dina, puisqu' « *il sut parler au cœur de la jeune fille* » (cf. Segond révisé – וַיְדַבֵּר עַל־לֵב הַנַּעֲרָ). L'expression דבר על לב *dbr 'al lev* apparaît huit fois dans la bible hébraïque avec le sens de « parler affectueusement » (Gn 50.21 ; Jg 19.3 ; Rt 2.13 ; Es 40.2), « convaincre » ou « encourager » (2 S 19.7), « séduire » (Gn 34.3 ; Os 2.16) et une fois le sens de parler intérieurement, se parler à soi-même, murmurer (1 S 1.13). Hormis ce dernier cas, l'expression renvoie généralement à une affection profonde (amour ou compassion).

Cela suggère, dans le contexte de Genèse 34 que Dina n'était pas violée, mais qu'il s'agit d'une rencontre romantique entre jeunes. Les expressions וַתִּדְבַּק נַפְשׁוֹ *vattidbaq nafšo* (son âme s'attacha – v. 3) et חָשְׁקָה נַפְשׁוֹ *ḥošqah nafšo* (il attacha son âme) orientent vers ce sens. On retrouve cette expression en Es 38.17 dans une construction quelque peu étrange et difficile à traduire : les traducteurs de la TOB la rendent ainsi : « *Tu t'es attaché à ma vie (חָשַׁקְתָּ נַפְשִׁי) pour que j'évite la fosse* ». La Septante propose : « *Tu as choisi mon âme* » (εἴλου μου τὴν ψυχήν). Il est néanmoins clair qu'elle exprime un attachement affectif fort.

Tout en suggérant de comprendre le verbe עָנָה dans le sens de « déshonorer » ou d'« humilier », Macchi estime, au regard de toute cette complexité, qu'il désigne non pas un viol, mais une relation sexuelle honteuse parce que socialement illégitime, sans impliquer nécessairement une violence. Pour lui, ce verbe permet d'introduire la problématique du rétablissement de la légitimité de la relation des deux jeunes gens par le mariage. D'ailleurs, un autre rapprochement pourrait être fait avec l'idée de cohabiter[5]. En effet, cette forme pourrait être rapprochée ou dériver du mot עֹנָה (cohabitation ou droit conjugal – Ex 21.10),

---

[5] *Idem.*

d'une racine différente (עוּן ?) pouvant signifier « habiter » (cf. *BDB* 7223), mais difficile à certifier.

La question est loin d'être tranchée. Mais il est difficile d'affirmer fermement que le texte parle d'un cas de viol. Le déshonneur dont il est question serait tout au plus, en reprenant l'expression de Macchi, lié à la « chute d'amour » de Dina qui en partage donc la responsabilité avec Sichem. Si elle a fait confiance à Sichem (le texte dit que celui-ci « a parlé au cœur de la jeune fille » (וַיְדַבֵּר עַל־לֵב הַנַּעֲרָ) (Segond 1910 : « il sut parler à son cœur ») ou qu'« il regagna sa confiance » (TOB 2010), c'est qu'elle est consentante et une fille facile, donc prostituée. C'est ce qui est sous-entendu pour être ensuite réfuté par ses frères au v. 31. Dans ce cas, Dina s'est laissée séduire. Cette lecture est déjà présente dans le commentaire de Rachi qui se montre dur vis-à-vis de Dina. Pour ce dernier, Dina mérite d'être appelée « fille de Léa », parce que celle-ci est aussi « sortie » (cf. 30.16), justifiant ainsi le proverbe « telle mère telle fille ». On se situe alors dans le champ de rapports volontaires qui ne sauraient constituer *stricto sensu* une infraction, encore moins un crime[6].

Le problème n'est donc pas celui du viol en tant que tel, mais celui de copinage entre des groupes qui ne sont pas seulement tribaux, mais qui franchissent des lignes rouges culturelles et religieuses : Sichem le Hivvite est considéré comme n'appartenant pas à la famille ancestrale, d'autant qu'il est incirconcis[7].

2. Un parallèle connu : Enlil et Ninlil

Ce paradoxe est un motif assez bien connu dans les textes du Proche-Orient ancien. Par exemple, une légende sumérienne décrit la relation amoureuse d'Enlil (dieu sumérien de l'atmosphère et roi des dieux) et Ninlil (son pendant féminin), et la naissance de trois créatures infernales. La jeune Ninlil est séduite par le dieu Enlil alors qu'elle se baigne dans un canal, en dépit des mises en garde de sa mère, et elle donne naissance au dieu Nanna. Lorsque Enlil est banni de Nippur par les autres dieux (bien qu'il soit leur maître) à cause de cette relation coupable, Ninlil le suit dans sa fuite jusque dans l'Ikalla (les enfers). Elle parvient à s'unir encore avec lui, malgré les déguisements multiples du dieu, et conçoit chaque

---

[6] Rav N. Scherman & R.M. Zlotowitz (eds), *Le Houmash: La Torah, les Haftarot, les Méguilot*, trad. Rav Aharon Marciano, Artscroll/La Mesorah, New York, 2011, p. 193.

[7] Arnold, *Genesis*, p. 295-296.

fois un nouvel enfant. Le dernier passage chante les louanges d'Enlil et de Ninlil devenus parents[8].

On remarque la même ambiguïté : d'une part il est reproché à Enlil d'avoir enlevé et violé Ninlil, ce qui lui vaut d'être banni, de l'autre l'imprudence de Ninlil est soulignée (puisque sa mère l'a prévenue de ne pas se baigner dans le canal), et bien plus, elle suit Enlil dans sa fuite et obtient malgré les obstacles (Enlil se déguise plusieurs fois pour lui échapper) à s'unir encore avec lui, ce qui suggère qu'elle est amoureuse de lui. En rapprochant l'histoire de Dina de celle-ci, il n'est pas impossible qu'une tradition ait considéré la jeune fille comme consentante, voire qu'elle ait provoqué la situation. On peut donc établir un parallèle entre les deux récits :

Histoire de Dina	Mythe d'Enlil et Ninlil
Dina sort retrouver (litt. « voir », « observer ») les filles du pays.	Ninlil va se baigner dans un canal malgré les avertissements de sa mère.
Léa est enlevée (?) et violée (?) par Sichem (v. 2) ; il se prend d'amour pour elle...	Ninlil est séduite et violée (?) par Enlil et donnera naissance au dieu Nanna.
et sait lui parler au cœur (Dina est-elle tombée amoureuse ?)	Ninlil suit Enlil dans son exil aux enfers.
Viol et/ou séduction	Viol et séduction
Sichem et sa ville sont détruits Pas de suite de nouvelles de Dina, mais Lévi et Siméon sont réprimandés, puis condamnés.	Enlil est banni et envoyé aux enfers... Mais Ninlil l'y suit.

Les deux histoires suivent le même schéma. Elles représentent sans doute des variantes d'une tradition assez classique qui a pu se diffuser oralement sous de nombreuses autres variantes dans le Proche-Orient ancien. Mais elles pourraient aussi être lues comme des constructions littéraires basées sur des faits divers familiaux de la vie quotidienne. À l'absolu, leur source doit remonter à un lointain passé de l'histoire de la civilisation de cette région. Arrivées chez les Hébreux et leurs voisins immédiats, ces histoires n'ont pas cessé de se diversifier et de s'adapter dans d'infinies traditions dont le récit biblique de Dina porte encore des traces.

---

[8] https://www.nccri.ie/mesopotamie/enlil.htm ; Cf. Robert Falkowitz, « Discrimination and Condensation of Sacred Categories: The Fable in the Early Mesopotamian Literature », in O. Reverdin (éd.), *La fable*, Vandoeuvres-Genève 22-27 août 1983, Hardt, p. 1-24, spec. p. 18-19.

II. La question des sources

Le cycle de Jacob est constitué de morceaux narratifs attribués essentiellement à J, E ou JE (la fusion présumée de J et E). Très peu d'éléments proviendraient de P (35.9-13 par exemple). Aujourd'hui on en est moins certain, et il est difficile de dire si ces morceaux proviennent d'un récit déjà unifié ou s'ils existaient de façon indépendante et que le rédacteur a essayé de les « coudre » ensemble.

Le récit de Dina, lui, est en général attribué à J. La question reste cependant âprement discutée et oppose les partisans de l'unité du texte à ceux qui estiment que celui-ci est composite. Une première lecture, même rapide, laisse apparaître pourtant au moins deux tendances : une qui désapprouve le massacre des mâles du pays (ce dernier n'est pas nommé), et une autre qui semble l'approuver pour montrer, dans l'esprit deutéronomiste et d'Esdras-Néhémie (nous y reviendrons), que le mariage avec des étrangers est dangereux.

Albert de Pury, reprenant une idée de Sigo Lehming, y voit plutôt deux traditions déjà fusionnées au stade oral, mais qui ne correspondent pas à la critique habituelle des sources : une tradition sichémite dans laquelle Dina est enlevée par Sichem et l'affront vengé par les fils de Jacob, et une tradition hamorite dans laquelle Hamor négocie un mariage avec les fils de Jacob, avec l'intention de les escroquer. Le projet aurait avorté lorsque les victimes ont renversé la situation et pillé les biens des escrocs[9].

Ceci montre combien il va être difficile de retracer l'histoire des sources et de la composition de ce récit. Robin Parry propose une synthèse presque exhaustive du débat sur la question[10]. Il en ressort que deux types de solution sont globalement proposés : une solution documentaire et une hypothèse de suppléments.

1. La solution documentaire

En 1949, Joseph Chaine identifiait dans le récit de Genèse 34 deux sources, c'est-à-dire deux récits appartenant à J et E. Le texte J est constitué, selon lui, des versets 2b-3, 5, 7, 11-12, 14, 19 et 25b, et E de 1-2a, 4, 6, 8-10, 13, 15-18, 20-25a et 27-30. Chez J il s'agirait d'un drame familial alors que chez E le drame serait plus vaste[11].

---

[9] A. de Pury, « Genèse XXXIV et l'histoire », in *RB* 71/1969, p. 5-49 (reprise de S. Lehming, « Zur Überlieferungsgeschichte von Gen. 34 », in *ZAW* 70/1958, p. 228-250). Cf. Norman K. Gottwald, *Tribes of Yahweh: A Sociology of the Religion of Liberated Israel, 1250-1050 BCE*, Sheffield, Sheffield Academic Press, 1999 (1st ed. 1979 by Orbis Books), p. 745, n. 213.

[10] R. Parry (2000), « Source criticism and Genesis 34 », in *Tindale Bulletin* 51.1, p. 121-138.

[11] J. Chaine (1949), *Le livre de Genèse*, p. 356-360.

J	E
	¹ Dina, la fille que Léa avait enfantée à Jacob, sortit pour voir les filles du pays. *(² Elle fut aperçue de Sichem, fils de Hamor, prince du pays.)*
²ᵇ Il [Sichem, fils de Hamor,] l'enleva, coucha avec elle, et la déshonora. *³ Son cœur s'attacha à Dina, fille de Jacob ; il aima la jeune fille, et sut parler à son cœur.*	*⁴ Et Sichem dit à Hamor, son père : Donne-moi cette jeune fille pour femme.*
⁵ Jacob apprit qu'il avait déshonoré Dina, sa fille ; et, comme ses fils étaient aux champs avec son troupeau, Jacob garda le silence jusqu'à leur retour.	
⁷ Et les fils de Jacob revenaient des champs, lorsqu'ils apprirent la chose ; ces hommes furent irrités et se mirent dans une grande colère, parce que Sichem avait commis une infamie en Israël, en couchant avec la fille de Jacob, ce qui n'aurait pas dû se faire.	
¹¹ Sichem dit au père et aux frères de Dina : Que je trouve grâce à vos yeux, et je donnerai ce que vous me direz. *¹² Exigez de moi une forte dot et beaucoup de présents, et je donnerai ce que vous me direz ; mais accordez-moi pour femme la jeune fille.*	*⁸ Hamor leur adressa ainsi la parole : Le cœur de Sichem, mon fils, s'est attaché à votre fille ; donnez-la-lui pour femme, je vous prie.* *¹⁰ Vous habiterez avec nous, et le pays sera à votre disposition ; restez, pour y trafiquer et y acquérir des propriétés.*

¹⁴ Ils leur dirent : C'est une chose que nous ne pouvons pas faire, que de donner notre sœur à un homme incirconcis ; car ce serait un opprobre pour nous.

¹⁹ Le jeune homme ne tarda pas à faire la chose, car il aimait la fille de Jacob. Il était considéré de tous dans la maison de son père.

¹³ Les fils de Jacob répondirent et parlèrent avec ruse à Sichem et à Hamor, son père, parce que Sichem avait déshonoré Dina, leur sœur. ¹⁵ Nous ne consentirons à votre désir qu'à la condition que vous deveniez comme nous, et que tout mâle parmi vous soit circoncis. ¹⁶ Nous vous donnerons alors nos filles, et nous prendrons pour nous les vôtres ; nous habiterons avec vous, et nous formerons un seul peuple. ¹⁷ Mais si vous ne voulez pas nous écouter et vous faire circoncire, nous prendrons notre fille, et nous nous en irons. ¹⁸ Leurs paroles eurent l'assentiment de Hamor et de Sichem, fils de Hamor.

²⁰ Hamor et Sichem, son fils, se rendirent à la porte de leur ville, et ils parlèrent ainsi aux gens de leur ville : ²¹ Ces hommes sont paisibles à notre égard ; qu'ils restent dans le pays, et qu'ils y trafiquent ; le pays est assez vaste pour eux. Nous prendrons pour femmes leurs filles, et nous leur donnerons nos filles.
²² Mais ces hommes ne consentiront à habiter avec nous, pour former un seul peuple, qu'à la condition que tout mâle parmi nous soit circoncis, comme ils sont eux-mêmes circoncis. ²³ Leurs troupeaux, leurs biens et tout leur bétail, ne seront-ils pas à nous ? Acceptons seulement leur condition, pour qu'ils restent avec nous.
²⁴ Tous ceux qui étaient venus à la porte de la ville écoutèrent Hamor et Sichem, son fils ; et tous les mâles se firent circoncire, tous ceux qui étaient venus à la porte de la ville.
²⁵ Le troisième jour, pendant qu'ils étaient souffrants...

25b deux fils de Jacob, Siméon et Lévi, frères de Dina, prirent chacun leur épée, tombèrent sur la ville qui se croyait en sécurité, et tuèrent tous les mâles.	*26 Ils passèrent aussi au fil de l'épée Hamor et Sichem, son fils ; ils enlevèrent Dina de la maison de Sichem, et sortirent. 27 Les fils de Jacob se jetèrent sur les morts, et pillèrent la ville, parce qu'on avait déshonoré leur sœur. 28 Ils prirent leurs troupeaux, leurs bœufs et leurs ânes, ce qui était dans la ville et ce qui était dans les champs ; 29 ils emmenèrent comme butin toutes leurs richesses, leurs enfants et leurs femmes, et tout ce qui se trouvait dans les maisons. (30 Alors Jacob dit à Siméon et à Lévi : Vous me troublez, en me rendant odieux aux habitants du pays, aux Cananéens et aux Phérésiens. Je n'ai qu'un petit nombre d'hommes ; et ils se rassembleront contre moi, ils me frapperont, et je serai détruit, moi et ma maison.)*

Présenté ainsi, on remarque que le texte attribué à E, qui met en avant Hamor, est plus complet et plus structuré : il présente un scénario dans lequel il n'y a pas de trace de viol, ce qui rend odieux le comportement des fils de Jacob puisqu'il n'y a aucun justificatif. Celui de J, qui met plutôt Sichem en avant, est plus court et justifie le massacre par le viol. Le problème avec le texte attribué à J, c'est qu'il contient deux versions opposées de la relation entre Sichem et Dina : le viol et l'amour, rendant le scénario ambigu.

Ce modèle est pourtant globalement repris dans des études ultérieures[12], avec quelques nuances ; l'on identifie deux sources : une source *a* et une source *b*. Dans la première, Sichem enlève Dina (v. 2b), tombe amoureux d'elle (v. 3) et la viole (v. 26). Jacob apprend la nouvelle alors que ses fils sont aux champs (v. 5b). Lorsque ceux-ci l'apprennent à leur tour, ils rentrent des champs fous furieux (v. 7). Sichem parle avec la famille de Dina et leur propose des dons généreux s'ils acceptent de lui donner Dina pour épouse (v. 11-12), mais eux refusent de donner leur fille à des incirconcis (v. 14). Sichem accepte de se faire circoncire à cause de son amour pour Dina (v. 19). Siméon et Lévi (alors que les autres frères sont satisfaits du deal) décident d'attaquer Sichem, le tuent et enlèvent leur sœur de

---

[12] Voir entre autres et avec des variantes dans le découpage des séquences : Westermann (*Genesis 12-36: A commentary*) ; F. Delitzsch (*A New Commentary on Genesis, Volume 2*, [tr. S. Taylor; Edinburgh: T. & T. Clark, 1888; reprint Klock, 1978]); J. Skinner (*A Critical and Exegetical Commentary on Genesis* [ICC; 2nd ed.; T. & T. Clark, 1930]); Gunkel (*Genesis*, p. 362).

sa maison (v. 25-26). Dina, après avoir été enlevée par Sichem, l'est de nouveau par ses propres frères. Jacob, cependant, est mécontent de cette démarche des deux frères et les reprend (v. 30-31).

La source *b*, elle, serait constituée de la version hamorite, plus récente. Dina sort pour « voir les filles du pays » lorsqu'elle est aperçue par Sichem (pas de relation sexuelle puisque v. 2b-3 n'appartient pas à cette séquence) (v. 1-2) et prie son père de demander pour lui la main de la jeune femme (v. 4). Certains pensent qu'il l'a vue et est tombé amoureux d'elle (les mots אֹתָהּ וַיִּשְׁכַּב *vayyiškav otah* – litt. « et il la coucha » – appartiendraient donc à cette source) mais ne l'a pas violée. Hamor va seul rencontrer la famille de Dina pour demander sa main (v. 6) et propose une alliance entre les deux groupes (v. 8-10). Les fils de Jacob répondent par la ruse (v. 13) et acceptent l'alliance à condition que les Sichémites se fassent circoncire (v. 15-17). Hamor, satisfait (v. 18), va proposer à sa ville d'accepter les termes de l'accord (v. 20-24). Mais trois jours après la circoncision des Sichémites, les fils de Jacob descendent sur la ville, tuent tous les mâles et incendient la ville (v. 27-29). La conclusion de l'histoire se trouve en 35.5 où Dieu protège la famille de Jacob contre la vengeance des habitants en colère.

À ces deux sources s'ajouterait l'intervention du rédacteur, responsable de la fusion et de l'harmonisation des deux sources. Pour Claus Westermann, le rédacteur « veut raconter un exemple d'application de la loi deutéronomique. Il veut s'opposer expressément à la possibilité de tout accord pacifique ou contractuel avec les habitants du pays, tel qu'il a été à portée de main dans le récit tribal[13] ».

2. La solution des compléments[14]

La solution des compléments suppose qu'un récit originel (Noth, Kevers, Blum, Vawter et Zakovitch) ait été élargi par des suppléments ultérieurs (les sections hamorites) qui, de ce point de vue, n'existent pas en tant que source indépendante. Mais ici aussi, il y a pas mal de divergences dans le découpage des sections et sur l'identification de cette source primaire. Tandis que Noth l'identifie à J, d'autres estiment que ce n'est pas le cas (Skinner, Meyer), que P a

---

[13] Westermann, *Genesis 12-36*, p. 544.

[14] Voir S.R. Driver, *Introduction to the Literature of the Old Testament*, Edinburgh, T. & T. Clark, 1ʳᵉ ed. 1891), 1894 ; M. Noth, *History of Pentateuchal Traditions*, tr. B.W. Anderson, Englewood Cliffs, Prentice-Hall, 1972 ; J. Wellhausen, *Prolegomena to the History of Ancient Israel*, reprint Cleveland, Worlds; ET original all. 1878), 1965 ; A. de Pury, 'Gen 34 et l'histoire', *RB* 76, 1969, p. 5-49 ; P. Kevers, 'Étude littéraire de Gen 34', *RB* 87, 1980, p. 38-86 ; B. Vawter, *On Genesis: A New Reading*, Garden City, Doubleday, 1977.

pu utiliser E (Driver), voire qu'il ne s'agit même pas d'une source du Pentateuque (Westermann).

Pour Parry, ce texte de base correspond à ce qui est identifié comme la source hamorite. Il suggère, pour le montrer, de remarquer que Genèse 34 présente une structure concentrique qui se retrouve quasiment en totalité dans le récit hamorite[15].

> A – Dina sort, Sichem la prend, le père et le fils parlent (v. 1-4)
>> B – Hamor sort et négocie avec Jacob (v. 5-12)
>>> C – Les fils trompent le père (et le fils) (v. 13-19)
>> B1 – Hamor (et le fils) vont à leur cité et négocient avec les Hivvites (v. 20-24)
> A1 – les fils rentrent dans la cité (tuent les mâles), prennent le butin ; les fils et le père parlent (v. 25-31).

Il n'y a que les v. 30-31 (et dans une certaine mesure 27-29) qui manquent. La version sichémite ne présente pas une telle structure. Il en conclut donc que le texte de base est hamorite, ce qui ne signifie pas nécessairement qu'il soit plus ancien ; il est possible qu'une histoire plus récente soit prise comme base et que la plus ancienne soit aménagée autour.

Mais dans la suite de l'étude, il montre les difficultés soulevées par la critique des sources. Les différents arguments évoqués pour distinguer les sources (caractère personnel de la source sichémite contre caractère tribal de la source hamorite, circoncision de Sichem contre circoncision de tous les mâles, minimisation du rôle du rédacteur, etc.) sont trop ténus, complexes et incertains pour être décisifs[16]. En conséquence, il privilégie la structure du texte dans sa forme unifiée actuelle et met donc en avant le travail du rédacteur qui aurait composé le récit à partir de traditions orales[17].

Cette solution, cependant, est loin de résoudre tous les problèmes. Des incohérences et questions demeurent, par exemple :

- Dans les v. 4-12, des confusions (Dina est-elle la fille, v. 8 et 17, ou la sœur, v. 14 de Jacob ?) ;
- Des vestiges d'une deuxième source dans la double affirmation du rapt en 2b ;
- Les références au déshonneur de Dina sont syntaxiquement gênantes dans les v. 13 et v. 27, ce qui indique qu'il s'agit d'additions ultérieures ;

---

[15] Parry, « Source criticism and Genesis 34 », p. 126.
[16] *Ibid.*, p. 128-130.
[17] *Ibid.*, p. 130.

- Le v. 20 qui semble faire de Sichem et Hamor une même personne ;
  Dina est-elle toujours chez sa famille (tradition hamorite v. 17) ou
  a-t-elle été prise par Sichem (tradition sichémite v. 1)[18] ?

Nous avons laissé de côté les questions textuelles qui, dans certains cas
(comme dans l'histoire de Salomon dans le premier livre des Rois), permettent
aussi de suivre l'évolution des traditions. Dans le cas de notre récit, les anciennes
versions (la Septante et la Peshitta notamment) ne présentent pas de divergences
textuelles susceptibles d'orienter vers d'autres traditions.

3. Au final, quatre sources identifiables de type tribal

Un des problèmes majeurs de la critique traditionnelle des sources est, me
semble-t-il, le présupposé d'après lequel ces sources du Pentateuque devaient
être écrites et ce, en dépit de la reconnaissance de l'origine orale des traditions.
Il est important de se rappeler que les récits du Pentateuque en général et de
Genèse en particulier, appartiennent à une littérature de tradition. Ils sont donc
transmis oralement et, comme les grands ensembles littéraires du Moyen-Orient
(cf. les mythes accadiens d'Atrahasis, Enuma Elish, etc.), anonymes. Les scribes
qui la mettent par écrit ne sont pas, à proprement parler, des auteurs ; ils ne se
réclament pas comme tels.

Pour Israël, les histoires sont souvent d'origine familiale, clanique ou tribale.
Elles sont le produit d'une longue tradition orale et conservées dans une grande
variété de milieux et de traditions qui les reconstruisent et leur confèrent des
colorations locales qui, dans bien des cas, finissent par se confondre et se
fusionner sous la plume des premiers collectionneurs. Ces éléments très anciens
ne peuvent évidemment pas être identifiés ni répertoriés avec précision à travers
les textes. Ils peuvent néanmoins être « sentis » à travers leurs styles et les liens
historiques ou géographiques qu'ils révèlent. Par endroits, ces liens sont assez
clairs pour que le lecteur puisse isoler avec une relative précision les origines
orales lointaines du récit qui les révèle[19].

Le récit de Dina contient bien des traits d'une histoire tribale. Déjà, le nom
« Israël » (v. 7) est considéré comme celui d'un peuple, non comme un deuxième
nom de Jacob. Hamor parle de « votre fille » (v. 8). S'il s'adressait à Jacob en tant
que père de la jeune femme, il aurait dit : « ta fille » ; et si c'était à ses fils, il aurait
dit : « votre sœur ». La suite de la négociation, dans laquelle il est question de

---

[18] *Ibid.*, p. 133-136.
[19] Koulagna, *Dire l'histoire*, p. 49.

« vos filles » (alors qu'ici Jacob n'en a qu'une seule) et de « nos filles » (v. 9, 15, 20), oriente vers ce fait. Et tandis qu'une tradition accentue l'aventure individuelle de Sichem, une autre met en avant une démarche communautaire.

L'hypothèse que l'on peut formuler à ce stade est celle d'au moins quatre traditions en jeu, dont deux cananéennes et deux d'Israël. Du côté cananéen, une histoire, peut-être l'histoire hamorite, raconte un incident diplomatique opposant le peuple à ses voisins israélites, sans doute dans un contexte étiologique, pour expliquer un type de comportement : par exemple, pourquoi on ne peut ni ne doit se marier avec les Israélites. Cet incident a pu être repris par une population issue de ce groupe et se réclamant de Sichem et transformé en une histoire individuelle.

Cette même histoire, racontée par une ancienne tradition israélite (peut-être d'origine yahviste), l'interprète comme un malheureux fait divers dans les relations d'Israël avec ses voisins qui l'ont pourtant accueilli. Dans cette perspective, le comportement de Lévi et Siméon est désapprouvé comme déloyal, d'où la réaction de Jacob au v. 30 et son prolongement en Gn 49.5. Mais après l'exil, au moment de la composition du Pentateuque, l'histoire a été reprise et transformée par le rédacteur, dans une perspective deutéronomiste qui nourrira, notamment par la loi de séparation radicale (loi dite du *ḥerem*) l'idéologie du judaïsme naissant : Lévi et Siméon sont devenus, dans ce contexte, les héros et défenseurs de la sainteté d'Israël.

III. Un problème de type deutéronomiste et néo-deutéronomiste

1. Généralités sur la littérature et la tradition deutéronomistes

Depuis les travaux de Martin Noth au début des années 1940, dans le cadre du débat sur l'« Hexateuque », ce terme « deutéronomiste » était promis à un nouvel avenir et ouvrait la voie à une nouvelle piste de lecture des livres historiques (les Premiers prophètes) en relation avec le livre du Deutéronome. L'étude de l'« histoire deutéronomiste » a donc eu lieu en parallèle avec l'hypothèse documentaire qui affirmait que le Pentateuque est l'assemblage de différents textes correspondant aux différents styles littéraires de l'ouvrage final.

Mais la question deutéronomiste est bien plus complexe. Parmi les problèmes posés par cette question, il y a celle de l'existence même d'un « mouvement deutéronomiste », celle de son identité spatio-temporelle[20], celle de l'étendue

---

[20] T. Römer pose la question de savoir si le fait deutéronomiste est assyrien, babylonien ou perse. Selon lui, l'essentiel du projet deutéronomiste est à situer au début de l'époque perse, avec un programme dont les trois volets sont : la restauration par la Loi, la fin de la prophétie et un

réelle de l'œuvre deutéronomiste et de ses rapports avec d'autres livres de l'Ancien Testament, notamment le Pentateuque et les prophètes (Jérémie, Osée, Michée entre autres), et celle de la rédaction deutéronomiste de l'histoire, qui comprend la question de l'unicité et de la pluralité des auteurs ou des rédactions, etc.

Il est difficile d'arriver aujourd'hui à un consensus sur cette question. Alan Graeme Auld, par exemple, estime que les premiers prophètes pourraient à la limite être considérés comme pré- ou proto-deutéronomistes et que l'œuvre proto-deutéronomiste pourrait même remonter à Salomon[21]. D'autres, comme Claus Westermann[22] et Norbert F. Lohfink[23] remettent en question l'idée même de l'existence d'un mouvement deutéronomiste. Robert R. Wilson propose une alternative qui montre bien l'embarras de la recherche sur cette question : soit on considère le Deutéronomiste comme un groupe plus important que ne l'ont imaginé les chercheurs et qui a été actif pendant une plus longue période, soit on abandonne simplement le concept deutéronomiste devenu trop amorphe[24].

Mais au-delà des doutes qui pèsent sur l'identité du mouvement deutéronomiste et avant d'aborder la question de la rédaction deutéronomiste proprement dite, il convient de noter que ce qui est identifié comme tel ne date pas que de l'époque exilique et postexilique. Le mouvement deutéronomiste trouve ses origines dans le yahvisme du royaume du nord, rescapé de l'invasion assyrienne de 722 et transporté en Judée entre autres par des groupes ayant un lien plus ou moins prononcé avec le mouvement prophétique et auteur probable d'au moins une première mouture du Deutéronome. Cela explique en partie les accointances avec les prophètes, y compris ceux ayant exercé en Israël (Osée, Michée, Amos). Sous le règne de Josias, ce mouvement a soutenu, peut-être avec l'appui de Jérémie, des réformes religieuses. Toute la tendance exilique et postexilique s'appuie sur ces éléments fondateurs.

---

ségrégationnisme qui rejette les « gens du pays » (עַם הָאָרֶץ). Cf. T. Römer, « Transformations et influences dans « l'historiographie » juive de la fin du VIIe siècle avant notre ère jusqu'à l'époque perse », in *Transeuphratène*, vol. 13, 1997, p. 49-50, 59-60.

[21] A.G. Auld, « The Deuteronomists and the Former Prophets », in *Those Elusive Deuteronomists*, 1999, p. 119, 122.

[22] C. Westermann, *Die Geschichtsbücher des Alten Testament...* (1994), cité par E. Eynikel, *The Reform of King Josiah...*, 1996, p. 14.

[23] N.F. Lohfink, « Was There a Deuteronomistic Movement? », in: *Those Elusive Deuteronomists*, 1999, pp. 36-66.

[24] R.R. Nelson, « Who was the Dtr? (Who was not the Dtr?): Reflections on Pan-deuteronomism », in *Those Elusive Deuteronomists*, 1999, p. 82.

En 1943, Martin Noth publie ses *Überlieferungsgeschichtliche Studien*[25], et dès les premières pages, il énonce sa thèse principale qui donne le coup d'envoi de la recherche contemporaine sur la littérature deutéronomiste. D'après lui, la tradition historique de l'Ancien Testament nous est parvenue sous la forme de grandes compilations (*Sammelswerke*) : le Pentateuque, les œuvres historiques deutéronomistes et celles du Chroniste, rassemblées et systématisées à partir de matériaux extrêmement divers[26]. Les œuvres strictement historiques sont celles du Deutéronomiste et du Chroniste, avec des visées et des points de vue différents, l'histoire deutéronomiste étant la première collection/édition de l'histoire dans l'Ancien Testament[27].

Ce premier travail éditorial de l'histoire d'Israël est, selon Noth, un ensemble unifié d'après un plan et un objet à atteindre[28]. Mais ce travail n'est pas seulement l'œuvre d'un éditeur. Il est l'œuvre d'un auteur qui ne s'est pas contenté de reproduire ses sources, mais a effectué une sélection à partir des matériaux qu'il avait à sa disposition et les a réorganisés à sa guise, dévoilant ainsi une méthode de composition lucide. Pour Noth, l'ensemble de cet ouvrage (qui commence en Deutéronome 1 et se termine en 2 R 25.30) est le produit d'un auteur unique. Celui-ci chercherait à comprendre et à expliquer le désastre de Juda et l'exil et y verrait le résultat de l'apostasie du peuple et une punition divine. Cette œuvre se termine sur la libération de Yehoyakin, qu'on situe en 562 av. J.-C., et qui constitue le *terminus a quo* pour sa datation. L'histoire deutéronomiste, affirme-t-il, a donc été écrite vers le milieu du VIe siècle av. J.-C.[29] Cette lecture, on le sait, a largement été contestée ou nuancée par la recherche ultérieure. Laissons là cette question.

Mais le récit de Dina appartient au Pentateuque, pas au corpus deutéronomiste à proprement parler. Pour comprendre l'influence deutéronomiste dans cette histoire, un retour sur la critique du Pentateuque est nécessaire. Nous avons vu au premier chapitre de cette étude que la théorie documentaire classique, qui identifie quatre sources du Pentateuque, soulève de nombreuses questions, voire des contestations, en raison, entre autres, de la présence de styles et formules deutéronomistes à l'intérieur du Tétrateuque. La recherche aujourd'hui a tendance à reconsidérer l'ancienne théorie des compléments (Van Setters, Schmitd).

---

[25] M. Noth, *Überlieferungsgeschichtliche Studien. Die sammelnden und bearbeitenden Geschichtswerke im Alten Testament, 1943*. En traduction anglaise (Sheffield, 1981) : *The Deuteronomistic History*, (JSOTS 15). C'est dans cette traduction anglaise que nous le citerons tout au long de ce travail.

[26] Noth, *The Deuteronomistic History*, p. 1.

[27] *Ibid.*, p. 2.

[28] *Ibid.*, p. 9.

[29] *Ibid.*, p. 12.

2. Signature deutéronomiste de l'histoire de Dina

D'emblée, le problème soulevé par le récit de Genèse 34 est celui de la cohabitation des Israélites avec des étrangers, en particulier des mariages intercommunautaires. C'est une préoccupation constante de la littérature deutéronomiste. La loi du *ḥerem*, c'est-à-dire celle de l'exclusion radicale, enjoint aux Israélites de se tenir à l'écart des autres peuples au nom de l'élection et de son corollaire, la sainteté. Le premier des dix commandements stipule : *Je suis le Seigneur ton Dieu, qui t'ai fait sortir de l'Égypte, de la maison de servitude* (Dt 5.6).

Cet acte d'exfiltration suffit pour le Deutéronome à justifier la recommandation, voire l'interdiction, de se mélanger à d'autres peuples, notamment par les liens du mariage. Le vocabulaire d'appropriation employé souligne cette mise à part : « peuple consacré » (Dt 7.6 ; 14.2 et 21), « peuple de YHWH » (27.9), « son peuple » (29.12), « ton peuple » (9. 26), « peuple acquis » (7.6), « héritage de YHWH » (4.20 ; 9.29), etc., et le verbe בחר (« choisir ») qui revient quatre fois dans le Deutéronome.

Le portrait extrêmement sévère dressé du personnage de Salomon en 1 R 11.1-13 s'appuie sur ce principe et explique, à l'immédiat, le schisme qui a suivi sa mort. Les événements qui entourent sa succession et qui ont abouti à la sécession des tribus du nord sont interprétés par l'école deutéronomiste comme une conséquence de l'apostasie de Salomon, qui elle-même est une conséquence de son mariage avec de nombreuses femmes étrangères.

La réédition du texte hébreu par la tradition massorétique, qui recentre rapidement le problème sur le fait que Salomon aimait beaucoup de femmes étrangères (אָהַב נָשִׁים נָכְרִיּוֹת רַבּוֹת), contrairement au texte représenté par la Septante qui semble mettre l'accent sur un roi coureur de jupons (φιλογύναιος – *filogunaios* qui suppose אֹהֵב נָשִׁים sans נָכְרִיּוֹת רַבּוֹת), est assez suggestive à ce sujet, renvoyant au second plan le fait que les femmes aimées étaient étrangères. Pour l'historien deutéronomiste, les nombreuses femmes étrangères de Salomon ne sont pas seulement un fait divers, elles représentent un souci majeur pour l'avenir du royaume.

On peut donc penser, dans le contexte de l'histoire de Dina, à un rejet des traditions matrimoniales cananéennes ou hivvites. Une loi étrangère est ici implicitement évoquée, mais rejetée parce qu'elle contredit cette loi deutéronomiste d'exclusion. Une loi sumérienne stipule :

> Si un père enlève la fille d'un autre dans la rue, sans que son père et sa mère
> ne le sachent, et s'il (l'homme) jure en disant : « Je veux l'épouser », alors

son père et sa mère la donneront en mariage à l'homme qui l'a enlevée (Code sumérien (ou de Lipit-Ishtar), art. 7)[30].

Dans ce cas, il faudrait supposer que cette loi était aussi celle des Hivvites et que Sichem et son père Hamor aient négocié sur cette base, d'autant que Jacob et ses fils sont des étrangers dans le pays et donc censés, dans cette logique, l'intégrer. Le rejet de cette tradition à l'arrière-plan de Genèse 34 serait une reconstruction deutéronomiste dans l'esprit de Deutéronome 7, ou plus tardive dans celui de la construction d'une identité culturelle afin d'éviter d'être phagocyté par la culture dominante à l'époque perse. Si tel est le cas, Sichem et Hamor représentent cette culture globale dominante.

Cette préoccupation est reprise et radicalisée par le judaïsme naissant en Esdras-Néhémie et jusque dans la littérature de l'époque du second Temple, comme on peut le voir dans le livre des Jubilés. En Jubilés 20 par exemple, l'assimilation aux nations est associée à de l'idolâtrie et à de la souillure. En particulier, Jacob est mis en garde contre le fait de devenir un compagnon des nations. Ceci est certainement dû à son identité figurative avec Israël, mais peut aussi déjà faire allusion à la situation de Sichem racontée dans Jubilés 30. Le fait que l'affaire Dina ait été à l'esprit peut devenir évident si l'on examine de plus près le passage et si l'on compare Jubilés 22 avec Jubilés 25 et 30[31]. À cause de l'extrême jeunesse de ces textes par rapport à Genèse, nous ne le ferons pas ici.

Le comportement et l'action de Siméon et Lévi, vus dans cette perspective, témoignent clairement du refus de la démarche de Hamor et de son fils Sichem et réaffirment fermement l'interdiction pour les Israélites d'établir des relations maritales (et sexuelles en général) avec des étrangers. Les relations avec les étrangers sont donc dangereuses. En sortant « pour voir les filles du pays » (Gn 34.1), Dina a fait preuve d'imprudence[32]. Elle est sortie « pour voir » – לִרְאוֹת et c'est elle qui est vue par Sichem וַיַּרְא אֹתָהּ שְׁכֶם. Dans Genèse, l'expression « filles du pays » apparaît deux fois (27.46 et ici). Dans Gn 27.46, Rébecca se fait du souci au sujet de Jacob, craignant qu'il n'épouse « une des filles du pays », en

---

[30] V.H. Matthews & Don C. Benjamin, *Old Testament Parallels: Laws and Stories from the Ancient Near East*, Rev. ed. New York/Mahwah, Paulist press, 1999, p. 105.

[31] C. Frevel, « "Separate yourselves from the Gentiles" (Jubilees 22:16): Intermarriage in the Book of Jubilees », in Id. (ed.), *Mixed marriages: Intermarriage and group identity in the Second Temple period*, New York, T. & T. Clark, 2011, p. 220-250, spec. p. 234.

[32] Cette affirmation s'oppose à G.J. Gevaryahu, « And Dinah, the daughter of Leah, went out: The meaning of *yatz'anit* in Rachi's commentary », *JBQ* 37, 2009, p.121-123 qui affirme que, d'après le Commentaire de Rachi, les mots לִרְאוֹת בִּבְנוֹת הָאָרֶץ ... וַתֵּצֵא ne critiquent pas ouvertement Dina pour son action, mais laisse supposer un ton qui la cautionne.

référence au mariage d'Ésaü en 26.34-35, qui fut « un sujet d'amertume pour Isaac et Rébecca ».

Le récit de Dina devient ainsi une anecdote reconstruite de manière à faire remonter l'origine de la loi deutéronomiste aux patriarches en justifiant l'action des fils de Jacob : ainsi, cette action n'était ni belliqueuse ni malhonnête, elle était justifiée ou, en tout cas, servait de base à la loi deutéronomiste.

On peut donc raisonnablement penser que cet accent ait été rajouté à une tradition initialement plus conciliante qui désapprouvait le massacre perpétré par les fils de Jacob en soulignant le caractère belliqueux et immoral de cet acte fondé sur la ruse alors que les autres demandaient une cohabitation pacifique. Déjà ils ont accueilli la famille de Jacob avec bienveillance en leur accordant à moindre frais un lopin de terre pour s'installer (Gn 33.19). La réaction de Jacob au terme du massacre (v. 30) et sa reprise en Gn 49.5 en est le principal indice. On peut se demander si cette tradition ne s'appuie pas sur un récit provenant des milieux de Sichem.

En remaniant le récit initial, le rédacteur a créé un récit parallèle et contraire qui transforme l'immoralité des fils de Jacob en un acte héroïque et de ferveur religieuse : c'est Sichem qui, en violant Dina, a rendu toute négociation impossible, et le massacre n'est alors que justice. Le fait qu'ils aient acquis le lopin de terre où ils se sont installés à prix d'argent (fût-il moins cher), leur donnait un statut d'occupants légaux. Dans ce contexte, ce récit pourrait être mis en lien avec l'histoire d'Abimélek en Juges 9 : ce dernier récit serait une sorte de contre-récit construit pour être une réponse à Genèse 34. Jg 9.28 fait d'ailleurs une allusion à Hamor, fils de Sichem, auquel Yerubbaal et Zevul auraient été soumis.

3. Sichem et le récit de Juges 9 : un lien avec l'histoire de Dina ?

Sichem est une ancienne ville cananéenne située au cœur de la Cisjordanie, près de l'actuelle ville de Naplouse. Rattachée à la tribu d'Éphraïm, la Bible ne mentionne pas que cette ville ait été conquise par les Israélites. Elle est cependant un lieu emblématique dans l'histoire d'Israël : elle a accueilli les patriarches Abraham (Gn 12.6-7) et Jacob (Gn 33.18-20) et, selon André Lemaire, la situation décrite en Genèse 34 reflète probablement un accord, qui ne fut pas toujours respecté, avec la population cananéenne de Sichem[33] ; elle a abrité l'assemblée au cours de laquelle une alliance fut scellée entre les différentes confédérations tribales (Josué 24) ; elle a vu émerger la première tentative d'instaurer la royauté (Juges 8-9) ; après Salomon, c'est là que, suite à la maladresse de Roboam, les

---

[33] A. Lemaire, « Sichem », *EU* 2019.

chefs d'Israël scellent le schisme en se choisissant un roi en la personne de Jéroboam (1 Rois 12) ; après l'exil, Sichem deviendra le centre des Samaritains (Né 13.28).

Sichem est donc le théâtre de la rupture d'Israël et de Juda vers 930 av. J.-C. et cet événement est si marquant pour le courant deutéronomiste qu'il a conditionné le jugement deutéronomiste sur tout le royaume d'Israël. L'évocation de Sichem comme l'anti-héros dans Genèse 34 fait penser à l'épisode du massacre de ses demi-frères par Abimélek, en s'appuyant sur la famille de sa mère, pour prendre illégitimement le pouvoir (Juges 8-9), et qui apparaît, d'une certaine manière, comme une négation de l'engagement de Josué 24 et de la charte de l'unité.

Abimélek est un fils naturel de Gédéon (appelé aussi Yerubbaal), né d'une femme de Sichem (Jg 8.31), en plus des soixante-dix fils nés de ses femmes légitimes. Il complote avec le clan de sa mère (les Sichémites) pour massacrer ses soixante-dix frères et s'emparer du pouvoir (9.1-6). C'est en fait la première tentative d'établir la royauté en Israël. Mais non seulement cette tentative n'eut pas de suite, elle sera même présentée par la suite comme une erreur, voire un désastre, et Abimélek comme un anti-juge.

Le conte de Yotam (seul rescapé du massacre) qui suit (9.8-15) présente Abimélek comme un fléau et le compare à un buisson d'épines, l'arbre qui ne doit pas se trouver dans un verger, donc un usurpateur opprimant (v. 14-15), qui multiplie les massacres (v. 40 et 49) et contre lequel il deviendra difficile de résister (v. 26-46). Sichem va ainsi être associé à la révolte et à l'apostasie puisque c'est là, à Sichem, qu'après la mort de Salomon, les tribus du nord se réuniront pour désigner Jéroboam comme roi d'Israël.

Les Sichémites sont clairement présentés dans ce récit comme des ennemis avec lesquels aucun commerce ni aucun contact ne peut être accepté. Abimélek apparaît alors comme une illustration des conséquences de la violation de ce principe ; le message implicite semble être : « Gédéon a joué avec le feu, voilà ce qui est arrivé et qui a failli aboutir à la destruction de tout un peuple ». À la lumière de ce récit, l'acte de Siméon et Lévi en Genèse 34 devient un acte louable et même normatif. Il ne le devient pas seulement à cause du viol en tant que tel, mais parce qu'il est question, en quelque sorte, de laver ou d'exorciser un acte d'impureté.

Les deux histoires se font écho, elles se sont peut-être influencées dans un sens ou dans l'autre. D'un point de vue de la critique des sources et des traditions, il n'est pas impossible que les péripéties de l'histoire de Sichem, bien connues dans la tradition orale, aient après coup, influencé la rédaction finale du récit, c'est-à-dire que le récit ait pu reprendre symboliquement cette histoire des événements de Sichem, pour décrire une sorte de revanche d'Israël.

IV. Pour conclure ce chapitre

L'histoire de Dina, c'est le résultat d'une rencontre d'un grand nombre de traditions appartenant, de façon plus large, à la culture globale du Proche-Orient ancien depuis des millénaires. Elle a pu être récupérée dans des traditions orales aussi bien cananéennes qu'israélites, avant d'être ensuite transformée et adaptée, au prix de quelques fusions ou mélange de traditions, lors de la composition du Pentateuque. Le texte qui en résulte laisse transparaître, par-delà l'unité narrative, des traces de cette oralité foisonnante qui l'a transportée, enrichie et recomposée à travers les siècles, jusqu'à l'époque de l'exil.

7

Joseph vendu et l'intermède de Juda (Genèse 37-38)

L'histoire de Joseph, qui occupe globalement les derniers chapitres de Genèse (37-50), est construit sous une forme romanesque. Cependant, même si Joseph y apparaît comme le personnage central, ce récit raconte avant tout l'histoire de la famille de Jacob. C'est ce qu'indique d'ailleurs cette formule caractéristique de la tradition sacerdotale en Gn 37.2 : אֵלֶּה תֹּלְדוֹת יַעֲקֹב *'elleh tol^edot Ya'akov* (« Voici la famille de Jacob ») (TOB).

La recherche biblique s'accorde en général sur le fait qu'il faille comprendre le mot תֹּלְדוֹת (*tol^edot*) dans le sens global d'« histoire » et non de généalogie comme une liste de descendances successives. Gerhard Von Rad écrit à propos : « Tant que le plus ancien de la famille est en vie (...), la famille et tout ce qui lui arrive, les fils non mariés, tout cela vit sous son nom[1]. » André Wénin le traduit par « les engendrements de Jacob » et explique que « l'histoire des fils de Jacob est encore celle de Jacob, dans la mesure où les fils doivent se libérer d'une lourde hérédité pour pouvoir devenir fils et frères en vérité ». Pour lui, « ce que le lecteur s'apprête à lire n'est pas l'histoire de Joseph, comme on le dit souvent, ni même celle de Joseph et ses frères. C'est plutôt celle de Jacob et de ses fils en souffrance d'engendrement », et ces engendrements de Jacob commencent avec Joseph, l'aîné dans la préférence du père[2].

L'on a affaire à une saga familiale, avec des conséquences énormes pour l'ensemble de la famille et l'histoire d'Israël. Ce n'est donc plus un fait divers ! Ce récit de la vente de Joseph (qui quitte ainsi la maison familiale) fait penser à bien d'autres où un fils, souvent le cadet, quitte la maison. Il fait donc penser à une tradition bien établie :

---

[1] Rad, *Genèse*, p. 357.
[2] Wénin, *Joseph ou l'invention de la fraternité (Genèse 37-50)*, p. 24-25, 26.

- Abel qui quitte tragiquement la famille, tué par son frère Caïn qui semble estimer qu'il lui a pris sa place – Genèse 4 ;
- Le départ d'Abram (même s'il n'est pas indiqué qu'il soit le cadet ni que ce soit lié à un conflit) – Genèse 12 ;
- Le départ de Lot (pour éviter un conflit de territoire) – Genèse 13 ;
- Ismaël contraint (quand sa mère est chassée) de partir, de peur qu'il ne prenne la place d'Isaac, le fils de la promesse – Genèse 21 ;
- Jacob contraint de fuir après avoir ravi la bénédiction de son frère Ésaü – Genèse 28 ;
- Ici Joseph, vendu, quitte la maison pour avoir, d'une certaine manière, ravi l'amour du père au détriment de ses frères ;
- Juda quittera ses frères pour s'établir chez les Cananéens – Genèse 38.

Plus loin, dans le Nouveau Testament, la parabole dite du fils prodigue fait partir le cadet et, lorsqu'il revient à la maison, l'accueil de l'aîné semble indiquer que pour ce dernier, son frère devait rester parti (Luc 15). L'histoire du départ de Joseph rentre donc dans une longue série de fraternités impossibles, voire de « famille impossible[3] », qu'elle est loin de clôturer dans l'histoire biblique d'Israël.

Comme un grand nombre d'autres récits de Genèse, celui-ci est aussi polyphonique. Il témoigne d'une histoire complexe de transmission orale, avec des traditions qui se côtoient, se rencontrent, se croisent, voire s'entrechoquent. L'histoire de la vente de Joseph, qui ouvre ce récit romanesque, pose des questions autant qu'elle révèle ce que des exégètes ont pu appeler des « tensions ». Par exemple, de qui parle-t-on : de Jacob ou d'Israël ? À qui Joseph raconte-t-il ses rêves, à ses frères, à son père ou à tous ? Qui a vendu Joseph, ses frères ou les Madianites ? À qui l'a-t-on vendu, aux Ismaélites ou aux Égyptiens ? Qui a essayé auparavant de le sauver, Ruben ou Juda, ou les deux ? Qu'a dit Ruben à ses frères : « N'attentons pas à une vie (לֹא נַכֶּנּוּ נָפֶשׁ) » (1ère pers. v. 21) ou « Ne versez pas du sang (אַל־תִּשְׁפְּכוּ־דָם) » (2e pers. v. 22), ou les deux successivement ? Qu'ont fait les frères de Joseph de sa tunique : l'ont-ils envoyé (וַיְשַׁלְּחוּ - v. 32aα) ou rapporté (וַיָּבִיאוּ - v. 32aβ) à leur père ? Etc.

Tout cela est bien compliqué et l'on est loin de l'impression d'une histoire fluide. Ces questions, qui seront reprises dans des paragraphes ultérieurs, indiquent l'existence d'au moins deux récits, ou en tout cas de traditions parallèles, qui ont fusionné ensemble (comme dans le récit du déluge ou celui du viol de Dina et bien d'autres encore). La composition du récit met en dialogue des traditions qui appartiennent vraisemblablement à des milieux variés même s'il est difficile,

---

[3] *Ibid.*, p. 23.

voire impossible au regard des données dont nous disposons, de définir avec précision l'identité de ces traditions et des milieux auxquels elles appartiennent.

À cela s'ajoute l'histoire de Juda qui interrompt celle de Joseph, racontant un autre fait divers qui n'a, au premier regard, aucun rapport avec cette dernière et qui témoigne, elle aussi, d'une histoire de composition et de rédaction mouvementée. D'où vient-elle et comment est-elle arrivée là ? Quel rôle est-elle censée jouer dans le roman de Joseph ? Comme pour les autres récits, son interprétation divise les exégètes. Au-delà de l'histoire littéraire, elle montre comment des traditions indépendantes et probablement orales se sont invitées dans la construction des récits du Pentateuque.

I. Les solutions de la théorie documentaire

Comme dans d'autres cas, l'hypothèse documentaire explique en général ces doublets et tensions par la critique des sources en supposant que ces sources soient des documents écrits indépendants. Dans la note de la TOB (éd. 2012) à Gn 37.1 on peut lire :

> Le récit primitif a connu plusieurs interventions rédactionnelles. Certains ajouts mettent en avant l'efficacité de Juda au détriment de Ruben qui, dans le roman originel, joue un rôle prépondérant en tant qu'il est le fils premier-né de Jacob.

Cette remarque, qui résume à peu près les différentes approches proposées par la théorie documentaire, présuppose un récrit primitif écrit (puisqu'il s'agit d'un roman) qui aurait subi des retouches rédactionnelles.

Ce présupposé de l'écriture reste, comme on le verra, quelque peu problématique même s'il est possible d'isoler deux récits (cf. plus bas) ; il n'explique pas (suffisamment) les autres incohérences et contradictions apparentes au sujet des auteurs et des bénéficiaires de la vente de Joseph.

Matthew C. Genung, dans un ouvrage récent[4], propose une histoire de la critique documentaire de Genèse 37. L'essentiel de la synthèse sur l'approche documentaire de ce texte lui sera emprunté, en particulier pour des ouvrages en langue allemande dont nous n'avons pas pu trouver une traduction en français ou en anglais. Il présente cette synthèse du point de vue de la critique des sources et des traditions.

---

[4] C. Genung, *The composition of Genesis 37: Incoherence and meaning in the Exposition of the Joseph Story*, (FAT 2), Tübingen, Mohr Siebeck, 2017, p. 2-3.

1. Les débuts : Karl David Ilgen et Hermann Hupfeld

Karl David Ilgen[5] est un des premiers, à la fin du XVIIIe siècle, à aborder cette question. Pour lui, l'ensemble de l'histoire de Joseph serait constitué de deux morceaux identifiés comme E[1] et E[2] qui seraient deux récits parallèles et complets. Ilgen se base pour cela sur les intuitions de Jean Astruc qui, dans ses *Conjectures*, notant que ce chapitre ne comporte pas de mention de Dieu, concluait qu'il ne faisait pas partie des Mémoires (de Moïse). Il fait remarquer un certain nombre de tensions dans le texte (en regard aussi avec le chapitre 39), entre autres l'âge de Joseph, les raisons de la haine de ses frères, le type de costume que son père lui a confectionné, l'occupation de Joseph (berger ou non), est-ce Juda ou Ruben qui a essayé de le sauver, a-t-il été vendu à des Madianites ou à des Ismaélites, qui l'a emmené en Égypte, le nom de son père (Jacob ou Israël), la fonction de celui à qui Joseph a été vendu. Pour Ilgen donc, Genèse 39 appartient à JE (Jéhoviste) et Genèse 37 et l'essentiel du récit de Joseph à E[2].

Au milieu du siècle suivant, Hermann Hupfeld[6] reprend à peu près la même lecture qu'Ilgen et affirme qu'E[1] n'est pas représenté dans le récit de Joseph, et que JE et des éléments de E[2] constituent la base du récit de Genèse 37.

2. De Julius Wellhausen à Gerhard von Rad

Wellhausen[7] identifie en Genèse 37 cinq blocs de matériaux qu'il attribue à J et E :

- E (trois blocs) : v. 2-11, 17-23, 29-36 ;
- J (deux blocs) : v. 12-16, 24-28.

Cette répartition est basée sur le style de chaque source. Les doublets sont une indication de sources parallèles. Mais en reconstituant les blocs, on remarque qu'elle laisse clairement apparaître des blancs entre les blocs dans chacune des sources identifiées, créant des incohérences dans le récit. Par exemple, le lien entre le v. 11 et le v. 17 de E[2] est inexistant : de la jalousie décrite des frères de Joseph à la réponse de l'homme interrogé par celui-ci, il y a une rupture. Il en est de même entre le v. 16 et le v. 24 de J. Cette répartition est donc problématique.

---

[5] K.D. Ilgen, *Die Urkunden des Jerusalemischen Tempelarchives...*, Halle, 1798, p. 447-449.

[6] H. Hupfeld, *Die Quellen der Genesis und die Art ihrer Zusammensetzung*, Berlin, 1853, p. 47-48, 65-69.

[7] J. Wellhausen (1866, 1899), *Die Composition des Hexateuch...*, p. 53, 60-61.

Presque à la même époque, Joel S. Baden[8] représente une sorte de néo-documentarisme. Pour lui, la critique des sources s'est plantée en utilisant la langue et le style comme critères de distinction entre les sources. Il propose l'intrigue narrative et sa cohérence comme seul critère de distinction des sources (p. 20). Appliquant cette approche à l'histoire de la vente de Joseph en Genèse 37, il distingue deux histoires (p. 35-38) :

- Une histoire A qui met en scène Juda et les Ismaélites (v. 19-20, 25-27, 28aβb) ;
- Une histoire B qui met en scène Ruben et les Madianites (v. 18, 21-22, 24, 29-30, 36).

A	B
19 Ils se dirent l'un à l'autre : Voici le faiseur de songes qui arrive.	*18 Ils le virent de loin ; et, avant qu'il fût près d'eux, ils complotèrent de le faire mourir.*
20 Venez maintenant, tuons-le, et jetons-le dans une des citernes ; nous dirons qu'une bête féroce l'a dévoré, et nous verrons ce que deviendront ses songes.	*21 Ruben entendit cela, et il le délivra de leurs mains. Il dit : Ne lui ôtons pas la vie.*
25 Ils s'assirent ensuite pour manger. Ayant levé les yeux, ils virent une caravane d'Ismaélites venant de Galaad ; leurs chameaux étaient chargés d'aromates, de baume et de myrrhe, qu'ils transportaient en Égypte.	*22 Ruben leur dit : Ne répandez point de sang ; jetez-le dans cette citerne qui est au désert, et ne mettez pas la main sur lui. Il avait dessein de le délivrer de leurs mains pour le faire retourner vers son père.*
26 Alors Juda dit à ses frères : Que gagnerons-nous à tuer notre frère et à cacher son sang ?	*24 Ils le prirent, et le jetèrent dans la citerne. Cette citerne était vide ; il n'y avait point d'eau.*
27 Venez, vendons-le aux Ismaélites, et ne mettons pas la main sur lui, car il est notre frère, notre chair. Et ses frères l'écoutèrent.	*29 Ruben revint à la citerne ; et voici, Joseph n'était plus dans la citerne. Il déchira ses vêtements,*
28 Au passage des marchands madianites, ils tirèrent et firent remonter Joseph hors de la citerne...	*30 retourna vers ses frères, et dit : L'enfant n'y est plus ! Et moi, où irai-je ?*
	36 Les Madianites le vendirent en Égypte à Potiphar, officier de Pharaon, chef des gardes.

---

[8] J.S. Baden, *The composition of the Pentateuch*, New Haven & London, Yale University Press, 2012, p. 20-38.

Cette redistribution a plus de succès, même si les v. 23, 31-35 n'y trouvent pas de place. A et B reflètent assez clairement des traditions liées respectivement à Juda et les Madianites, et Ruben et les Ismaélites. Les passages restés seraient-ils alors une insertion narrative du rédacteur final ? Mais l'hébreu laisse supposer là aussi deux voix, surtout au v. 32 : les frères de Joseph ont-ils envoyé (וַיְשַׁלְּחוּ) ou apporté (וַיָּבִיאוּ) la tunique à leur père ?

TM	LXX
וַיְשַׁלְּחוּ אֶת־כְּתֹנֶת הַפַּסִּים וַיָּבִיאוּ אֶל־אֲבִיהֶם	καὶ ἀπέστειλαν τὸν χιτῶνα τὸν ποικίλον καὶ εἰσήνεγκαν τῷ πατρὶ αὐτῶν
Ils envoyèrent la tunique colorée et (l') apportèrent à leur père	*Ils envoyèrent la tunique colorée et (l') apportèrent à leur père*

La question est la suivante : une fois Joseph disparu, qu'ont fait les frères de sa tunique ? l'ont-ils envoyée (וַיְשַׁלְּחוּ - v. 32aα) à leur père ou la lui ont-ils rapportée (וַיָּבִיאוּ - v. 32aβ) ? Comment faut-il comprendre les mots אֶת וַיְשַׁלְּחוּ כְּתֹנֶת הַפַּסִּים וַיָּבִיאוּ אֶל־אֲבִיהֶם? Faut-il comprendre וַיָּבִיאוּ comme une simple répétition de וַיְשַׁלְּחוּ, c'est-à-dire un parallélisme, ou plutôt comme une addition de deux expressions différentes d'une même affirmation ? Et quel sens donner au hiphil de בוא ici, étant donné qu'il peut signifier à la fois « apporter » et « faire apporter » (c'est-à-dire « envoyer ») ?

La Septante a fait une traduction littérale où chaque mot a un équivalent. Dans l'hébreu comme dans le grec, le verbe « apporter » (בוא (hi)/εἰσφέρω) n'a pas de complément d'objet direct explicite. Mais le hiphil et le sens du terme grec indiquent clairement la tunique comme objet. Il n'est pas impossible qu'il y ait ici aussi deux traditions concurrentes, une indiquant que la tunique a été envoyée et l'autre qu'elle a été apportée. La plupart des versions modernes, peut-être sous l'influence du latin (*mittentes qui ferrent*, litt. « ils ont pris le manteau » + *ad patrem* = « ils ont (ap)porté le manteau à leur père »), esquivent le problème et retiennent l'un ou l'autre élément. D'autres rendent ויביאו par « ils firent porter », créant ainsi un double hiphil, puisque « porter » ou « apporter » traduit déjà l'idée du hiphil : « faire venir ». Peut-être ne faut-il pas solliciter à l'excès cette nuance ? Il n'empêche que ces mots trahissent un style bien oral.

Dans cette série, Hermann Gunkel[9] est le premier à attirer l'attention sur l'importance des légendes orales dans l'histoire de Joseph (et des récits du Pentateuque en général). Pour lui, l'histoire de Joseph est constituée d'une collection de traditions de légende qui ont évolué ensemble dans une série de

---

[9] Gunkel, « Die Komposition der Joseph-Geschichter », p. 68.

stades oraux et littéraires et qui ne sont que des contes populaires (folkloriques), sans aucune référence historique. Pour le dire, Gunkel compare ce récit avec des documents du Proche-Orient ancien (ANE/ANET) et propose de les replacer dans leur *Sitz im leben*. Mais il continue néanmoins à expliquer les doublets par la théorie des sources en affirmant que J et E avaient recours à la même tradition. Il attribue l'histoire des Madianites à E et celle des Ismaélites à J[10].

Comme Gunkel, Hugo Gressmann[11] propose de comprendre le récit de Joseph à partir des traditions, notamment de l'histoire tribale d'Israël combinée avec le folklore de l'époque. Pour lui, l'histoire de Joseph est le développement d'une légende populaire vers une nouvelle, c'est-à-dire vers un genre romanesque. Il date la tradition de Ruben et des Madianites de l'époque des juges et celle de Juda et des Ismaélites de l'époque monarchique.

Au milieu du XXᵉ siècle, Von Rad[12] revient sur la critique des sources pour expliquer les tensions dans le récit de Joseph dont il identifie la composition finale comme étant jéhoviste (JE). Il situe ce récit dans les milieux sapientiaux de la cour de Salomon[13]. L'intérêt de la présente étude ne portant pas sur ce volet, nous laisserons là cette question. En ce qui concerne la question des sources, Von Rad estime que les tensions que l'on y voit s'expliquent par le fait que la forme finale, qu'il attribue à JE, est basée sur J et E qui contiennent chacun un récit (document écrit) complet de cette histoire. Il y a donc un double fil conducteur dans le récit issu des deux sources. Comme chez la plupart des autres théoriciens de l'hypothèse documentaire, aucune place n'est accordée à l'idée que les sources de l'histoire de Joseph aient pu être orales.

II. L'introduction du récit : v. 2-4

Ces versets présentent une description du cadre qui permet de comprendre l'hostilité des frères de Joseph à son égard, mais ce cadre n'est même pas unifié. La question est : pourquoi les frères de Joseph le détestent-ils autant ? Quatre motifs sont convoqués.

---

[10] *Ibid.*, p. 66-67 ; voir aussi Id. (1910), *Genesis*, p. lxxiv-lxxvi et 387.

[11] H. Gressmann, (« Ursprung und Entwicklung der Joseph-sage », in Εὐχαριστηριον. *Studien zur Religion und Literatur des Altes und Neuen Testaments. Festschrift H. Gunkel I: Zur Religion und Literatur des Altes Testaments* (Ed. H. Schmidt, FRLANT 36, Göttingen, 1923, p. 1-55, spec. 10-11, 17-22, 52

[12] Rad, *Genèse*, p. 355.

[13] G. von Rad, « Josephsgeschichte und ältere Chokma », *VTS* 1, p. 120-127 (« The Joseph Narrative and Ancient Wisdom », in J.L. Crenshaw (éd.), *Studies in Ancient Israelite Wisdom* (Library of Biblical Studies), New York, 1976, p. 439-447). Cf. Ai Nguyen Chi, *La voix narrative dans l'histoire de Joseph (Genèse 37-50)*, thèse PhD, Université de Laval, 2015, p. 50.

Premièrement, ses frères étaient des demi-frères (fils des femmes rivales, Bilhah et Zilpah, qui sont en quelque sorte des femmes de second rang). Lui est fils de la préférée (décédée en donnant naissance à Benjamin – cf. Gn 35.18-19). Ce ne sont pas les fils de Léa qui est sœur de Rachel, mère de Joseph. Le fait qu'il soit orphelin de la préférée présente la situation de Joseph, aux yeux de ses demi-frères en tout cas, comme une chute dans la hiérarchie familiale, d'où le besoin pour le père de le protéger, ce qui a pu apparaître comme anormal à ceux-ci. L'on est dans un contexte typique de rivalités entre demi-frères dans un ménage polygamique, dans lequel le rapport de l'époux à chacune des femmes se décalque sur leurs progénitures respectives, indépendamment de l'attitude de chaque enfant vis-à-vis de ses frères et demi-frères (et sœurs).

Deuxièmement, Joseph rapportait à leur père de mauvaises choses à leur sujet. Le sens de ce passage est néanmoins ambigu : comment comprendre les mots אֶת־דִּבָּתָם רָעָה *'et dibbâtâm râ'âh* ? Le mot דִּבָּה *dibbâh*, assez rare dans la bible hébraïque (neuf occurrences dont un en Genèse, trois en Nombres dans l'histoire des espions qui reviennent donner un rapport négatif du pays de Canaan – Nombres 14, un dans les Psaumes, deux dans le livre des Proverbes et un dans celui de Jérémie), a le sens de « mauvais propos » (la construction דִּבָּה רָעָה *dibbâh râ'âh* apparaît donc ici comme un pléonasme). Les mots וַיָּבֵא יוֹסֵף אֶת־דִּבָּתָם רָעָה אֶל־אֲבִיהֶם *vayyâve' Yosef 'et dibbâtâm râ'âh 'el 'abîhem* peuvent être compris d'au moins trois façons :

- Joseph rapportait à son père les mauvais propos de ses frères, c'est-à-dire le mal que ceux-ci disaient de leur père (cf. TOB : « Il rapporta à leur père leurs dénigrements ») ;
- Joseph disait du mal de ses frères (c'est-à-dire il colportait des ragots, disait du mal d'eux) (cf. trad. Claudine Korall : « Joseph débitait sur leur compte des médisances à leur père ») ;

(Les deux lectures sont susceptibles de provoquer leur haine.)

- Joseph rapportait à son père le mal que les gens disaient de ses frères (cf. FC : « Il rapportait à son père le mal qu'on disait d'eux »). Cette dernière lecture ne pourrait pas susciter leur hostilité.

Troisièmement, ses frères étaient jaloux, leur père l'aimait plus qu'eux, étant le fils de sa vieillesse (sans doute avant la naissance de Benjamin ? Benjamin est déjà cité en Gn 35.18, 24, mais le récit de Joseph étant une nouvelle indépendante, ne suit pas nécessairement la chronologie familiale).

Quatrièmement enfin, avec la tunique offerte à Joseph par son père, ses frères pressent qu'il est désigné pour les commander – la tunique aurait un lien symbolique avec les rêves du jeune homme : on peut remarquer que ses frères constatent le favoritisme de leur père à partir du moment où cette tunique à rayures lui est offerte (v. 4).

Du point de vue narratif, en considérant le texte comme une unité, ces motifs de haine se complètent mutuellement. Une observation attentive de cette introduction soulève néanmoins des questions. L'on a en effet l'impression que, hormis les deux derniers motifs, dans lesquels la tunique bigarrée est potentiellement une raison matérielle de la jalousie, chacun des motifs d'hostilité est indépendant des autres et que le lien qui les unit est totalement artificiel. Chacun, pris isolément, est suffisant pour provoquer l'animosité des frères de Joseph à son endroit. Aucun n'a de lien avec les rêves qui vont suivre et qui semblent pourtant être au cœur de l'attitude de ses frères, puis de la violence qu'ils exerceront sur lui.

La faiblesse, voire l'absence de lien organique entre les différents motifs de haine indique, d'une certaine manière, une extrême variété des traditions qu'il est malheureusement, à ce stade, impossible d'identifier. Le problème va bien au-delà des questions rédactionnelles et textuelles. Il oriente, comme d'ailleurs pour les autres parties du récit, vers les sources auxquelles le rédacteur a dû avoir affaire, soit pour les trier, soit pour leur trouver une place dans le récit global qu'il entreprend de construire. Le caractère fragmentaire de ces données rend improbable l'hypothèse qu'elles aient appartenu à des documents déjà élaborés avant la composition du récit.

III. Les rêves de Joseph

Le récit raconte deux rêves de Joseph : le premier, portant sur des gerbes, qu'il raconte à ses frères (v. 5-8), le deuxième, sur les astres qui se prosternent devant lui, et qu'il raconte à ses frères et/ou à son père (v. 9-11).

Les gerbes	Les astres
⁵ Joseph fit un rêve et le raconta à ses frères, qui le détestèrent encore davantage. ⁶ Il leur dit : Écoutez ce rêve que j'ai fait, je vous prie ! ⁷ Nous étions au milieu des champs à lier des gerbes ; soudain ma gerbe se dressa et se tint debout, et vos gerbes l'entourèrent et se prosternèrent devant elle. ⁸ Ses frères lui dirent : Vas-tu donc être roi sur nous ? Vas-tu être notre maître ?	⁹ Il fit encore un autre rêve qu'il raconta à ses frères. Il dit : J'ai encore fait un rêve ! Le soleil, la lune et onze étoiles se prosternaient devant moi. ¹⁰ Il le raconta à son père et à ses frères. Son père le rabroua ; il lui dit : Que signifie ce rêve que tu as fait ? Devons-nous venir nous prosterner jusqu'à terre devant toi, moi, ta mère et tes frères ?
Et ils le détestèrent encore davantage à cause de ses rêves et de ses paroles.	¹¹ Ses frères éprouvèrent de la jalousie à son égard, mais son père garda le souvenir de cet incident.

Ce tableau appelle quelques observations :

- Le premier rêve concerne les frères de Joseph, et c'est à eux uniquement qu'il est rapporté. Il en résulte que ceux-ci le prennent en haine. En forme d'inclusion, le texte rapporte qu'ils « le haïrent encore davantage » (וַיּוֹסִפוּ עוֹד שְׂנֹא אֹתוֹ *vayyosifu 'od sᵉno' 'oto* – litt. « ils ajoutèrent encore de le haïr »), la construction étant identique au v. 5 et au v. 8[14]. Il n'est pas impossible que la première occurrence de ces mots soit un doublet importé du v. 8, ce qui suggérerait qu'il s'agit d'un problème rédactionnel. Si tel est le cas, cette importation est visiblement délibérée, créant ainsi un effet de saturation. Le second rêve concerne ses parents et ses frères et est rapporté à son père et à ses frères. Alors qu'il en résulte de la jalousie de la part de ses frères (וַיְקַנְאוּ־בוֹ אֶחָיו *vayeqan'u bo aḥav* – litt. « ses frères eurent de la jalousie envers lui »), son père, lui, se contente d'en garder le souvenir. Le verbe קנא *qn'* employé ici veut aussi dire « avoir du zèle » (ils furent zélés contre lui), ce qui annonce une certaine action violente ;
- Les deux rêves, avec des objets différents, sont construits de façon identique, avec au centre la prosternation (v. 7 et 9), les réponses aussi (v. 8 et 10), avec les verbes מלך (régner) et משל (gouverner,

---

[14] L'on note par ailleurs une accumulation des termes d'insistance, d'abord avec la racine יסף *ysf* (ajouter) qui est la même que pour le nom du personnage lui-même, ensuite avec l'ajout de la préposition adverbiale עוֹד (encore), créant un effet littéraire qui souligne la gravité de la haine des frères de Joseph.

administrer, dominer) employés en figure étymologique (« régner, tu règneras » et « gouverner, tu gouverneras ») dans le premier cas, et l'expression « aller se prosterner devant » dans laquelle le verbe בוא (aller) est aussi en construction étymologique ;

- Le deuxième rêve implique (d'après l'interprétation qu'en fait Jacob) les deux parents de Joseph alors que sa mère, à ce moment-là, était déjà morte. Cette incongruité a fait l'objet de plusieurs discussions entre les exégètes, à commencer par la littérature rabbinique. Rachi l'interprétait de deux façons. Premièrement, il s'agirait de Bilhah, la femme qui l'a élevé comme son propre fils. Deuxièmement, l'interprétation littérale de Jacob aurait pour but de détourner l'attention de ses autres fils de l'essentiel du problème et d'essayer d'atténuer leur colère en évoquant la mère défunte du jeune homme, invoquant ainsi indirectement leur pitié à son égard, mais aussi en tournant son rêve au ridicule à cause de l'impossibilité de sa réalisation, puisque sa mère étant morte, elle ne pourra pas se lever pour se prosterner devant lui[15]. Il est introduit par les mots « il fit encore (עוֹד) un autre rêve », pour indiquer clairement qu'il y a eu deux rêves.

Du point de vue de la critique des sources, la question que l'on peut se poser est de savoir pourquoi, alors que les rêves ont un même fond, on en a deux au lieu d'un seul. Et si l'on n'avait qu'un seul rêve dupliqué ? Cette duplication a été interprétée tantôt comme inhérente au récit de Joseph caractérisé par des doublets[16], tantôt comme jouant un rôle fondamental dans le récit[17] : soit en considérant que le rédacteur avait à l'esprit les deux déplacements des frères de Joseph en Égypte pour chercher des vivres (Genèse 42-44)[18], soit que tout en

---

[15] Rashi écrit ceci : « "Mais ta mère n'est-elle pas déjà morte ?" Ce que Ya'aqov ne savait pas, c'est que ces paroles concernaient Bilha, qui avait élevé Yossef comme sa propre mère (*Beréchith raba* 84, 11). Nos maîtres en ont déduit qu'il n'existe pas de rêve qui ne contienne quelque chose de vain (*Berakhoth* 55b). Ya'aqov cherchait à faire sortir ces idées du cœur de ses fils, afin qu'ils cessent de jalouser Yossef. C'est pourquoi il lui a dit : « eh quoi ! nous viendrions, moi et ta mère... », comme pour lui signifier : « De même qu'il n'est pas possible que ta mère vienne, de même tout le reste est-il sans valeur. » Cf. *Commentaire sur Genèse*, en ligne sur http://www.sefarim.fr/, consulté le 20 février 2020.

[16] R.N. Whybray, « The Joseph Story and Pentateuchal Criticism », *VT* 18, 1968, p. 522–28; Yairah Amit, « The Repeated Situation: A Poetic Principle in the Modeling of the Joseph Narrative » [in Hebrew], *Te'uda* 7, 1991, p. 55–66; Robert Alter (1996), *Genesis: Translation and Commentary*, New York, Norton, 210.

[17] J. Grossman, « Different Dreams: Two Models of Interpretation for Three Pairs of Dreams (Genesis 37–50) », in *JBL* 4, 2016, p. 717-732, spec. 719-721.

[18] Par exemple H. Gunkel (1910), *Genesis: Translated and Interpreted,* trad. de la 9e éd. allemande de 1977 par M.E. Biddle, Macon, Mercer University Press, 1997, p. 390.

ayant des sens complètement différents, les deux rêves aient eu lieu en même temps, contrairement à ceux de Pharaons qui sont un seul et même rêve[19].

Mais en amont de la rédaction, on est en droit de se demander s'il s'agit vraiment de deux rêves différents, ou plutôt de deux versions parallèles ou concurrentes d'un même rêve véhiculées par deux traditions différentes, avec des représentations différentes d'un récit symbolique unique, de même que les deux rêves de Pharaon en Genèse 41. Le narrateur a pu avoir en présence deux récits folkloriques qu'il a repris et insérés dans sa trame romanesque en essayant d'assigner à chacun une légitimité et une fonction narrative propres.

IV. Les filles de Jacob

Le v. 35 évoque les fils « et les filles » de Jacob (וְכָל־בְּנֹתָיו). Il y a quelque chose d'étrange dans ce détail. Jacob aurait-il eu des filles, d'où viennent-elles alors qu'on ne connaît que Dina (Genèse 34) ? Le Targum du pseudo-Jonathan suggère qu'il s'agirait des femmes de ses fils (וכל נשי בניו – « et toutes les femmes de ses fils ») ; encore faut-il que quelques fils de Jacob aient déjà été mariés. On sait seulement que Joseph avait dix-sept ans au moment des faits, mais on ne sait rien de l'âge de ses frères en ce moment-là. Il n'est pas impossible que les premiers fussent mariés, mais à ce sujet, rien n'est dit, et la note du pseudo-Jonathan apparaît purement spéculative. L'exégèse juive postérieure (Rachi, le Talmud) est allée dans le même sens (avec davantage de spéculation)[20], suivie par exemple par G. von Rad[21].

L'association des fils et des filles est courante dans la bible hébraïque, en particulier dans Genèse (31.28, 55 ; 36.6 ; etc.). Elle fait partie du mode d'expression ordinaire. L'insertion des filles dans ce passage peut donc résulter d'un hiatus, c'est-à-dire ici d'une importation mécanique et accidentelle à partir des passages voisins, notamment Genèse 31 et surtout 36. Dans l'expression orale, un tel « accident » est facilement envisageable. Il n'est guère nécessaire d'insister davantage sur ce point, mais il n'est pas exclu que ces récits, au départ oraux, racontés et répétés dans les familles, aient joué un rôle dans cette « incongruité ».

---

[19] Ron Pirson, *Lord of the Dreams: Semantic and Literary Analysis of Genesis 37–50*, (JSOTS 355), Sheffield, Sheffield Academic, 2002, p. 58–59.

[20] Rachi rapporte discussion suivante dans le Talmud : « Rabi Yehouda a enseigné (*Beréchith raba* 84, 21) : une sœur jumelle était née avec chacun des chefs de tribu, qu'ils ont épousées. Rabi Né'hémia a enseigné : c'était des Kena'nies. Mais pourquoi est-il écrit : « ses filles » ? C'était ses belles-filles, mais on appelle communément son gendre « fils », et sa belle-fille « fille ». cf. le Commentaire de Genèse, http://www.sefarim.fr/, consulté le 21 février 2020.

[21] G. von Rad, *La Genèse*, Genève, Labor et Fides, 1968, p. 362.

V. Qui a vendu Joseph, et à qui ?

1. Ses frères ou des marchands madianites ?

Une des énigmes du récit de Joseph est la vente de celui-ci. En lisant l'histoire comme une unité narrative, on ne remarque pas souvent, au premier regard, la difficulté du v. 28 : *Des marchands madianites qui passèrent par là tirèrent (*וַֽיִּמְשְׁכוּ֙ *וַֽיַּעֲל֤וּ litt. « ils tirèrent et firent monter »)* Joseph de la citerne et le vendirent (*וַיִּמְכְּר֧וּ*) pour vingt pièces d'argent aux Ismaélites*

Cette traduction indique que ce ne sont pas ses frères qui l'auraient vendu, même si l'idée vient de l'un d'eux, Juda (v. 26), et ils n'en profitent donc pas. Pour André Wénin, le narrateur ne mentionne pas les frères de Joseph comme sujet des verbes « tirèrent hors et firent monter », puis de « vendirent ». Il s'appuie sur le fait que pour que ses frères soient les vendeurs, il aurait fallu que Ruben ait quitté le groupe et fût absent au moment de la vente, ce qui n'est pas indiqué[22]. La tradition reprise par le Coran semble aller dans ce sens (Sourate 12.19-20)[23].

Mais une autre lecture reste possible. D'abord au niveau de la syntaxe. L'hébreu biblique n'a pas de ponctuation, la lecture dépend de la place où l'on estime devoir marquer un arrêt syntaxique. La Septante a fait de ce verset une traduction mot-à-mot, et le problème de ponctuation y a ainsi été retransposé[24]. Dans l'hébreu aussi bien que dans le grec, le sujet des verbes tirer, faire monter et vendre, peut être les Madianites, comme il peut parfaitement remonter aux v. 26-27, c'est-à-dire aux frères de Joseph. On obtient ainsi les possibilités suivantes :

TM et LXX	Lectures possibles
וַֽיַּעֲל֤וּ וַיִּמְשְׁכוּ֙ סֹחֲרִ֗ים מִדְיָנִ֜ים אֲנָשִׁ֨ים וַיַּֽעַבְר֩וּ אֶת־יוֹסֵ֖ף וַיִּמְכְּר֧וּ מִן־הַבּ֔וֹר אֶת־יוֹסֵף֙ καὶ παρεπορεύοντο οἱ ἄνθρωποι οἱ μαδιηναῖοι οἱ ἔμποροι καὶ ἐξείλκυσαν καὶ ἀνεβίβασαν τὸν ιωσηφ ἐκ τοῦ λάκκου καὶ ἀπέδοντο τὸν ιωσηφ...	Des hommes marchands madianites passèrent (par là), tirèrent Joseph et le firent monter hors de la citerne, puis ils vendirent Joseph... (PDV)

---

[22] A. Wénin, *Joseph ou l'invention de la fraternité (Genèse 37-50)*, 2005, p. 70, n. 43.

[23] [19] Or, vint وَٱللَّهُ عَلِيمٌ بِمَا يَعْمَلُونَ وَجَآءَتْ سَيَّارَةٌ فَأَرْسَلُواْ وَارِدَهُمْ فَأَدْلَىٰ دَلْوَهُۥ قَالَ يَٰبُشْرَىٰ هَٰذَا غُلَٰمٌ وَأَسَرُّوهُ بِضَٰعَةً
une caravane. Ils envoyèrent leur chercheur d'eau, qui fit descendre son seau. Il dit : « Bonne nouvelle ! Voilà un garçon ! » Et ils le dissimulèrent [pour le vendre] telle une marchandise. Allah cependant savait fort bien ce qu'ils faisaient. [20] Et ils وَشَرَوْهُ بِثَمَنٍ بَخْسٍ دَرَٰهِمَ مَعْدُودَةٍ وَكَانُوا فِيهِ مِنَ ٱلزَّٰهِدِينَ
le vendirent à vil prix : pour quelques dirhams comptés. Ils le considéraient comme indésirable.

[24] Les targums (y compris du pseudo-Jonathan et de Neofiti) reproduisent aussi cette difficulté syntaxique.

Des hommes marchands madianites passèrent (par là). Ils (les frères de Joseph, à la suite du v. 27) tirèrent Joseph et le firent monter hors de la citerne, puis ils vendirent Joseph... (Darby, OST – dans ce cas, les Madianites sont les acheteurs). *Ou* Au passage des hommes marchands madianites, ils (les frères de Joseph) tirèrent... (Segond révisé, NEG, plus proche de LXX).	

L'exégèse juive dans son ensemble (hormis les targums) semble aller dans le sens de la vente par ses frères. Rachi, dans son commentaire à ce verset, écrit : « C'est une autre caravane. Le texte t'apprend que Joseph a été vendu plusieurs fois... Les frères le vendirent aux Ismaélites, ceux-ci le vendirent aux Madianites, et les Madianites aux Égyptiens », suivant ainsi la chronologie globale du macro-récit. Plusieurs midrashim interprètent ces ventes successives comme la préfiguration des futures destinées du peuple juif[25].

Quant à l'absence de Ruben au moment de la transaction, elle est clairement sous-entendue, même si cela reste étrange. Ruben avait émis l'idée de jeter Joseph dans une citerne avec l'intention de revenir le sauver (v. 22), et Juda a suggéré l'idée de le vendre (v. 27). D'un point de vue narratif, on doit pouvoir penser que si Ruben était là, il aurait réagi pour empêcher cette opération. En tout cas ce serait étonnant qu'ayant été au courant du projet de vente, il soit encore revenu pour mettre à exécution son propre projet (sauver le garçon).

Plus loin (en 42.21), on voit les frères de Joseph culpabiliser : *Ils se dirent alors l'un à l'autre : Oui, nous avons été coupables envers notre frère, car nous avons vu l'angoisse de son âme, quand il nous demandait grâce, et nous ne l'avons point écouté ! C'est pour cela que cette affliction nous arrive.* Si les frères de Joseph ne l'ont pas vendu, de quoi se sentiront-ils coupables par la suite ? Pour Wénin, le remords exprimé ici n'est pas lié à la vente de Joseph, mais à la maltraitante qu'ils lui auraient fait subir à son arrivée auprès d'eux en le saisissant et en le jetant dans la citerne après l'avoir dénudé (v. 23-24).

Au regard de ce qui vient d'être dit ci-dessus, le remords peut concerner l'ensemble des actions entreprises contre Joseph (maltraitance et vente). Les propos de Ruben en 42.22 vont dans ce sens : *Ne vous avais-je pas dit : « Ne faites*

---

[25] E. Munk, *La voix de la Thora, t. 1 : La Genèse*, Paris, Association Samuel et Odette Levy 1976, 2007, p. 521.

aucun tort à cet enfant » ? Et vous ne m'avez pas écouté. Il est maintenant demandé compte de son sang (TOB). La référence au sang indique que pour Ruben, la vente de Joseph (sous-entendu effectuée par ses frères sans son consentement) équivaut à sa mort ; en d'autres termes, les frères ont commis un crime de sang. On est donc bien au-delà de la violence physique et morale.

2. Aux Ismaélites ou aux Égyptiens ?

Au v. 36, les Madianites vendent Joseph en Égypte, ce qui contredit le v. 28 (où ils le vendent aux Ismaélites). Wénin explique cette contradiction par le fait que le narrateur reprend, comme pour récapituler, l'essentiel de ce qui est arrivé à Joseph, soulignant avec ironie que les bénéficiaires de la vente ne sont pas les frères de Joseph, mais bien des marchands qui leur auraient en quelque sorte « coupé l'herbe sous le pied[26] ». Pour Gerhard Von Rad,

> Il est plus vraisemblable que nous avons là une double série de récits. D'après l'un (J), Joseph a été vendu par ses frères aux Ismaélites ; d'après l'autre (E), il a été volé par les Madianites qui l'ont tiré de la citerne à un moment où personne ne faisait attention, ce qui a fait échouer le plan de Ruben de le tirer d'affaire[27].

Mais tout cela est bien compliqué et une conclusion définitive reste difficile à tirer. En 39.1, les Ismaélites sont bien ceux qui ont emmené Joseph en Égypte, mais comme réduits simplement à un rôle d'intermédiaires de la transaction.

Toutes ces incohérences indiquent en tout cas des traditions concurrentes que le narrateur, ne sachant pas tout à fait comment les traiter, a essayé tant bien que mal de les recoudre ensemble et de leur trouver une cohérence d'ensemble.

VI. Un mot sur l'affaire Tamar

Dans le roman de Joseph s'insère un épisode qui, au premier regard, n'a aucun rapport avec l'histoire de Joseph. L'objet de ce point n'est pas de proposer une exégèse de ce chapitre, mais uniquement d'examiner sa relation avec l'ensemble de l'histoire de Joseph. Cet épisode, inséré à cet endroit comme par hasard ou par accident, est un casse-tête pour les exégètes, et probablement aussi pour le narrateur obligé de recoudre des morceaux en procédant, en Gn 39.1, à un

---

[26] Wénin, *Genèse 37-50*, p. 71.
[27] Rad, *Genèse*, p. 360.

rappel des événements, en reprenant presque textuellement les informations de Gn 37.36 :

> *37.36 : Or les Madianites avaient vendu Joseph en Égypte, à Potiphar, haut fonctionnaire du Pharaon, commandant des gardes.*

> *39.1 : On avait emmené Joseph en Égypte ; un Égyptien, Potiphar, haut fonctionnaire du Pharaon, commandant des gardes, l'acheta aux Ismaélites qui l'y avaient emmené.*

Que vient faire ce fait divers dans le cycle consacré à Joseph ? Serait-ce un accident textuel ou cette histoire a-t-elle un rôle narratif ou théologique à jouer dans le récit ? Cette question divise les spécialistes, et ce depuis l'Antiquité, entre ceux qui considèrent ce chapitre comme un intru venu interrompre le cours du récit, d'une part, et ceux qui militent pour son unité avec l'ensemble de ce récit, d'autre part.

1. Un chapitre qui n'est pas à sa place...

Déjà au IIe siècle av. J.-C., le livre des Jubilées place ce récit après Genèse 41, alors que Flavius Josèphe l'a simplement omis dans le livre II de ses *Antiquités juives*, le considérant sans doute comme ne cadrant pas avec l'histoire de Joseph. Rachi, au Moyen-âge, se demande aussi pourquoi ce récit est placé à cet endroit, interrompant celui de Joseph[28]. Dohyung Kim présente une excellente synthèse de la discussion actuelle sur ce sujet[29] et bien des éléments abordés ici lui seront empruntés.

La longue histoire de l'exégèse de ce chapitre a montré une quasi-unanimité sur le constat d'après lequel il est étranger au roman de Joseph qu'il interrompt brutalement. Pour le XXe siècle, cela est réaffirmé par des auteurs comme Gerhard

---

[28] « Pourquoi ce récit figure-t-il ici et interrompt-il l'histoire de Yossef ? C'est pour nous apprendre que les frères de Yehouda ont rabaissé celui-ci de sa dignité lorsqu'ils ont vu la souffrance de leur père, [d'où les mots : "Yehouda descendit [dans leur estime]"]. Ils lui ont dit : "C'est toi qui nous as dit de le vendre ! Si tu nous avais conseillé de le ramener à la maison, nous t'aurions écouté !" (*Midrach tan'houma* 8) ». Commentaire de Rachi sur Genèse, en ligne : www.sefarim.fr, consulté le 25 février 2020.

[29] D. Kim, *A Literary-Critical Analysis of the Role of Genesis 38 within Genesis 37-50: as Part of the Primary Narrative (Genesis - 2 Kings) of the Hebrew Bible*, PhD thesis, University of Sheffield, 2010, p. 2-5. Voir aussi, avant D. Kim, Steven D. Mathewson, « An exegetical study of Genesis 38 », in *Bibliotheca Sacra* 146, 1989, p. 373-392, et après lui, H.-G. Wünch, « Genesis 38 – Judah's Turning Point: Structural Analysis and Narrative Techniques and their Meaning for Genesis 38 and its Placement in the Story of Joseph », in *Old Testament Essays* 25/3, 2012, p. 777-806.

von Rad, Walther Brueggemann et Claus Westermann[30]. Ces mots de von Rad à ce sujet, repris dans plusieurs études, sont bien connus :

> Tout lecteur attentif constatera que le récit sur Juda et Thamar n'a aucun lien original avec l'histoire de Joseph, elle-même très strictement structurée, dans laquelle il est actuellement inséré. Ce récit forme un tout, et pour le comprendre, il n'y a pas besoin de recourir à l'une des autres des histoires ; aussi, le Jahviste, qui a trouvé ce morceau dans les traditions anciennes, a dû résoudre le problème de l'endroit où il fallait placer cet épisode dans la suite des traditions qu'il rapportait[31].

Ce constat montre que la théorie documentaire a identifié ce chapitre comme yahviste, l'ensemble de l'histoire de Joseph étant globalement attribué à J (avec des éléments venant de E et même de P). Le présupposé ici est donc, comme d'habitude, que J constitue déjà plus qu'une source écrite indépendante. Von Rad, tout en reconnaissant l'appartenance de ce morceau à des « traditions anciennes », considère ici en effet que J est le narrateur qui l'a inséré déjà dans son corpus.

Bill T. Arnold[32] considère cet épisode comme un interlude qui suspend l'histoire de Joseph, créant ainsi une sorte de suspense. Mais pour lui, cet interlude peut être perçu, sur le plan narratif, comme un « feuillet » que l'on peut mettre en rapport avec le refus de Joseph de coucher avec la femme de Potiphar dans le chapitre suivant (alors que Juda est tombé bien bas en allant avec sa belle-fille), ce qui permettrait de le distinguer moralement de ses frères. Cette position constitue donc un compromis entre les positions traditionnelles et celles qui militent pour l'unité narrative de Genèse 38 avec le reste de l'histoire de Joseph, mais demeure quelque peu spéculative.

2. Ou un chapitre qui fait corps avec le récit de Joseph ?

Tandis que certains considèrent donc l'histoire de Juda-Tamar comme un hors-sujet, voire un accident par rapport à celle de Joseph, de nombreux autres soutiennent son insertion adéquate : Umberto Cassuto, Robert Alter, Antony J.

---

[30] Rad, *Genesis*, p. 363-370 ; Brueggemann, *Genesis*, p. 307 ; Westermann, *Genesis 37-50*, p. 49 ; E. A. Speiser, *Genesis*, New York, Doubleday & Co., 1981, p. 299.

[31] Rad, *Genesis*, p. 364.

[32] Arnold, *Genesis*, p. 325.

Lambe[33], entre autres. Tandis que les uns mettent l'accent sur la discontinuité, les autres soulignent un lien fort avec les autres chapitres.

D'après Kim, Genèse 38 est une partie[34] essentielle des chapitres environnants et a une fonction clé, étant donné l'importance de la généalogie, dans le macro-récit. Pour cette raison, il n'est pas approprié de lire ce chapitre comme parlant d'un personnage particulier, Juda ou Tamar, comme les exégètes ont tendance à le faire quand ils l'examinent simplement en relation avec la prétendue « histoire de Joseph ». Genèse 38 doit être lu systématiquement dans le contexte narratif plus large ainsi que dans le contexte de Genèse 37-50[35]. C'est un chapitre essentiel au sens narratologique qui résume la fonction généalogique de la famille de Juda[36]. De nombreux spécialistes établissent le lien à partir des mots אֵלֶּה תֹּלְדוֹת (« voici la descendance de ») en 37.2 qui, comme souligné plus haut, mettent l'accent sur Jacob plutôt que sur Joseph[37].

Rabbi Obadiah ben Jacob Sforno (1475-1550) soulignait, lui, la responsabilité de Juda dans l'action menée contre Joseph et mettait en avant sa culpabilité d'avoir détruit la paix de sa famille[38]. Vu sous cet angle, l'exégèse juive a interprété le départ de Juda, précisément sa « descente » (cf. le verbe ירד du v. 1) du milieu de ses frères comme symbolisant sa déchéance morale, aggravée par un déclin matériel, à savoir la menace que l'avenir que la famille abrahamique soit tragiquement compromis sans qu'aucune issue n'apparaisse à l'horizon[39].

Après avoir fait partir Joseph de la famille, Juda quitte donc, à son tour, ses frères. Certaines versions françaises rendent à propos le verbe ירד par « s'éloigner » (Segond révisé, NBS, NEG), « se séparer » (Semeur) ou « quitter » (OST, Ze Bible). C'est cette séparation qui compromet sa descendance que la tradition s'est employée en quelque sorte à reconstruire.

Cette déchéance morale se manifeste d'abord par le fait que Juda ait épousé une femme cananéenne, et pour son fils une femme, Tamar implicitement

---

[33] U. Cassuto, « The Story of Tamar and Judah », in *Biblical and Oriental Studies* (vol. 1: Bible; trans. Israel Abrahams), Jerusalem, Magnes Press, Hebrew University, 1973, p. 30; R. Alter, *The Art of Biblical Narrative,* New York, Basic Books, 1981, p. 3; A.J. Lambe, « Judah's Development: The Pattern of Departure-Transition-Return », *JSOT* 83, 1999, p. 53-68, spec. p. 68; etc.

[34] Kim parle littéralement de « partenaire ».

[35] Kim, *A Literary-Critical Analysis*, p. 277.

[36] *Ibid.*, p. 285.

[37] Mathewson, An exegetical study of Genesis 38, p. 385. Cf. Allen P. Ross, "Genesis," in *The Bible Knowledge Commentary*, ed. John F. Walvoord and Roy B. Zuck, vol. 1, Wheaton, Victor Books, 1985, p. 22-26; J.W. Coats, « Redactional Unity in Genesis 37-50 », *JBL* 93, 1974, p. 16; H.C. Leupold, *Exposition of Genesis*, Grand Rapids, Baker Book House, vol. 2, 1960, p. 970.

[38] Munk, *La voix de la Thora*, p. 525.

[39] Idem.

considérée elle aussi comme cananéenne (38.2 et 6). Elle se poursuit par les décès successifs de ses deux premiers fils sans descendance, puis par l'histoire pour le moins loufoque de Juda lui-même avec sa belle-fille. De ce point de vue, l'histoire de Juda et Tamar, en recollant en quelque sorte les morceaux, montre comment Dieu intervient de façon providentielle au moment où tout espoir semble perdu. Sur le plan de l'intention narrative, le lien entre Genèse 38 et le reste de la section de Genèse 37-50, obtenu par une construction théologique bien subtile, est défendable même s'il est loin de faire l'unanimité.

3. Une tradition indépendante insérée par le narrateur

Cependant, comme dans la plupart des analyses narratives, la dimension de l'histoire textuelle a été, sinon ignorée, du moins négligée. Que sur le plan narratif ce chapitre fasse corps avec le reste du récit, cela n'élimine ni n'explique son caractère étrange par rapport à l'ensemble. Il ne dit rien du processus de composition ni de son origine. Le fait que ce chapitre interrompe le cours du récit indique qu'il a été inséré, soit par le narrateur, soit par une activité rédactionnelle postérieure. Attribué quasi unanimement à J par la théorie documentaire, il apparaît clairement comme une tradition distincte de l'histoire de Joseph et pourrait appartenir à des traditions du clan de Juda oralement transmises[40]. Ces traditions raconteraient les origines de la tribu de Juda.

Le récit de Genèse 38 montre en effet comment la lignée de Juda fut menacée de disparition (v. 1-11) avant d'être récupérée de justesse, même si c'est au prix de quelque tromperie ou à la faveur de quelque erreur humaine (v. 12-30). Il est vraisemblablement une tradition indépendante suffisamment ancienne, connue et importante pour que le narrateur ait tenu à l'intégrer quelque part, d'autant plus que c'est de la tribu de Juda qu'est issue la dynastie davidique. Son insertion ici (ou ailleurs, mais avant Genèse 49) rend alors possible l'épisode de Genèse 49 au cours duquel Jacob, bénissant ses fils, le présente comme ayant de l'ascendance sur ses frères (49.8-12).

Le narrateur aurait donc inséré cet élément ici après avoir essayé de l'adapter à ce nouveau contexte[41], moyennant quelque bricolage narratif. L'introduction

---

[40] Le *Testament de Juda*, quatrième des *Testaments des douze patriarches*, reprend cette histoire avec quelques modifications. Là, c'est Juda lui-même qui la raconte. Voir l'étude comparative des deux textes par Félix Opoku-Gyamfi, « Retelling the story of Judah and Tamar in the Testament of Judah », in *Ilorin Journal of Religious Studies (IJOURELS)*, Vol.4 No.2, 2014, p. 41-52.

[41] C.J. Labuschagne, « The Story of Judah and Tamar in Genesis 38: Its Compositional Structure and Numerical Features. Genesis 38 in its literary context », 2008, doc. Pdf en ligne, https://www.labuschagne.nl/1.gen38.pdf, consulté le 24 février 2020.

du v. 1 en est un indicateur : *À cette époque-là, Juda quitte ses frères et il va à Adoullam, chez un homme appelé Hira.* La connexion *il arriva qu'à cette époque-là* (וַיְהִי בָּעֵת הַהוּא *vayehî bâ'et hahû*) n'a pas vraiment une fonction temporelle, chronologique. Elle tente simplement, de façon tout à fait artificielle, de créer un lien entre cette histoire et celle de Joseph. La fin de l'histoire, à savoir la naissance « bizarre » des jumeaux résultant de la relation incestueuse reste, elle aussi, sans rapport avec la suite du récit de Joseph. Dans la guerre de préséance entre les descendants des différentes tribus, on a peut-être ici une tradition qui tente de discréditer la descendance de Juda. L'on se souvient de la lutte d'influence entre les descendants de Joseph et ceux de Juda. D'où la nécessité de voir Jacob, dans son discours testamentaire, confirmer le rôle primordial de Juda.

VII. Remarques conclusives

Comme les autres récits analysés dans cette étude, l'histoire de la vente de Joseph laisse entendre plusieurs sons de cloche. La critique traditionnelle des sources, notamment la théorie documentaire qui croit pouvoir identifier des documents écrits antérieurs, aussi bien que la critique narrative qui milite pour une unité radicale du récit, échouent à expliquer de façon définitive les tensions dans ce récit. Au-delà de la volonté postexilique de construire une histoire théologique unique à la fois pour des motifs religieux et pour servir une idéologie politique unitaire, c'est peut-être une sagesse de renoncer à lui trouver des sources « stables » (il me semble que c'est ce souci de stabilité des sources qui oriente vers les thèses voulant à tout prix que celles-ci soient écrites) ou même à lui définir une unité absolue.

Une chose qui apparaît clairement dans ce dossier est que le récit résulte d'un assemblage d'éléments, qui sont tantôt des séquences narratives plus ou moins élaborées, tantôt des bouts de phrases ou d'idées mis côte-à-côte dans une séquence narrative et qui peuvent être complémentaires, concurrents ou même contradictoires. Ces scénarios sont souvent caractéristiques de discours repris librement, de mémoire, et habituellement en contexte d'oralité. L'on se retrouve ainsi avec des textes qui présentent un caractère oral très marqué. Ils rappellent que les textes bibliques ont d'abord été dits et racontés avant d'être écrits, et que les écrits portent ainsi les marques de cette oralité. Dans bien des traditions orales, les rêves constituent un élément important censé orienter le cours de la vie des personnes, mais surtout du groupe. Israël ou Jacob, Ruben ou Juda, les frères ou les Madianites, les Madianites ou les Ismaélites, des ragots, des histoires de demi-frères ou des rêves, etc., tous ces éléments convoquent l'hypothèse de traditions variées d'une même histoire, transmises librement et oralement dans des contextes eux-mêmes variés. Ils invitent à prendre du recul par rapport à une critique des sources trop ou uniquement orientée vers l'écriture.

Conclusion

Le quatrième évangile affirme « Au commencement était la parole » (Jn 1.1). Cette affirmation est éminemment théologique, il n'y a pas de doute là-dessus. Elle indique cependant quelque chose de l'histoire de la révélation biblique et finalement des sources, de la composition et de la réception, au fil des siècles, de cette parole devenue écriture. Elle dit qu'avant l'écriture se trouve la parole orale, que la culture scripturaliste a tôt fait de réduire, peut-être inconsciemment, au statut de vestige prélogique appartenant à une sorte de non-culture, donc peu fiable. Le dogme protestant du *Sola Scriptura*, qui relève du débat théologique, a néanmoins accentué ce sentiment et sacralisé l'écriture au point d'en oublier les origines orales.

La critique moderne et contemporaine de la Bible, depuis l'époque de la Renaissance, est partie sur cette base. Les études du Pentateuque, de l'histoire deutéronomiste et même du Nouveau Testament, en recherchant les sources de l'Écriture, les a voulues elles aussi écrites : l'hypothétique théorie documentaire, par exemple, et celle encore plus hypothétique de la source Q des Évangiles, recherchent avant tout ces sources écrites. Elles sont plus traçables. Les sources orales sont juste souvent évoquées, sans plus, comme des mythes et légendes, avec le sous-entendu à peine voilé que l'on ne pourrait pas s'y fier sérieusement.

La présente étude s'est fixée pour but de montrer que l'Écriture, la Bible, l'Ancien Testament en particulier, est avant tout une littérature de tradition. Elle est une parole dite et transmise par des traditions orales à travers des générations et que sa mise à l'écrit a servi comme un aide-mémoire, pour mieux servir la transmission orale. En conséquence, même écrite, elle conserve les caractères de son oralité. Cela est vrai pour l'ensemble des corpus et des genres littéraires en présence : poésie, sagesse, prophétie, loi, histoire, etc., mais sans doute davantage pour les textes narratifs, aussi bien dans le Pentateuque que dans les livres dits historiques. Il en résulte, comme on l'a dit dès l'introduction, que la critique des sources, notamment du Pentateuque, doit pouvoir prendre cette donnée en considération, plus qu'on ne l'a fait jusqu'à présent.

La question posée au départ peut être reformulée ainsi : et si les plus anciennes sources du Pentateuque, en l'occurrence J et E, mais d'autres encore, étaient orales ? Au terme des six études présentées ici, on remarque le foisonnement de traditions et de sources dans les récits de Genèse, au-delà des sources traditionnellement reconnues par la théorie documentaire. Ces traditions se rencontrent, se complètent, se bousculent, se contredisent même. Elles portent clairement des marques du discours oral et s'enracinent souvent dans des folklores dont certains sont locaux et d'autres plus nationaux, voire internationaux, c'est-à-dire communs à l'ensemble des cultures du Proche-Orient ancien.

Les approches empruntées à l'anthropologie religieuse, à la linguistique et à la sémiologie ainsi qu'à leurs interactions (anthropologie symbolique et linguistique, ethnolinguistique, ethnosémiologie, etc.) permettent de prendre une meilleure mesure de la portée de l'oralité dans ces traditions et sources bibliques. L'utilisation de ces approches n'est pas formelle : il n'a pas été question d'utiliser telle approche pour tel texte étudié en particulier, d'autant moins que les frontières entre ces domaines du savoir et leurs méthodologies sont extrêmement poreuses. Ces méthodes, prises ensemble, ont permis de porter une attention particulière à tel ou tel détail, à telle ou telle tournure, à tel ou tel symbole ou à telle ou telle marque du discours oral.

Les récits des origines (création-chute – Genèse 1-3 et déluge – Genèse 6-9), clairement enracinés dans les mythes cosmogoniques mésopotamiens, et en dépit du fait que ces mythes étaient contenus sous forme écrite dans la célèbre *Épopée de Guilgamesh* et d'autres supports écrits (stèles, tablettes, etc.), portent des marques d'une transmission orale dans un Israël, lui, largement analphabète. Le flottement à la fin du récit P de la création (Dieu a-t-il achevé son activité le septième jour ou s'est-il reposé le septième jour ? Gn 2.2), l'ambiguïté de l'arbre interdit (quel arbre Dieu a-t-il interdit : celui de la connaissance du bien et du mal, ou celui qui est au milieu du jardin, c'est-à-dire l'arbre de vie ? Gn 2.17 et 3.3 ?), les causes J du déluge (Gn 6.1-4 et 5-8 ne disent pas du tout la même chose sur les causes de cette catastrophe), etc., en sont quelques illustrations. Les deux expressions J des causes du déluge donnent une indication que la tradition J n'était peut-être pas une source écrite indépendante et unifiée, mais qu'elle était constituée de résidus de contes divers sur le sujet.

Le récit de l'alliance et de la double promesse d'une descendance et d'une terre (Genèse 15), lui, pose des problèmes insolubles à la critique des sources. La transmission textuelle et le doublon de la remarque d'Abram dans Gn 15.2-3 met en lumière des traditions orales concurrentes, et l'ambiguïté de la transition du v. 1 dont le vocabulaire est étranger aux traditions du Pentateuque rend, sur le plan de la critique historique, le lien avec la séquence précédente difficile. Tout cela invite à se rendre compte que ce chapitre « résiste à toute reconstruction, comme c'est le cas dans bien des histoires orales, conçues pour exister en elles-mêmes, et dont les liens entre les divers éléments ou les diverses séquences n'ont d'existence que celle que leur définit le conteur, de façon locale » (cf. ch. 4, III).

L'histoire du sacrifice d'Abraham (Gn 22.1-19), devenu un muthos liturgique commun aux religions abrahamiques, est pour le moins étrange. Non seulement elle remet en cause la promesse d'une descendance avant de la corriger, mais elle pose aussi la question du rôle joué par la « victime » dans cette mise en scène. Au niveau des sources, la critique traditionnelle l'a répartie entre E et J.

Mais la recherche plus récente tend à montrer non seulement que ce récit a longtemps existé comme une tradition indépendante, sous des formes orales, dont le motif est lui aussi largement répandu dans l'ancien Orient, mais aussi que, étant donné les liens qu'il entretient avec la littérature postexilique, notamment la théologie deutéronomiste, les textes sacerdotaux (y compris le Chroniste) et la littérature de sagesse, il est plus plausible de considérer qu'il n'ait été intégré que tardivement (au plus tôt vers 400 av. J.-C.) dans l'histoire patriarcale pour des raisons théologiques, voire politiques. En même temps qu'il permet, en lien avec Genèse 12 et 15, d'affirmer la foi d'Abraham qui surmonte les épreuves et d'en faire le père de la foi, ce récit permet de prévenir par le moyen de la substitution, les infanticides rituels et les sacrifices humains de façon plus générale, et de régler au passage des comptes dans le contexte d'une lutte politique entre des groupes abrahamites et isaacites.

Sur le plan de l'histoire des sources, le cas de Dina (Genèse 34) est un des plus intéressants. Dès le début, on ne sait pas clairement si l'unique fille de Jacob a été violée ou s'il s'agit d'un jeu de séduction entre elle et son petit ami Sichem, et l'ensemble du récit, qui porte une signature deutéronomiste dans sa forme actuelle, met en œuvre une polyphonie, voire une cacophonie, bien marquée. Nous avons mis en lumière la relation qu'entretient ce récit avec l'histoire d'Abimélek dans Juges 8-9, mais aussi avec le folklore oriental ancien (par exemple l'histoire d'Enlil et Ninlil). La solution documentaire et celle des compléments sont parvenues à une sorte de cul-de-sac. On se retrouve, au final, avec pas moins de quatre sources (deux cananéennes et deux israélites) que l'on pourrait difficilement rattacher à J ou E, mais qui portent clairement des traits de l'oralité. Le texte qui en résulte est le produit d'une récolte, puis d'une adaptation de traditions, et d'une recomposition littéraire qui, au prix de quelques fusions ou d'un mélange de ces traditions, a essayé de créer une unité littéraire.

C'est un scénario à peu près similaire que l'on retrouve dans le récit de la vente de Joseph (Genèse 37). Le contenu et les destinataires des rêves du jeune homme, les étranges filles de Jacob, le double nom de ce dernier (Jacob ou Israël), les causes de l'hostilité des frères de Joseph, les auteurs de sa vente et ses acheteurs, celui qui a essayé de le sauver et pourquoi, ce qu'il est advenu de sa tunique, etc., tout cela permet de réaliser l'extrême foisonnement des traditions qui sont à la base de cette histoire que la recherche reconnaît presque unanimement comme une nouvelle.

Le récit résulte visiblement d'un assemblage d'éléments disparates, parfois contradictoires. Il s'agit de traditions variées d'une même histoire, faites tantôt de séquences narratives plus ou moins élaborées, tantôt de bouts de phrases ou d'idées, parfois même des ragots, mais repris librement, sans doute dans leur état oral brut et mis côte-à-côte, le souci étant de construire une histoire cohérente sans perdre les traces des diverses données sources. À cela s'ajoute le récit de Tamar (Genèse 38) qui, sur le plan narratif, n'est franchement pas à sa place, mais qui vient d'une tradition indépendante ultérieurement insérée dans le cycle de Joseph par le narrateur au prix d'un certain bricolage narratif.

Au terme de ce parcours, on ne peut certes pas dire qu'on soit arrivé à prouver de façon mathématique l'oralité des sources de Genèse et du Pentateuque. Ce n'était pas l'ambition de cette étude. En revanche, celle-ci a attiré l'attention sur la place centrale de cette oralité dans l'écriture biblique. Non seulement les narrateurs de Genèse ont composé le texte sur la base des sources dont les plus anciennes, notamment J et E, appartiennent à des traditions orales, mais ils ont laissé subsister la saveur orale des récits, comme pour en favoriser une transmission adaptée à des destinataires qui, en ce moment-là, n'étaient pas des « gens du livre ». L'on peut fortement présumer que J et E aient été des sources orales.

Certaines de ces traditions ont pu avoir fait l'objet de compositions littéraires primitives, mais la plupart ont vraisemblablement circulé dans la transmission orale bien plus longtemps qu'on ne l'imagine. Au moment de la composition du Pentateuque, il n'est pas exclu que les narrateurs aient eu accès, outre ces compositions littéraires primitives, aux histoires circulant dans le folklore populaire, avec leurs variantes, leurs doublons ou triplons, leurs convergences et leurs contradictions. Ces traditions, rattachées à des milieux, à des familles ou à des clans, ou ayant une portée plus large, c'est-à-dire tribales ou nationales, voire internationales, avaient, aux yeux des narrateurs, une importance sacrée.

Aussi les ont-ils reprises souvent telles quelles, en essayant de leur trouver une place dans l'ensemble de la grande histoire ancienne d'Israël et d'en conserver les diverses variantes, tantôt à l'intérieur d'un même récit (comme dans les cas de Dina et de Joseph), tantôt à des moments différents du récit (comme dans le cas des épouses-sœurs ou celui du changement de nom de Jacob). En conséquence, on se retrouve avec des textes ayant un fort cachet oral, écrits pour être entendus.

Bibliographie

ABELA A., « Genesis 15: A Non-genetic approach », *Melita Theologica*, 37 (2)/1986, p. 9-40.

ADAMO D.T., « Ethiopia in the Bible », *African Christian Studies* 8/1992, p. 51-64.

ADAMO D.T., *Africa and Africans in the New Testament*, Lanham, University Press of America, 2006.

ADAMO D.T., *Africa and Africans in the Old Testament*, San Francisco, CUP, 1998.

AÏVANHOV O.M., *L'arbre de la connaissance du bien et du mal* (7ᵉ éd.), Prosveta Editions, 2001.

AJAH M., « Reprisal Attacks: A Theological Reflection of Genesis 34 On Reactions to Evil and Human Wickedness in Nigeria », *Scriptura* 113/2014, p. 1-13.

AKOTIA B.K., « Préface » à J. Koulagna, *L'Ancien Testament, pour commencer*, 2ᵉ éd., Yaoundé, CLE, 2021.

ALLEN W., « The Scrolls », in *The Insanity Defense: The Complete Prose*, New York, Random House, 2007, p. 137-138.

ALTER R., *Genesis: Translation and Commentary*, New York, Norton, 1996.

ALTER R., *The Art of Biblical Narrative*, New York, Basic Books, 1989.

ANBAR M., « Genesis 15: A Conflation of Two Deuteronomic Narratives », *JBL* Vol. 101 (1)/1982, p. 39-55.

Annuaire de l'Institut de philologie et d'histoire orientales et slaves, 4 (2)/1861-1891.

« Abram's animal ceremony in Genesis 15: An exegesis of Genesis 15:7-21 », doc. Web : http://anchorsaway.org/Websites/anchorsaway/files/Content/5225383/Lesson_10_-_The_Abrahamic_Covenant,_Vander_Laan.pdf, consulté le 01/04/2020.

Atrahasis et Utanapishtim, les Noé mésopotamiens, doc. Web : http://lesitedelhistoire.blogspot.com/2011/12/atrahasis-et-utanapishtim-les-noe.html, consulté le 08/11/2017.

Genèse , in D. Guthrie et *al* (éds), *Nouveau commentaire biblique*, Saint-Légier, Emmaüs, 1978.

Le protestantisme et la haute critique,fév. 2006, http://pensees.bibliques.over-blog.org/article-1751114.html, consulté le 23/12/2016.

Un aspect du mythe de la tour de Babel : le langage, 2004, doc. Web in http://www.ledifice.net/7126-3.html, consulté le 10 mars 2017.

ARNOLD B.T., *Genesis*, (NCBC) Cambridge, Cambridge University Press, 2009.

ATAL D.S.A. (éd.), *Christianisme et identité africaine : point de vue exégétique. Actes du 1ᵉʳ congrès des biblistes africains*, Kinshasa, Faculté de Théologie catholique, 1980.

AULD A.G., « The Deuteronomists and the Former Prophets, Or What Makes the Former Prophets Deuteronomistic? », in *Those Elusive Deuteronomists: The Phenomenon of Pan-Deuteronomism* L.S. Schearing and S.L. McKenzie (JSOTS 268), Sheffield, Sheffield Academic Press, 1999, p. 116-126.

AUMONIER N., « Qu'est-ce qui différencie l'homme de l'animal ? », in N. Aumonier *et al* (2004), *La dignité humaine en question : handicap, clonage*, Paris, Éd. de l'Emmanuel, 2003, pp. 41-77.

BADEN J.S., *The composition of the Pentateuch*, New Haven & London, Yale University Press, 1894, 2012.

BAILEY L.R., *Noah: the person and the story in history and tradition*, (SPOT), Columbia, University of South Carolina Press, 1989.

BAJEUX J.C., « Mentalité noire et mentalité biblique », in A. Abble *et al* (éds), *Des prêtres noirs s'interrogent*, Paris, Cerf, 1956, p. 57-82.

BALESTRA R., La tour de Babel : Pieter Breughel, doc. Web in http://www.ac-nice.fr/ia06/eac/file/PDFAV/La%20Tour%20de%20Babel%20Pieter%20Breughel.pdf, consulté le 13 mars 2017.

BALSERAK J., « Luther, Calvin and Musculus on Abraham's Trial: Exegetical History and the Transformation of Genesis 22 », *RRR* 6, 2004, p. 364–365.

BATSCH C., « Les deux récits de création de la femme dans Genèse », in *Semitica et classica* N° 5, 2012, doc. Web : http://cecille.recherche.univ-lille3.fr/l-equipe/annuaires/annuaire-chercheurs/batsch-christophe-articles-en/article/les-deux-recits-de-creation-de-la-femme, consultée le 30 mars 2017.

BEAUCHAMP P., *Création et séparation. Étude exégétique du chapitre premier de la Genèse*, Paris, Aubier Montaigne-Éditions du Cerf-Delachaux & Niestlé-Desclée de Brouwer, 1969.

BEAUPERIN Y., *la Bible entre oralité et écriture*, cours de l'Institut de Mimopédagogie, à l'école de Marcel Jousse, doc. Web in http://mimopedagogie.pagesperso-orange.fr/Beauperin/Traditionsorales/Bible%20entre%20Oralite%20et%20Ecriture.pdf, 2012, consulté le 08 mars 2017.

BEAUPERIN Y., *La fiabilité de la tradition de style global-oral à la source de la Bible*, Conférence donnée au Colloque du CEP à Nevers, le 5 octobre 2013, doc. Web in http://coursprivecefop.org/images/0/08/CEP-JANV-2014-BEAUPERIN-P-64-88.pdf, consulté le 9 mars 2020.

BECHMANN U., « Genesis 12 and the Abraham-Paradigm Concerning the Promised Land », in *The Ecumenical review*, WCC, 2016, p. 62-80.

BECKSTRAND K., « A Postexilic Reading of the Biblical Flood Narrative », in *Studia antiqua* 15/1, art. N° 5, 2016, p. 27-38.

BEGG C.T., « The Covenantal Dove in Psalm 74:19-20 », *VT* 37/1988, p. 78-81.

BÉRÉ P., *From Written Text to Spoken Word*, Conférence au Congrès de The International Jungmann Society of Jesuits and Liturgy, Nitra, 2012.

BERE P., « Pourquoi as-tu dit : Elle est ma soeur ? La sœur-épouse ou la trace indélébile de l'origine (Gn 1.10-20) », in P. Béré, S. Nwachukwu, A.I. Umoren (eds), *Les femmes dans la Bible : point de vue des exégètes africains. Actes du quinzième congrès de l'Association Panafricaine des Exégètes Catholiques, Lusaka (Zambie), du 5 au 11 septembre 2011*, Abidjan, APECA/PACE, 2013, p. 95-109.

BERGEN R.D., « The role of Genesis 22:1-19 in the Abraham cycle: a computer-assisted textual interpretation », *CTR* 4 (2)/1990, p. 313-326.

BIRNEY L., « An exegetical study of Genesis 6:1-4 », *JETS* 13(1)/1970, p. 43-52.

BISSILA Mbila L.E., « Herméneutique de la Bible en contexte africain », in Omnes Gentes (éd.), *Bible et liturgie en Afrique*, *RUCAO* 31, 2007, p. 13-50.

BLENKINSOPP J., *The Pentateuch*, New York/London, Doubleday/SCM Press, 1992.

BLUM E., *Die Komposition der Vätergeschichte*, (WMANT 57), Neukirchen-Vluyn, Neukirchener Verlag, 1984.

BLUM E., *Studien zur Komposition des Pentateuch*, (BZAW 189), Berlin/New York, De Gruyter, 1990.

BONS E., « Le verbe κτίζω comme terme technique de la création dans la Septante et dans le Nouveau Testament », in J. Joosten & P.J. Tomson (eds.), *Voces biblicae. Septuagint Greek and the Significance for the New Testament* (CBET 49), Louvain, Peeters, 2007, p. 1-15.

BOST H., *Babel : du texte au symbole*, (Le Monde de la Bible), Genève, Labor et Fides, 1985.

BRIGGS C.L, & R. Bauman, « Genre, Intertextuality, and Social Power », *JLA* 2 (2)/1992, p. 131-172.

BRUEGGEMANN W., *Genesis: Interpretation: A Bible Commentary for Teaching and Preaching*, Atlanta, John Knox Press, 1982.

CAIRUS A.E., *Protection and Reward: The Significance of Ancient Midrashic Expositions on Genesis 15:1-6*, PhD thesis, Andrews University, 1989.

CARR D., *Writing on the Tablet of the Heart: Origins of Scripture and Literature*, Oxford, Oxford University Press, 2005.

CARR D., *The Formation of the Hebrew Bible: A New Reconstruction*, New York, Oxford University Press, 2011.

CASSUTO U., « The Story of Tamar and Judah », in *Biblical and Oriental Studies vol. 1: Bible*, trad. I. Abrahams, Jerusalem, Magnes Press, Hebrew University, 1973, p. 29-40.

CAZEAUX J., *Le partage de minuit : Essai sur la Genèse*, (Lectio Divina 208), 2006.

CHAINE J., *Le livre de la Genèse*, Paris, Cerf, 1949.

CHEVALIER J., *Leçons de Philosophie, tome II : Morale et Métaphysique*, Grenoble/Paris, Arthaud, 1943.

CHOLLIER Ch., *Littérature et sémantique des textes*, Université de Reims, 2005, doc. Web : http://www.revue-texto.net/Inedits/Chollier/Chollier.pdf, consulté le 29/06/20.

CLINES D.J.A., « Noah's Flood I: The Theology of the Flood Narrative », in *Faith and Thought* 100.2/1972, p. 128-142.

CLINES D.J.A., *On the way to the Postmodern*, vol. 2, Sheffield, Sheffield Academic Press, 1998.

COATS G.W., *Genesis: With an Introduction to Narrative Literature* (FOTL 1), Grand Rapids, Eerdmans, 1983.

COATS G.W., « Redactional Unity in Genesis 37-50 », *JBL* 93/1974, p. 15-21.

Commentaire sur Genèse, en ligne sur http://www.sefarim.fr/, consulté le 20 février 2020.

CULLEY R.C., « Oral Tradition and Biblical Studies », in *Oral Tradition* 1 (1)/1986, p. 30-65.

CURCIO J.A., *Genesis 22 And the Socio-Religious Reforms of Ezra And Nehemiah*, PhD diss., Brunel University, 2010.

DANAHER D.S., « A cognitive approach to metaphor in prose: Truth and Falsehood in Leo Tolstoy's "The Death of Ivan Il'ich" », in *Poetics Today* 24 (3)/2003, p. 339-369.

DANAHER D.S., « Cognitive poetics and literariness: metaphorical analogy in Anna Karenina », in D. Danaher & K. van Heuckelom (eds.), *Perspectives on Slavic literatures*, Amsterdam, Pegasus, 2007, p. 183-207.

DANAHER D.S., « Ethnolinguistics and Literature. The Meaning of *sevědomí* 'conscience' in the Writings of Václav Havel », doc. web : http://cokdybysme.net/pdfs/bartminskiconscience.pdf, 2013, p. 3-4, consulté le 21/09/2013.

DAUPHINE J., « Le mythe de Babel », *Babel* 1, 1996, mis en ligne in http://babel.revues.org/3088 le 24 mai 2013, consulté le 07 mars 2017.

DAY J., « The Sons of God and Daughters of Men and the Giants: Disputed Points in the Interpretation of Genesis 6:1–4 », in *Hebrew Bible and Ancient Israel*, Vol. 1, N° 4/2012, p. 427-447.

DEARMAN A.J., *The NIV Application Commentary: Jeremiah / Lamentations*, Grand Rapids, Zondervan, 2002.

DELALAY M.-A., The Covenant Ritual in Genesis 15: Examining the Nature of the Covenant in Light of its Cultural and Literary Context, MA thesis, Concordia University, Montréal, 2009.

DELITZSCH F., *A New Commentary on Genesis*, Vol. 2, trad. S. Taylor, Edinburgh, T. & T. Clark, 1888, (reprint Klock, 1978).

DEURLOO K.A., « Because you have hearkened to my voice (Genesis 22) », in *Voices from Amsterdam,* (Semeia Studies), Atlanta, Scholars, 1994, p. 113-130.

DRIVER S.R., *Introduction to the Literature of the Old Testament,* Edinburgh, T. & T. Clark, 1894 (1st ed. 1891).

DUFRENNE S. & VILLAIN-GANDOSSI C., « Bateaux figurés dans des œuvres carolingiennes », in *Archaeonautica,* 4/1984, p. 243-260.

DUNDES A., *Holy Writ as Oral Lit.: The Bible as Folklore,* Lanham, MD and Oxford, Rowman & Littlefield, 1999.

DURAND G., « La Descente et la coupe », in *Les Structures anthropologiques. Introduction à l'archétypologie générale,* 12e éd., Paris, Dunod, 2016 (1ère éd. 1969).

DURAND G., « Eaux (Symbolisme des) », in *EU 10,* 2012, DVD Rom.

DURANTI A., « L'oralité avec impertinence : ambivalence par rapport à l'écrit chez les orateurs samoans et les musiciens de jazz américains », in *L'homme 189 : Oralité et écriture,* 2009, p. 23-37.

DURANTI A., *Linguistic Anthropology,* Cambridge, Cambridge University Press, 1997.

EISSFELDT O., *Molk als Opferbegriff im Punischen und Hebraischen und das Ende des Gottes Moloch,* Halle, Max Niemeyer, 1935.

ELIADE M., « Déluge (Les mythes du) », in *EU 10,* 2012, DVD Rom.

ELIADE M., *Traité d'histoire des religions,* Paris, Payot, 1964.

ELKAYAM A., *Love and romance in the Bible,* 2013, p. 179-182.

EMERY W.B., *Great tombs of the First Dynasty II. Excavations at Saqqarah,* Cairo, Government Press, 1949-1954.

EYNIKEL E., *The Reform of King Josiah and the Composition of the Deuteronomistic History,* (Oudtestamentlische Studien 33), Leiden/New York/Koln, van der Woulde, 1996.

FALKOWITZ R., « Discrimination and Condensation of Sacred Categories: The Fable in the Early Mesopotamian Literature », in Olivier Reverdin (éd.), *La fable,* Vandoeuvres-Genève 22-27 août 1983, Genève, Hardt, 1984, p. 1-24.

FELLUS S., *Abraham dans l'iconographie des trois religions monotheists,* HAL archives ouvertes, doc. Web in https://halshs.archives-ouvertes.fr/halshs-00828864, 2013, consulté le 24 avril 2020.

FERREIRÓS A.H., « El sacrificio de Isaac », in *RDIM,* vol. VI, nº 11/2014, p. 65-78.

FINKELSTEIN I., *The Forgotten Kingdom: The Archaeology and History of Northern Israel* (Ancient Near East Monographs 5), Atlanta, SBL, 2013.

FINNEGAN R., « Oral and Literate Expression », *International Encyclopedia of the Social and Behavioral Sciences,* Oxford, Pergamon, 2001, p. 10887-10891.

FINNEGAN R., « The Relationship between Composition and Performance: Three Alternative Modes », in T. Yosihiko & Y. Osamu (eds), *The Oral and the Literate in Music*, Tokyo, Academia Music, 1986, p. 73-87.

FINNEGAN R., *Literacy and Orality. Studies in the Technology of Communication*, Oxford, Blackwell, 1988.

FOERSTER W., « κτίζω, κτίσις, κτίσμα, κτίστης », in Gerhard Kittel and Gerhard Friedrich (eds), *TDNT* III, Grand Rapids, Eerdmans, 1938, p. 1000-1035.

FOLEY W., *Anthropological Linguistics: An Introduction* (LS 24), Oxford, Blackwell, 1997.

FRAZER J. G., *Le folklore dans l'Ancien Testament*, (édition abrégée avec notes), Paris, Librairie Paul Geuthner, 1924, version numérique par J.-M. Simonet sur http://classiques.uqac.ca, p. 21-25.

FREEDMAN H. & SIMON M. (eds), *Midrash Rabbah*, London, The Soncino Press, 1939.

FREVEL C., « "Separate yourselves from the Gentiles" (Jubilees 22:16): Intermarriage in the Book of Jubilees », in Id. (ed.), *Mixed marriages: Intermarriage and group identity in the Second Temple period*, New York, T. & T. Clark, 2011, p. 220-250.

GENUNG C., *The composition of Genesis 37: Incoherence and meaning in the Exposition of the Joseph Story*, (FAT 2), Tübingen, Mohr Siebeck, 2017.

GERMANY S., « The Hexateuch Hypothesis: A History of Research and Current Approaches », in *CBR* 16 (2)/2018, p. 131-156.

GEVARYAHU G.J., « And Dinah, the daughter of Leah, went out: The meaning of *yatz'anit* in Rachi's commentary », *JBQ* 37/2009, p. 121-123.

GILBERT M., « "Une seule chair" (Gn 2.24) », in *NRT*, 100 (1)/1978, p. 66-89.

GNUSE R.K., *Misunderstood Stories: Theological Commentary on Genesis 1-11*, Oregon, Cascade Books, 2014.

GOLDINGAY J., *Old Testament Theology, vol. 1: Israel's Gospel*, Downers Grove, IL, InterVarsity Press, 2003.

GOODY J. (ed.), *Literacy in Traditional Societies*, Cambridge, University Printing House, 1968.

GOSSART J. et Ferryn P., *Déluges et peuples engloutis*, Bruxelles, Kadath/ Oxus, 2013.

GOTTWALD N.K., *Tribes of Yahweh: A Sociology of the Religion of Liberated Israel, 1250-1050 BCE*, Sheffield, Sheffield Academic Press, 1999 (1st ed. 1979 by Orbis Books).

GREEN W.H., *The Unity of the Book of Genesis*, New York, Scribner's Sons, 1897.

GRELOT P., *Le couple humain dans l'Écriture*, (Lectio divina 31), Paris, Cerf, 1962.

GRESSMANN H. (1923), (« Ursprung und Entwicklung der Joseph-sage », in Εὐχαριστηριον. *Studien zur Religion und Literatur des Altes und Neuen*

Testaments. Festschrift H. Gunkel I: Zur Religion und Literatur des Altes Testaments, (FRLANT 36), Göttingen, H. Schmidt, p. 1-55.

GROSSMAN J., « Different Dreams: Two Models of Interpretation for Three Pairs of Dreams (Genesis 37–50) », in *JBL* 4/2016, p. 717-732.

GRUDEM W.A., *Systematic Theology. An Introduction to Biblical Doctrine*, Zondervan Academic, 2009.

GUNKEL H., « Die Komposition der Joseph-Geschichter », *ZDMG* 76/1922, p. 55-71.

GUNKEL H., *The Legends of Genesis*, Chicago/London, The Open Court, 1907 (= traduction de l' « Introduction » à *Genesis*, 1901).

GUTMAN J., « The Sacrifice of Isaac in Medieval Jewish Art », in *Artibus et Historiae*, 8 (16)/1987, p. 67-89.

HA J., *Genesis 15: A Theological compendium of Pentateuchal History*, BZAW 181, Berlin, De Gruyter, 1989.

HAMILTON V.P., *The Book of Genesis, Chapters 18–50*, NICOT, Grand Rapids, Eerdmans, 1995.

HARLAND P., *The Value of Human Life in the Story of the Flood in Genesis 6-9*, PhD diss., University of Durham, 1992, p. 135-136.

HASEL G.F., « The Meaning of the Animal Rite in Genesis 15 », *JSOT* 19/1981, p. 61-78.

HEARON H.E., « The Implications of "Orality" for Studies of the Biblical Text », *Oral Tradition* 19 (1)/2004, 96-107.

HEINISCH P., *Das Buch Genesis übersetzt und erklaert*, Bonn, F. Feldmann et H. Herkenne, 1930.

HENDEL R., « Oral Tradition and Pentateuchal Narrative », doc. Web : http://www.bibleinterp.com/articles/2013/hen378007.shtml, 2013, consulté le 26 décembre 2017.

HENDEL R.S., « Of Demigods and the Deluge: Toward an Interpretation of Genesis 6:1-4 », *JBL* 106(1)/1987, p. 16.

HOFFMEIER J.K., « The Wives' Tales of Genesis 12, 20 & 26 and the Covenants at Beer-Sheba », in *TB* 43/1, p. 81-100.

HOLLADAY W. L., *A Concise Hebrew and Aramaic Lexicon of the Old Testament*, Grand Rapids, Eerdmans, 1971.

HOLMSTETD R.T., « The Restrictive Syntax of Genesis i 1 », *VT* 58/2008, 56-67.

HOLTER K., « Does a dialogue between Africa and Europe make sense? », in H. de Wit & G.O. West (eds), *African and European readers of the Bible: In quest of a shared meaning*, Pietermaritzburg, Cluster Publications, 2009, p. 69-83.

HOWE T.A. (2004), « Who were the sons of God in Genesis 6? », *CRJ* 27 (3)/2004, en ligne sur www.equip.org.

HOWE T.A., « Who were the sons of God in Genesis 6? », *CRJ* 3/2004, en ligne sur www.equip.org).

HUDDLESTON J.L., *The Beginning of the End: The Eschatology of Genesis*, PhD diss., Duke University, 2011.

HUPFELD H., *Die Quellen der Genesis und die Art ihrer Zusammensetzung*, Berlin, Wiegandt und Grieben, 1853.

ILGEN K.D., *Urkunden des Jerusalemischen Tempelarchivs in ihrer Urgestalt*, Halle, 1798.

JOOSTEN J., « Que s'est-il passé au jardin d'Éden ? », in *RSR* 86/2012, N° 4, p. 493-501.

JOOSTEN J., *The verbal system of the Biblical Hebrew: A New Synthesis Elaborated on the Basis of Classical Prose*, (JBS 10), Jerusalem, Simor, 2012.

JOÜON P., *Grammaire de l'hébreu biblique*, Rome, Institut pontifical, 1923.

JOURDAN C. & Lefebvre C., « Présentation. L'ethnolinguistique aujourd'hui. État des lieux », in *Anthropologie et société* 23 (3)/1997, p. 5-13.

JUNKER H., *Genesis*. Wiirzburg, 1949.

KAMYAU C.A., « A Literary and Discourse Analysis of the Contexts of Genesis 14: Various Texts in Genesis and Numbers 22-24 », in Id. (éd.), *Melchizedek Passages in the Bible: A Case Study for Inner-Biblical and Inter-Biblical Interpretation*, Berlin, De Gruyter, 2016, p. 58-80.

KEADY J.M., « Rape culture discourse and female impurity: Genesis 34 as a case study », in C. Blyth, E. Colgan, K.B. Edwards (eds), *Rape Culture, Gender Violence, and Religion: Biblical Perspectives*, Palgrave McMillan, 2018, p. 66-82.

KEIL C.F. & Delitzsch F., *The Pentateuch*, vol. 1, transl. J. Martin, Grand Rapids, Eerdmans, 2009.

KEVERS P., « Étude littéraire de Gen 34 », *Revue Biblique* 87/1980, p. 38-86.

KI-ZERBO J., *Histoire de l'Afrique noire*, Paris, Hatier, 1978.

KIM D., *A Literary-Critical Analysis of the Role of Genesis 38 within Genesis 37-50: as Part of the Primary Narrative (Genesis - 2 Kings) of the Hebrew Bible*, PhD thesis, University of Sheffield, 2010.

KLEIN R.W., "Call, Covenant, and Community: The Story of Abraham and Sarah." *CTM* 15/1988.

KLINE M.G., « Divine Kingship and Genesis 6:1-4 », *WTJ* 24/1962, p. 187-204.

KNIGHT D., *Rediscovering the Traditions of Israel: The Development of the traditio-historical research of the Old Testament, with special consideration of Scandinavian contributions (SBLDis 9)*, Atlanta, SBL, 1973.

KOLARCIK M., « Covenants of hope in the Priestly writings », doc. Web : http//individual.utoronto.ca/mfkolarcik/texts/COV4-PRI.pdf, consulté le 16/11/2017, p. 100.

KÖNIG E., *Die Genesis*, Gutersloh, 1925.

KOULAGNA J., *Exégèse et herméneutique en contexte* : réflexions méthodologiques, Yaoundé, Dinimber & Larimber, 2014.

KOULAGNA J., « Γράμμα, γραφή », E. Bons & J. Joosten (eds), *Historical and Theological Lexicon of the Septuagint*, vol. 1, Tübingen, Mohr Siebeck, 2020, col. 1583-1587.

KOULAGNA J., « Adam, dust of the Earth: A Paradise received and incomplete in the Biblical accounts of creation. Some philological observations on the creation accounts », in *Consensus. A Canadian Journal of Public Theology* 41/1, 2020, Article 6, p. 4-6, publié aussi dans M. Philip, C. Rimmer & T.S. Tomren (eds), *Religion, Sustainability and Education: Pedagogy, Perspectives, and Praxis Towards Ecological Sustainability*, Steinkjer, Embla Akademisk, 2021, p. 130-140.

KOULAGNA J., « Les mots סכנת ותהי־לו dans 1 Rois 1.2 », in Melvin K.H. Peters (ed.), *XIVth Congress of the IOSCS*, Atlanta, SBL, 2013, p. 710-711.

KOULAGNA J., « Literary Problems in the Textual Transmission of 1 Kings: The MT and the LXX », in W. Kraus, M.N. van der Meer, M. Meiser (eds), *XV Congress of the IOSCS, Munich 2013*, (SCS 64), SBL, Atlanta, 2016, p. 71-77.

KOULAGNA J., *Dire l'histoire dans la bible hébraïque*, Stavanger, Misjonshøgskolen, 2010.

KOULAGNA J., *Église africaine et homosexualité*, Yaoundé, CLE, 2015.

KOULAGNA J., *L'Ancien Testament, pour commencer*, Stavanger, Misjonshøgskolen, 2010.

KRAMER S.N., *L'histoire commence à Sumer*, Paris, Arthaud, 1957.

KUGEL J., « Exegetical Notes on 4Q225 "Pseudo-Jubilees" », in *Dead Sea Discoveries* 13 (1)/2006, p. 73-98.

KUGEL James, *The Ladder of Jacob*, Princeton, Princeton University Press, 2006.

KURUVILLA A., « The *Aqedah* (Genesis 22): What Is the Author *Doing* with What He Is *Saying*? », in *JETS* 55 (3)/2012, p. 489-508.

LABUSCHAGNE C.J., « The Story of Judah and Tamar in Genesis 38: Its Compositional Structure and Numerical Features. Genesis 38 in its literary context », 2008, doc. Web : https://www.labuschagne.nl/1.gen38.pdf, consulté le 24 février 2020.

LAMBE A.J., « Judah's Development: The Pattern of Departure-Transition-Return », *JSOT* 83/1999, p. 53-68.

LAUNAY M. de, « Les fils du texte », *ASSR* 147/2009, p. 41-59.

Le livre du Zohar (*Sefer ha-zohar*), Library of Alexandria, 2013 (Kindle edition).

LEMAIRE A., « West Semitic Epigraphy and the History of Levant during the 12th-10th Centuries BCE », in G. Galil, A. Gilboa, A. M. Maier and D. Kahn (eds.), *The Ancient Near East in the 12th-10th Centuries BCE: Culture and History* (AOAT 392), Munster, 2012, p. 291-307.

LEMAIRE A., « Levatine Literacy ca. 1000-750 BCE », B.B. Schmidt (éd.), *Contextualizing Israel's Sacred Writings: Ancient literacy, orality, and literary production*, Atlanta, SBL Press (AIIL 22), 2015, p. 11-46.

LEMAIRE A., « Sichem », *EU* 2019, DVD rom.

LEMARDELE C., « Une gigantomachie dans la Genèse ? Géants et héros dans les textes bibliques compilés », *RHR* 2/2010, p. 155-174.

LEPINE L. & CARON D., *Nos sœurs oubliées, les femmes de la Bible*, poème satirique pour un 8 mars, Paulines, 1997.

LEUPOLD H.C., *Exposition of Genesis*, vol. 2, Grand Rapids, Baker Book House, 1960.

LOHFINK E., *Die Landverheissung als Eid, Eine Studie zu Gn. 15*, (SBS 28), Stuttgart, Katholisches Biblewerk, 1967.

LOHFINK N.F., « Was There A Deuteronomistic Movement? », in: *Those Elusive Deuteronomists: The Phenomenon of Pan-Deuteronomism* L.S. Schearing and S.L. McKenzie (JSOTS 268), Sheffield, Sheffield Academic Press, 1999, p. 36-66.

LOKEL P., « Moses and his Cushite wife: Reading Numbers 12:1 with undergraduate students of Makerere University, in K. Holter (ed.), *Let my people stay! Researching the Old Testament in Africa*, Nairobi, Acton, 2006, p. 191-201.

LOKEL P., *The importance and challenges of finding Africa in the Old Testament: The case of the Cush texts*, PhD diss., Pretoria, University of South Africa, 2006.

LOMBAARD C., « Isaac Multiplex: Genesis 22 in a new historical interpretation », *HTS Theological studies* 64 (2)/2008, p. 907-919.

LOMBAARD C., « Issues in or with Genesis 22: An overview of exegetical issues related to one of the most problematic biblical chapters », *Verbum et Ecclesia* 34 (2)/2013, doc. Web: http://dx.doi.org/10.4102/ve.v34i2.814, consulté le 29.04.20.

LOUBSER J.A., *The Apartheid Bible: A critical review of racial theology in South Africa*, Cape Town, Maskew Miller Longman, 1987.

LYDWINE O. (2011), « La place de la femme dans le récit de la création (Genèse 2) », in *L'autre parole* N° 130, p. 17-22.

MAARS R., « The Sons of God (Genesis 6:1-4) », *Restoration Quarterly* 23/1980, p. 218-224.

MACCHI J.-D., « Amour et violence. Dina et Sichem en Genèse 34 », in *Foi et vie* 39/2000, p. 29-38.

MARCHADOUR A., *Genèse : commentaire pastoral*, Paris, Bayard-Centurion.

MARCHAL G.P., « De la mémoire communicative à la mémoire culturelle : le passé dans les témoignages d'Arezzo et de Sienne (1177-1180) », *Annales. Histoire, sciences sociales*, 2001/3, p. 563-589.

MARTIN-ACHARD R., *Actualité d'Abraham*, D & N, Neuchâtel, 1969.

MATHEWSON S.D., « An exegetical study of Genesis 38 », in *Bibliotheca Sacra* 146/1989, p. 373-392.

MATTHEWS V.H. & Benjamin Don C. (1999), *Old Testament Parallels: Laws and Stories from the Ancient Near East*, Rev. ed. New York/Mahwah, Paulist press, 1999.

MAUSS M., *Manuel d'ethnographie*, Paris, Payot, 1947.

MCCARTHY D.J., "Covenant in the Old Testament: The Present State of Inquiry." *CBQ* 27/1965, p. 217-240.

MCCRAY W.A., *The Black presence in the Bible: Discovering the Black and African identity of Biblical persons and nations*, Chicago, Black Light Fellowship, 1990.

MENANT J., *Recherches sur la Glyptique orientale*, 1ère partie : cylindres de la Chaldée, Paris, Maisonneuve et Cie, 1878, p. 152-153.

MENDO Ze G., *Cahier d'un retour au pays natal : Aimé Césaire. Approche ethnostylistique*, Paris, L'Harmattan, 2010.

MICHAELI F., *Commencements. La Genèse*, coll. *Écouter la Bible* 1, DDB - Droguet-Ardant, 1977.

MICHAELI F., *Le livre de la Genèse*. Chap. 1 à 11, Neuchâtel, Delachaux & Niestlé, 1957.

MILLER II R.D., « Orality and performance in Ancient Israel », *RevSR* 86/2, 2012, p. 183-194, en ligne au format html, https://journals.openedition.org/rsr/1467.

MILLER-NAUDÉ C.L. & Naudé J.A., « The Intersection of Orality and Style in Biblical Hebrew Metapragmatic Representations of Dialogue in Genesis 34 », in E.R. Hayes and K. Vermeulen (eds.), *Doubling and Duplicating in the Book of Genesis: Literary and Stylistic Approaches to the Text*, Winona Lake, Eisenbrauns, 2016, p. 57-77.

MOJOLA A.O., « The Chagga scapegoat purification ritual and another re-reading of the goat of Azazel in Leviticus 16 », *Melita Theologica* 50/1999, p. 57-83.

MOLINIE G., & Viala A., *Approches de la réception - Sémiostylistique et Sociopoétique de Le Clézio*, Paris, PUF, 1993.

MOLINIE G., « De la stylistique sèche à la sémiostylistique », in *Champs du signe – cahiers de stylistique* 1/1991, p. 17-22.

MOLINIE G., « Introduction à la sémiostylistique : l'appréhension du texte », in F. Rastier (dir.), *Textes et sens*, Paris, Didier, 1996, p. 39-47.

MOLINIE G., « Sémiostylistique – à propos de Proust », in *Versants* 18/1990, p. 117-125 (voir aussi *RSLR* 18/1990, p. 21-30).

MOLINIE G., *Sémiostylistique — L'effet de l'art*, coll. « Formes sémiotiques », Paris, PUF, 1993.

MONDEH D.E., « Sacrifice in Jewish and African traditions », in F; von Hammerstein (ed.), *Christian-Jewish relations in Ecumenical perspective, with special emphasis on Africa*, Geneva, WCC,1978, p. 76-81.

MOSALA I.J., *Biblical hermeneutics and Black Theology in South Africa*, Grand Rapids, Eerdmans, 1989.

MOWINCKEL S., *Erwägungen zur Pentateuchquellenfrage*, Oslo, Universitetsforlaget, 1964.

MUGNAIONI R., « Le Conte d'Atra-Hasīs et le mythe de la création des hommes en Mésopotamie », doc. Web in *agap.mmsh.univ-aix.fr/04vie/doc/bulletin/2009/7.remo_mugnaioni.pdf*, 2009, p. 4, consulté le 10/11/2017.

MUNK E., *La voix de la Thora, t. 1 : La Genèse*, Paris, Association Samuel et Odette Levy 1976, 2007.

MURRAY J., *The principles of Conduct*, Grand Rapids, Eerdmans, 1957.

MUSSIES G., « Giants », in K. van der Toom, Bob Becking, P.W. van der Horst (eds), *Dictionary of Deities and Demons in the Bible*, Leiden/Boston/Kohl, Brill, 1999, p. 343-345.

MVENG E. & ZWI Werblowsky R.J. (eds), *Black Africa and the Bible. L'Afrique noire et la Bible : actes du colloque de Jérusalem*, du 24 au 30 avril 1972, Jérusalem, 1973.

NA'AMAN N., « Literacy in the Negev in the Late monarchichal period », B.B. Schmidt (ed.), *Contextualizing Israel's Sacred Writings: Ancient literacy, orality, and literary production*, Atlanta, SBL Press (AIIL 22), 2015, p. 47-70.

NARE L., *Proverbes salomoniens et proverbes mossi : étude comparative à partir d'une nouvelle analyse de Proverbes 25-29*, Frankfurt AM, Peter Lang (EUS), 1986.

NELSON R.R., « Who was the Deuteronomist? (Who was not the Deuteronomist?): Reflections on Pan-deuteronomism », in *Those Elusive Deuteronomists: The Phenomenon of Pan-Deuteronomism* L.S. Schearing and S.L. McKenzie (JSOTS 268), Sheffield, Sheffield Academic Press, 1999, p. 67-82.

NGUYEN Chi Ai, *La voix narrative dans l'histoire de Joseph (Genèse 37-50)*, thèse PhD, Université de Laval, 2015.

NIDITCH S., *A Prelude to Biblical Folklore. Underdogs and Tricksters*, Urbana, University of Illinois Press, 2000 (1st edition: San Francisco, Harper & Row, 1987).

NIHAN C. and Nocquet D., « 1-2 Samuel », in T. Romer, J.-D. Macchi and C. Nihan (eds.), *Introduction à l'Ancien Testament* (MdB 49), Genève, Labor et Fides, 2009.

NLT Study Bible: Genesis 1-12, Tyndale House, Carol Stream, 2007 (1996, 2004).

NOORT E., « Genesis 22 in Human sacrifice and theology in the Hebrew Bible », in E. Noort, & E. Tigchelaar (eds), *The sacrifice of Isaac: The Aqedah (Genesis 22) and its interpretations*, Leiden, Brill, 2002, p. 1-20.

NOTH M., *History of Pentateuchal Traditions*, trad. B.W. Anderson, Englewood Cliffs, Prentice-Hall, 1972 Wellhausen, J., *Prolegomena to the History of Ancient Israel* (reprint) Cleveland: Worlds, 1965 (origina German original, 1878).

NOTH M., *The Deuteronomistic History*, (JSOTS 15), Sheffield, JSOT Press, 1981.

NOTH M., *Überlieferungsgeschichtliche Studien. Die sammelnden und bearbeitenden Geschichtswerke im Alten Testament*. (trad. anglaise Sheffield, 1981 : *The Deuteronomistic History*, [JSOTS 15]).

NOUIS A., *L'aujourd'hui de la création* : lecture actualisée du récit des commencements, Lyon, Olivétan, 2001.

OH A., « Canonical understanding of the sacrifice of Isaac: The influence of the Jewish traditions », in *HTS Teologiese Studies/ Theological Studies* 72 (3)/2016, a3000. http://dx.doi. org/10.4102/hts.v72i3.3000.

ONG W.J., *Orality and Literacy. The Technologizing of the Word*, New York, Methuen, 1982.

OPOKU-GYAMFI F., « Retelling the story of Judah and Tamar in the Testament of Judah », in *IJOURELS* 4 (2)/2014, p. 41-52.

PAINCHAUD L., Mahé J.-P. et Poirier P.-H. (éd.), *Écrits gnostiques. La bibliothèque de Nag Hammadi*, Paris, La Pléiade, 2007.

PARRY R., « Source criticism and Genesis 34 », in *TB* 51 (1)/2000, p. 121-138.

PIRSON R., *Lord of the Dreams: Semantic and Literary Analysis of Genesis 37–50*, (JSOTS 355), Sheffield, Sheffield Academic, 2002.

POUCOUTA P., *Quand la parole de Dieu visite l'Afrique. Lecture plurielle de la Bible*, Paris, Karthala, 2011.

PROUTY K.E., « Orality, Literacy, and Mediating Musical Experience: Rethinking Oral Tradition in the Learning of Jazz Improvisation », *PMS* 29 (3)/2006, p. 317-334.

PUICĂ I.M., « The Lamb Sacrifice Expressed in Religious Art », in *EJST,* Vol. 7 (2)/2011, p. 77-99.

PURY A. de (éd.), *Le Pentateuque en question*, Genève, Labor et Fides, 1991.

PURY A. de, « Gen 34 et l'histoire », *Revue Biblique* 76/1969, p. 5-49.

PURY A. de, « Genèse XXXIV et l'histoire », in *RB* 71/1969, p. 5-49 (reprise de S. Lehming, « Zur Überlieferungsgeschichte von Gen. 34 », in *ZAW* 70/1958, p. 228-250).

RAD von G., « Josephsgeschichte und ältere Chokma », *VTS* 1/1953, p. 120-127 (« The Joseph Narrative and Ancient Wisdom », in J.L. Crenshaw (éd.), *Studies in Ancient Israelite Wisdom* (Library of Biblical Studies), New York, 1976, p. 439-447).

RAD von G., *Genesis. A Commentary*, translated by J.H. Marks, Philadelphia, Westminster Press, 1961 (version française : *La Genèse*, Labor & Fides, Genève, 1968).

RAD von G., *La Genèse*, Genève, Labor & Fides, 1968.

RAD von G., *Old Testament Theology, vol. 2: The Theology of Israel's Prophetic Traditions*, Oliver & Boyd, 1962.

RAD von G., *The Old Testament Theology*, vol. 1, transl. by D. M. G. Stalker. Oliver and Boyd, Edinburgh and London, 1961.

RANDRIAJAKA O., *Sin, purification and sacrifice: Analysis and comparison of texts from the book of Leviticus and Malagasy traditional rituals*, PhD diss., Stavanger, VID, 2020.

RAWLINSON H.C., *The Cuneiform inscriptions of Western Asia*, 13 vols, London, Bowler, 1861-1891.

RENDTORFF R., « Literarkritik und Traditiongeschichte », in *EvTh* 27/1967, p. 138-153.

RENDTORFF R., « Traditio-historical Method and the Documentary Hypothesis », in *Proceedings of the Fifth World Congress of Jewish Studies I. Ancient Near East As Related to the Bible and the Holy Land*, Jerusalem, 1969, p. 5-11.

RENDTORFF R., « L'histoire biblique des origines (Gen 1-11) dans le contexte de la rédaction "sacerdotale" du Pentateuque, in A. de Pury (éd.), *Le Pentateuque en question*, Genève, Labor et Fides, 1989, p. 83-94.

RICHELLE M., « Elusive Scrolls: Could Any Hebrew Literature Have Been Written Prior to the Eighth Century BCE? », in *VT* 66/2016, p. 556-594.

RINGGREN H., « Oral and Written Transmission in the Old Testament: Some Observations. » *Studia Theologica,* 3/1949, p. 34-59.

RÖMER T. (1997), « Transformations et influences dans "l'historiographie" juive de la fin du VIIe siècle avant notre ère jusqu'à l'époque perse », in *Transeuphratène*, vol. 13/1997, p. 49-50, 59-60.

RONNING J., « The Naming of Isaac: The Role of the Wife/Sister Episodes in the Redaction of Genesis », in *WTJ* 53/1991, p. 1-27.

ROSE M., *Une herméneutique de l'Ancien Testament : comprendre – se comprendre – faire comprendre*, Genève, Labor et Fides, 2003.

ROSS A.P., « Genesis », in J.F. Walvoord & R.B. Zuck (eds), *The Bible Knowledge Commentary*, (ICC 1), Wheaton, Victor Books, 1983, 1985.

RUDOLPH W., *Der « Elohist » in Exodus bis Josua*, (BZAW 68), Berlin, Töpelmann, 1938.

SCHEETZ J.M., « Canon-conscious Interpretation: Genesis 22, the Masoretic Text, and Targum Onkelos », in *OTE* 27 (1)/2014, p. 263-284.

SCHERMAN Rav N. & Zlotowitz Rav M. (eds), *Le Houmash: La Torah, les Haftarot, les Méguilot*, trad. Rav Aharon Marciano, Artscroll/La Mesorah, New York, 2011.

SCHMID K., « Abraham's Sacrifice: Gerhard von Rad's Interpretation of Gen 22. Interpretation 62/2008, pp. 268-276.

SCHMIDT B. B., « Introduction », Id. (ed.), *Contextualizing Israel's Sacred Writings: Ancient literacy, orality, and literary production*, Atlanta, SBL Press (AIIL 22), 2015, p. 1-10.

SCOTT (pseudonyme), « Levi, a Priestly Zealot or Priest and Zealot? A study of Second Temple Era exegetical traditions surrounding Levi son of Jacob », doc. Web in https://www.yu.edu/sites/default/files/inline-files/Belkin_Levi%2C%20A%20Priestly%20Zealot.pdf, consulté le 22/02/2019.

SETIO R., *Reading the Akedah narrative (Genesis 22: 1-19) in the context of modern hermeneutics*, PhD diss., University of Gasglow, 1993.

SIEGWALT G., *Dogmatique pour la catholicité évangélique. Système mystagogique de la foi chrétienne, vol. 4 : L'affirmation de la foi 1. Cosmologie théologique*, Genève, Labor et Fides, 2005.

SIMPSON C.A. & Bowie W.R., « The Book of Genesis », *The Interpreter's Bible*, vol. 1, New York, Abingdon, 1952.

SIMPSON C.A., *The Book of Genesis*, (IB 1), Nashville, Abingdon, 1952.

SKA J.-L., *Introduction à la lecture du Pentateuque*, Rome 1998 (éd. Française : Bruxelles 2000).

SKINNER J., *A Critical and Exegetical Commentary on Genesis* (ICC 1), 2nd ed., Edinburgh, T. & T. Clark, 1930.

SLA, « About the Society for Linguistic Anthropology (SLA) », http://linguisticanthropology.org/about, consulté le 04 mars 2017.

SMITH B.K. & DONIGER W., « Sacrifice and Substitution: Ritual Mystification and Mythical Demystification », *Numen*, Vol. 36, Fasc. 2 (Dec., 1989), p. 189-224.

SPARKS K.L., *God's Word in Human Words*, Grand Rapids, Baker Academic, 2008.

SPEISER E. A., *Genesis*, (AB 1), New York, Doubleday & Co., 1981.

STAERK W., « Zur alttestamentlichen Literarkritik: Grundsätzliches und Methodisches », *ZAW* 42/1924, p. 34-74.

STAUBLI T., « Chapitre 3. The "Pagan" Prehistory of Genesis 22:1–14: The Iconographic Background of the Redemption of a Human Sacrifice », in I.J. de Hulster, B. A. Strawn, R.P. Bonfiglio (eds.), *Iconographic Exegesis of the Hebrew Bible / Old Testament. An Introduction to Its Method and Practice*, Göttingen, 2015.

STAVRAKOPOULOU F., *King Manasseh and child sacrifice: Biblical distortions of historical realities*, Berlin, De Gruyter, 2004.

STEINS G., « Die Versuching Abrahams (Gen 22.1-19): Ein neuer Versuch », in A. Wénin, A (ed), *Studies in the book of Genesis: Literature, redaction and history*, Leuven, Uitgeverij Peeters, 2001, p. 509-519.

SUGIRTHARAIAH R.S., *The Bible and Asia: From the Pre-Christian Era to the Postcolonial Age*, Harvard, Harvard University Press, 2013.

SUGIRTHARAJAH R.S., *The Bible and the Third-World*, Cambridge, Cambridge University Press, 2001.

SUSKIN Rab. Alana, « What happened to Dinah », doc. Web: le blog des rabbins sans frontières (https://www.myjewishlearning.com/rabbis-without-borders).

TENEZE M.-L., « Introduction à l'étude de la littérature orale : le conte », in *Annales*, 24ᵉ année, N° 5, 1969, p. 1104-1120.

TOORN K. Van der, *Scribal culture and the Making of the Hebrew Bible*, Cambridge, Mass., Harvard University Press, 2007.

TOV E. (1997), *The Text-critical use of the Septuagint in Biblical research*, (JBS 3), Jerusalem, Simor, 1981.

TOV E., *Textual criticism of the Hebrew Bible*, Minneapolis, Fortress Press and Assen/Maastricht, Van Gorcum, 1992.

TRIBLE P. (1979), « Eve and Adam: Genesis 2-3 », in *Womanspirit Raising*, New York, pp. 74-83 (première édition de cet article dans Id. (1973), « Eve and Adam: Genesis 2-3 Reread », in *ANQ*, p. 251-258.

VAN Ruiten J.T., « Abraham, Job and the book of Jubilees: The intertextual relationship of Genesis 22:1-19, Job 1-2:12 and Jubilees 17:15-18:19 », in E. Noort, & E. Tigchelaar (eds), *The sacrifice of Isaac: The Aqedah (Genesis 22) and its interpretations*, Leiden, Brill, 2002, p. 58-85.

VAN Seters J., *The Biblical Saga of King David*, Winona Lake, 2009.

VANHULLE D., « Le Nil et au-delà : le bateau et ses implications durant le 4ᵉ millénaire égyptien », 2014, doc. Web : http://www.koregos.org/fr/dorian-vanhulle-le-nil-et-au-dela/ consulté le 29/08/2018.

VAWTER B., *On Genesis: A New Reading*, Garden City, Doubleday, 1977.

VINCENT A., « Le Proche-Orient », in *RevSR* 27/1953.

VOLZ P. & RUDOLPH W., *Der Elohist als Erzähler. Ein Irrweg der Pentateuchkritik?*, (BZAW 63), Giessen - Berlin, W. de Gruyter, 1933.

WALTKE B.K., *An Old Testament Theology: An Exegetical, Canonical, and Thematic Approach*, Zondervan Academic, 2007.

WEBER M., *Le judaïsme antique*, (ESR 3), trad. F. Raphaël, Paris, Librairie Pion, 1970 (1ᵉʳᵉ éd. 1917-1918).

WEINFELD M., « The Covenant of Grant in the Old Testament and in the Ancient Near East », *JAOS* 90/1970, p. 184-203.

WEINFELD M., « ברית », in G. J. Botterweck and H. Ringgen (eds), *TDOT*, transl. by J.T. Willis, Grand Rapids: Eerdmans, 1975, vol. 2, p. 259-260.

WELLHAUSEN J., *Die Composition des Hexateuch und der erzählenden Bücher des Alten. Testaments*, 3ʳᵈ ed., Berlin, Reimer, 1899.

WELLHAUSEN J., *Prolegomena to the History of Ancient Israel*, trad. J. S. Black and A. Menzies, Edinburgh, A. & C. Black, 1885 (éd originale 1883).

WENHAM G. J., « The Religion of the Patriarchs », *Essays on the Patriarchal Narratives*. A. R. Millard and D. J. Wiseman (eds.), Winona Lake, Eisenbrauns, 1983.

WENHAM G. J. *et al*, *Genesis 1-15*, (WBC 1), Texas, World Books, 1987.

WENIN A., *Abraham ou l'apprentissage du dépouillement : Gn 11,27-25,18*, Paris, Cerf, 2016.

WENIN A., *D'Adam à Abraham ou les errances de l'humain. Lecture de Genèse 1,1-12,4*, (LB 148), Paris, Cerf, 2007.

WENIN A., *Joseph ou l'invention de la fraternité (Genèse 37-50)*. Lecture narrative et anthropologique de Genèse 37-50, (LR, 21), Bruxelles, Lessius, 2005.

WENDLAND E.R., *Orality and its Implications for the Analysis, Translation, and Transmission of Scripture*, PhD diss., 2012 (in Academia.edu), publié en 2013 chez SIL International.

WESTERMANN C., *Die Geschichtsbücher des Alten Testament Gab es ein deuteronomistisches Geschichtswerk?* (ThB 87), Gütersloh, 1994.

WESTERMANN C., *Genesis 12-36: A commentary*, London, SPCK, 1986.

WESTERMANN C., *Genesis 37-50*, trad. John J. Scullion, Fortress Press, 1986.

WESTERMANN C., *Genesis*, (BKAT. 1), Neukirche, Neukirchen Vluyn, 1970.

WESTERMANN C., *Genesis: A Practical Commentary*, Grand Rapids, Eerdmans, 1987.

WESTERMANN C., *Théologie de l'Ancien Testament*, Genève, Labor et Fides, 1985.

WEVERS J. W., *Notes the Greek Text of Genesis.* Georgia, Scholars, 1993.

WHYBRAY R. N., « The Joseph Story and Pentateuchal Criticism », *VT* 18/1968, p. 522-528.

Whybray R. N., *The Making of the Pentateuch* (JSOTS 53), Sheffield, Sheffield University Press, 1987.

WRIGHT A. T., « Evil Spirits in Second Temple Judaism: The Watcher Tradition as a Background to the Demonic Pericopes in the Gospels », *Henoch* 28 (1)/2006, p. 189-207.

WRIGHT A. T., *The Origin of Evil Spirits: The Reception of Genesis 6:1-4 in Early Jewish Literature*, Fortress Press, 2015.

WÜNCH H.-G., « Genesis 38 – Judah's Turning Point: Structural Analysis and Narrative Techniques and their Meaning for Genesis 38 and its Placement in the Story of Joseph », in *OTE* 25 (3)/2012, p. 777-806.

YAIRAH Amit, « The Repeated Situation: A Poetic Principle in the Modeling of the Joseph Narrative » [in Hebrew], *Te'uda* 7/1991, p. 55-66.

YOYOTTE J., « La naissance du monde selon l'Égypte antique », in S. Sauneron & J. Yoyotte, *La Naissance du monde*, (SO 1), Paris, Le Seuil, 1959.

YVON G. (2005), « La création dans la genèse », doc. Web : http://sitecoles. formiris.org/?WebZoneID=590&ArticleID=2329, 2005, consulté le 23 mars 2017.

ZAKOVITCH Y., « Juxtaposition in the Abraham cycle », in D.P. Wright et al. (eds), *Pomegranates and Golden Bells: Studies in Biblical, Jewish, and Near Eastern Ritual, Law, and Literature in Honor of Jacob Milgrom*, Winona Lake, Eisenbrauns, 1995.

ZENDER E., "Theorien über die Entstehung des Pentateuch im Wandel der Forschung", in E. Zenger *et al.* (eds.), *Einleitung in das Alte* Testament, Stuttgart, Kohlhammer (7th ed.), 2015, p. 74-123.

Table des matières

Lightning Source UK Ltd.
Milton Keynes UK
UKHW020639020622
403888UK00010B/1105